Viele Ladungen

WW Jacobs

Writat

Diese Ausgabe erschien im Jahr 2024

ISBN: 9789359947914

Herausgegeben von
Writat
E-Mail: info@writat.com

Inhalt

EINE ÄNDERUNG DER BEHANDLUNG ....- 1 -

EINE LIEBE-PASSAGE ....- 9 -

DIE EXPLOIT DES KAPITÄNS ....- 22 -

Schmuggelware des Krieges ....- 30 -

EINE SCHWARZE ANGELEGENHEIT ....- 42 -

DER KAPITÄN DER „OSPREY" ....- 54 -

IN GEGELIEHENEN FEDER ....- 65 -

DIE UHR DES BOOTSMANNS ....- 77 -

NIEDRIGER WASSER ....- 89 -

IM MITTELATLANTIK ....- 99 -

NACH DER UNTERSUCHUNG ....- 106 -

IN LIMHOUSE REACH ....- 115 -

EINE AUFWANDIGE ELOPEMENT ....- 125 -

DER KOCH DES „GANNET" ....- 134 -

EINE NUTZENLEISTUNG ....- 142 -

Ein Fall von Fahnenflucht ....- 156 -

AUSGELEGT ....- 161 -

VERBUNDEN ....- 168 -

DIE RIVALEN SCHÖNHEITEN ....- 177 -

FRAU. Bunker-Begleitperson ....- 185 -

EIN HAFEN DER ZUFLUCHT ....- 194 -

EINE ÄNDERUNG DER BEHANDLUNG

Ja , ICH BIN in meiner Zeit unter einigen „süßen Kapitänen" gesegelt", sagte der Nachtwächter; „Diejenigen, die in großen Schiffen untergehen, sehen die Wunder der Tiefe, wissen Sie", fügte er mit einem plötzlichen Lachen hinzu, „aber dem, von dem ich Ihnen erzählen werde, hätte man niemals ohne sie vertrauen dürfen, ist Ma.". Viele meiner Skipper hatten Modeerscheinungen, aber diese war die schlimmste, nach der ich je gesegelt bin.

„Es ist jetzt schon ein paar Jahre her; Ich war auf seiner Bark , der John Elliott, geschifft, einer so langsam fahrenden alten Wanne wie immer, auf der ich an Bord war, als ich noch nicht ganz in der Lage war, zu wissen, was ich tat, und das hatte ich auch getan Ich war noch keine zwei Tage in ihr, als ich seinen Auftrag herausfand, indem ich ein paar Bemerkungen des Zweiten Steuermanns belauschte, der eilig vom Abendessen heraufkam, um sie zuzubereiten . „Ich habe nichts gegen Sägen und Messer, die in der Hütte herumhängen", sagt er zum ersten Maat, „aber wenn ein Bursche ein „ Uman " und daneben einen Teller hat und ihn studiert, während die Leute beim Essen sind, ist das mehr als ein Christ ertragen kann.'

„Das ist nichts', sagt der erste Steuermann, der zuvor mit der Bark gesegelt war . „Er ist halb verrückt nach Ärzten." Einmal kam es an Bord beinahe zu einer Meuterei, weil er einen Mann, der vom Masttop gefallen war, obduzieren wollte. „Wollte sehen, woran der arme Kerl gestorben ist."

„Ich nenne es ungesund', sagt der Zweite Steuermann sehr brutal." Er bot mir zum Frühstück eine Pille in der Größe einer kleinen Murmel an; Es hat mich ziemlich aus der Fassung gebracht.'

„Natürlich wurde die Modeerscheinung des Skippers bald bekannt . Aber ich habe nicht viel darüber nachgedacht, bis ich eines Tages den alten Dan'l Dennis säe, der auf einem Spind sitzt und liest. Hin und wieder klappte er das Buch zu, schaute nach oben, schloss die Augen, bewegte seine Lippen wie eine trinkende Henne und schaute dann wieder auf das Buch.

„Warum, Dan', frage ich mich , ‚was ist los? Das bist du nicht „ Lernen Sie zu Ihrer Lebenszeit Lektionen?"

„Ja, das bin ich', sagt Dan ganz sanft. „Vielleicht hören Sie mich das sagen, es geht hier um Herzkrankheiten."

„Er überreicht mir das Buch, das voller Krankheiten aller Art war, und zwinkert mir zu .

„Habe es an einem Bücherstand gekauft', sagt er ; Dann schloss er seine Augen und sagte, sein Stück sei wunderbar. Es machte mich ziemlich seltsam, ihm zuzuhören . „So fühle ich mich“, sagte er, als er fertig war. „Gerade noch genug Kraft, um ins Bett zu gehen.“ Helfen Sie mit, Bill, und holen Sie den Arzt.

„Dann sehe ich sein kleines Spielchen, aber ich wollte kein Risiko eingehen, also habe ich dem Koch gegenüber nur freimütig erwähnt , dass der alte Dan ziemlich seltsam wirkte, und bin zurückgegangen und habe versucht, das Buch auszuleihen lese immer gern. Der alte Dan tat so, als wäre er zu krank, um zu hören, was ich sagte, und bevor ich es ihm wegnehmen konnte, kam der Kapitän mit einer Tasche in seinem Gepäck herbeigeeilt.

„‚Was ist los, mein Mann?' Er fragt : „Was ist los?“

„‚Mir geht es gut, Sir‘, sagt der alte Dan, , abgesehen davon, dass ich ein wenig in Ohnmacht gefallen bin .‘

„‚Sagen Sie mir genau, wie Sie sich fühlen‘, sagt der Kapitän und fühlt seinen Puls.

„Dann sagte der alte Dan seinen Beitrag zu ihm, und der Kapitän schüttelte den Kopf und sah sehr ernst aus.

„‚Wie lange bist du schon so?‘ er ses .

„‚Vier oder fünf Jahre, Sir‘, sagt Dan. „Das ist doch nichts Ernstes, Sir, oder?“

„‚Du liegst ganz still‘, sagt der Kapitän, drückt ein kleines Trompetending an seine Brust und hört dann zu. 'Äh! Ich fürchte, hier gibt es ernstes Unheil, die Prognose ist sehr schlecht.'

„‚Prog was, Sir?‘ ses Dan, starrt.

„‚ Prognotice ‘, sagt der Kapitän, zumindest glaube ich, dass er das Wort gesagt hat. „Du bleibst vollkommen still, und ich werde dir einen Schluck mixen und dem Koch sagen, er soll starken Rindfleischtee aufsetzen.“

„Nun, der Kapitän war kaum gegangen, da geht Cornish Harry, ein großer, schwerfälliger Bursche von 1,80 m, auf den alten Dan zu und er sagt : ‚Gib mir das Buch.‘

„Geh weg“, sagt Dan, „mach dir keine Sorgen. Sie haben den Kapitän sagen hören , wie schlecht meine Prognose war.

„‚Du leihst mir das Buch‘, sagt Harry und hält ihn fest , ‚sonst schlage ich dich zuerst und gehe weiter zum Skipper . Ich glaube, ich bin etwas schwindsüchtig. Wie auch immer, ich werde sehen.'

„Er nahm dem alten Mann das Buch weg und begann zu studieren. Es gab so viele Beschwerden, dass er fast versucht war, statt der Schwindsucht etwas anderes zu nehmen, aber er entschied sich schließlich dafür, und er bekam einen Husten, der die ganze Nacht über und am nächsten Tag dem Vordermann Sorgen bereitete Als der Kapitän herunterkam, um Dan zu sehen, konnte er sich kaum noch zu Wort melden.

„Das ist ein übler Husten, den du hast, mein Mann', sagt er und sieht Harry an.

„Oh, es ist nichts, Sir', sagt Harry, nachlässig wie er. „Ich habe es schon seit Monaten hin und wieder beworben." Ich glaube, es ist so schwitzend, dass es eine Nacht ist."

"'Was?' ses der Skipper. „Schwitzen Sie nachts?"

„, Schrecklich ', sagt Harry. „Du könntest die Clo'es auswringen. Ich schätze, es ist gesund für mich, nicht wahr , Sir?'

„„Öffne dein Hemd', sagt der Kapitän, geht zu ihm und steckt ihm die Trompete hin . „Jetzt atme tief durch." Husten Sie nicht.'

„Ich kann nicht anders, Sir', sagt Harry, ,es wird kommen. Scheint mich in Stücke zu reißen.'

„Geh sofort ins Bett", sagt der Kapitän, nimmt die Trompete weg und schüttelt den Mund. „Es ist ein Glück für dich, mein Junge, du bist in erfahrenen Händen." Mit Vorsicht glaube ich, dass ich dich herumziehen kann. Wie passt diese Medizin zu dir, Dan?'

„„Wunderschön, Sir', sagt Dan. „Es ist wunderbar beruhigend, ich schlafe danach wie ein Neugeborenes ."

„Ich schicke dir noch welche', sagt der Kapitän. „Ihr dürft nicht aufstehen, keiner von euch."

„Alles klar, Sir', sagen die beiden mit sehr leiser Stimme, und der Kapitän ging weg und sagte uns, wir sollten aufpassen, keinen Lärm zu machen.

„Zuerst hielten wir es alle für einen guten Witz, aber die Art, wie sich die beiden Kerle geben, war widerlich. Da sie den ganzen Tag im Bett lagen, waren sie nachts von Natur aus wach und pflegten über die Vordertür zu rufen, um sich gegenseitig nach dem Gesundheitszustand zu erkundigen und uns andere Jungs aufzuwecken. Und sie tauschten Rindfleischtee und Gelees untereinander aus, und Dan versuchte , Harry ein wenig Portwein zu entlocken, mit dem er Blut machen wollte, aber Harry sagte, er hätte es getan An diesem Tag hatte er nicht genug verdient, und er trank auf die Besserung der Prognose des alten Dan und schmatzte mit den Lippen, bis es uns völlig verrückt machte, ihm zuzuhören.

„Nachdem diese Kerle zwei Tage lang krank gewesen waren, steckten die anderen Kerle ihre Köpfe zusammen, weil sie vom Geruch von Rindfleischtee und dergleichen wahnsinnig geworden waren, und sagten, sie würden auch krank werden, und die beiden Invaliden geriet in einen ängstlichen Zustand der Aufregung.

„„Du wirst es uns allen nur verderben‘, sagt Harry, ‚und du weißt nicht, was du ohne das Buch haben sollst.‘

„„Es ist schön und gut, Ihre und unsere Arbeit zu erledigen‘, sagt einer der Männer. „Jetzt sind wir an der Reihe.“ Es ist Zeit, dass es euch beiden besser geht.‘

„"ALSO? ses Harry, „naja?“ Warum ihr dämlichen , ignoranten Kerle, wir werden nie wieder gesund werden, Leute mit unseren Beschwerden werden es nie schaffen. Das solltest du wissen.'

„„Nun, ich werde mich trennen‘, sagt einer von ihnen. "Du tust!' ses Harry, „das tust du, und ich werde dir einen Schandfleck verpassen, den kein Portwein und keine Gelees der Welt heilen würden.“ „Nebenbei, glauben Sie nicht, dass der Kapitän weiß, was mit uns los ist?“

„„Bevor der andere antworten konnte, kommt der Kapitän selbst herunter, begleitet vom ersten Steuermann, mit einem Gesichtsausdruck, der Harry zum tiefsten und tiefsten Husten ausstoßen ließ, den er je gemacht hatte.

„„Was sie wirklich wollen‘, sagt der Kapitän, während er sich an den Maat wendet, ‚ist schreckliches Vergnügen .‘

„„Ich wünschte, du würdest mich sie verarschen lassen ‘ , sagt der erste Kumpel, ‚nur zehn Minuten – ich würde sie beide in zehn Minuten auf die Beine stellen und obendrein um ihr Leben rennen.‘

„‚Halten Sie den Mund, Sir', sagt der Kapitän; „Was Sie sagen, ist gefühllos und außerdem eine Beleidigung für mich.“ Glaubst du, ich habe all die Jahre Medizin studiert, ohne zu wissen, wann ein Mann krank ist?‘

„„Der erste Maat knurrte etwas und ging an Deck, und der Kapitän begann erneut , sie zu untersuchen. Er sagte, sie seien wunderbar geduldig gewesen, so lange im Bett zu liegen, und er habe sie in Bettdecken eingewickelt und an Deck getragen, damit die reine Luft an ihnen vorbeikommen könne . WIR mussten das Tragen übernehmen, und da saßen sie, atmeten die reine Luft ein und blickten aus den Augenwinkeln auf den ersten Kumpel. Wenn sie etwas von unten wollten, musste einer von uns es holen, und als sie wieder ins Bett gebracht wurden, beschlossen wir alle, auch krank zu werden.

„Nur zwei von ihnen haben es allerdings geschafft, denn Harry, der ein kräftiger, hässlicher Kerl war, schwor, dass er uns alle möglichen schrecklichen Dinge antun würde, wenn wir uns nicht gesund und munter verhalten würden, und ‚alles'. außer dass diese beiden es taten. Einer von ihnen , Mike Rafferty, lag mit einer Schwellung an den Rippen da, von der ich selbst wusste, dass er sie fünfzehn Jahre lang hatte, und der andere hatte eine Lähmung. Ich habe noch nie einen Mann gesehen, der so glücklich war wie der Kapitän. Er war den ganzen Tag mit seinen Medikamenten und seinen Instrumenten unterwegs und machte sich Notizen über die Fälle in einer großen Brieftasche, die er dem Zweiten Steuermann bei den Mahlzeiten vorlas.

„Das Vorschiff war etwa eine Woche lang in ein Krankenhaus umgewandelt worden, und ich war an Deck und erledigte irgendeine Gelegenheitsarbeit, als der Koch auf mich zukam und ein Geigengesicht verzog.

„‚ Noch ungültig', sagt er; „Der erste Kumpel ist verrückt geworden und starrt verrückt!"

"'Verrückt?' ses I.

„Ja', sagt er. „Er hat ein großes Becken in der Kombüse, und er lacht wie ein Hyänen und mischt Bilgenwasser und Tinte, Paraffin , Butter und Seife und alles Mögliche zusammen." Der Geruch reicht aus, um einen Mann zu töten; Ich musste wegkommen.'

„Ich war neugierig und ging scherzhaft zur Kombüse, steckte mein Geld hinein, und da war der Kumpel, wie der Koch sagte, der über sein ganzes Gesicht lächelte und etwas dickes, klebriges Zeug in eine Steinflasche schüttete.

„‚Wie geht es den Porenkranken, Sir?' ses er, als er scherzhaft aus der Kombüse steigt, während der Kapitän vorbeifährt.

„‚Sie sind sehr schlecht; Aber ich hoffe das Beste", sagt der Kapitän und sieht ihn eindringlich an. „Ich freue mich zu sehen, dass du etwas gefühlvoller geworden bist."

„Ja, Sir', sagt der Maat. „Das habe ich zunächst nicht gedacht, aber jetzt sehe ich, dass es den Jungs allen sehr schlecht geht. Sie werden es mir verzeihen , wenn ich das sage, aber ich bin mit Ihrer Behandlung nicht ganz einverstanden.'

„Ich dachte, der Kapitän wäre pleite.

„‚Meine Behandlung?' ses er. „Meine Behandlung? Was weißt du darüber?'

„„Sie behandeln sie falsch, Sir', sagt der Maat. „Ich habe hier" (klopft auf das Glas) „ein Heilmittel, das sie alle heilen würde , wenn du mich es nur ausprobieren lassen würdest."

„'Puh!' ses der Skipper. „Eine Medizin heilt alle Krankheiten!" Die alte Geschichte. Was ist es? Woher hast du es?' ses er.

„„Ich habe die Zutaten mit an Bord gebracht', sagt der Maat. „Es ist ein wunderbares Medikament, das meine Großmutter entdeckt hat, und wenn ich es nur versuchen dürfte , würde ich diese Porenrisse gründlich heilen."

"'Müll!' ses der Skipper.

„„Sehr gut, Sir', sagt der Maat und zuckt mit den Schultern. „Natürlich, wenn du mich nicht lässt , wirst du es nicht tun." Trotzdem sage ich dir, wenn du es mir erlauben würdest, würde ich sie alle in zwei Tagen heilen. Das ist eine faire Herausforderung."

„Nun, sie redeten und redeten und redeten, bis der Kapitän schließlich nachgab und mit dem Maat hinunterging und den Jungs sagte, sie sollten die neue Medizin zwei Tage lang einnehmen, ein Scherz, um zu beweisen, dass der Maat Unrecht hatte.

„Lassen Sie es zuerst den alten Dan versuchen, Sir", sagt Harry, fährt auf und schnüffelt, als der Maat den Korken herausnimmt. „Seit du weg bist, geht es ihm furchtbar schlecht."

„„Harry ist schlimmer als ich, Sir', sagt Dan; „Es ist nur sein gütiges Herz, das ihn dazu bringt, das zu sagen."

„Es spielt keine Rolle, welches Brot am meisten schmeckt", sagt der Kumpel und füllt einen Esslöffel damit, „es ist genug für alle da." Nun, Harry.'

„„Nimm es', sagt der Kapitän.

„Harry hat es genommen, und bei dem ganzen Aufruhr, den er gemacht hat, hätte man meinen können, er würde einen Football verschlingen . Es klebte rund um seinen Mund, und er machte so furchtbar weiter , dass den anderen Kranken schon halb übel wurde , bevor es ihnen in den Sinn kam.

„Als die anderen drei ihre Getränke anboten, war es schon so gut wie eine Pantermime , und der Kumpel verkorkte die Flasche und setzte sich auf einen Spind, während sie versuchten, sich mit den Luxusartikeln, die sie hatten, den Mund auszuspülen war ihnen gegeben worden .

"'Wie fühlen Sie sich?' ses der Skipper.

„„Ich sterbe', sagt Dan.

„„ Das bin ich auch', sagt Harry; „Ich glaube, der Maat hat uns vergiftet ."

„Der Kapitän schaut sehr streng zu dem Maat hinüber und schüttelt langsam den Kopf.

„Es ist alles in Ordnung', sagt der Kumpel. „Bei den ersten Dutzend oder so Dosen ist das immer so."

„„Dutzend oder so Dosen!' ses den alten Dan mit weit entfernter Stimme.

„„Es muss alle zwanzig Minuten eingenommen werden', sagt der Kumpel, holt seine Pfeife heraus und zündet sie an; und die vier Männer stöhnten alle zusammen.

„Ich kann es nicht zulassen', sagt der Kapitän, ,Ich kann es nicht zulassen. „Das Leben von Menschen darf nicht für ein Experiment geopfert werden."

„Das ist nicht der Fall „Ein Experiment", entrüstet sich der Kumpel, „es ist eine alte Familienmedizin."

„„Nun, mehr sollen sie nicht haben', sagt der Kapitän mit Nachdruck.

„„Schau her', sagt der Maat. „Wenn ich einen dieser Männer töte, gebe ich dir zwanzig Pfund ." Ehre , strahlend, das werde ich.'

„„Machen Sie es fünfundzwanzig', überlegt der Kapitän.

„„Sehr gut', sagt der Kumpel. 'Fünfundzwanzig; Ich kann doch nicht fairer sagen, oder? Jetzt ist es Zeit für eine weitere Dosis."

„Er gab ihnen noch einen Esslöffel voll, als der Kapitän ging, und die Jungs, die keine Invaliden waren, platzten fast vor Freude. Er ließ ihnen nichts zu, um den Geschmack zu beseitigen, denn er sagte, das gäbe der Medizin keine Chance, und er sagte uns anderen, wir sollten die Versuchung vertreiben, und das haben wir bestimmt getan.

„Nach der fünften Dosis begannen die Kranken zu verzweifeln, und als sie hörten, dass sie die ganze Nacht alle zwanzig Minuten geweckt werden müssten, um das Zeug einzunehmen, gaben sie sozusagen auf. Der alte Dan sagte, er habe ein sanftes Leuchten gespürt, das ihn überkam und ihn stärkte, und Harry sagte, dass es sich wie ein heilender Balsam für seine Lungen anfühlte. Alle waren sich einig, dass es eine wunderbare Art von Medizin war, ein Arter Nach der sechsten Dosis stürmte der gelähmte Mann an Deck und rannte wie eine Katze die Takelage hinauf. Er saß stundenlang da und spuckte und schwor, er würde jedem den Schädel einschlagen, der ihn unterbrach, und kurz darauf ging Mike Rafferty zu ihm und schlug ihn an , damit die Ohren des ersten Offiziers nicht brannten Dinge, die die beiden Porenkranken über sie sagten , sollten sie tun .

„Am nächsten Tag leisteten sie alle volle Arbeit, und obwohl der Kapitän natürlich sah, wie gut es ihm ergangen war, erwähnte er es nicht. Nicht in Worten, das heißt; Aber wenn ein Mann versucht, vier Kerle dazu zu bringen, die Arbeit von acht zu erledigen, und sie dann schlägt, wenn sie es nicht tun, ist es leicht zu erkennen, wo der Schuh drückt."

Eine Liebespassage

Der MAAT LEHNTE an der Seite des Schoners und beobachtete gedankenverloren ein paar rot gekleidete Linienrichter, die am Tower Quay herumlungerten. Vorsichtige Seeleute holten ihre Seitenlichter heraus, und unvorsichtige Leichter schritten auf ihrem Weg flussaufwärts mit leichten Stößen von Fahrzeug zu Fahrzeug. Ein Schlepper, der sich halb in seiner eigenen Dünung vergrub, rauschte keuchend vorbei, und ein leiser Schrei ertönte von Bord eines sich nähernden Bootes, als es in der Flut hin und her geworfen wurde.

„JESSICA ahoi!" schrie eine Stimme vom Boot, als es schnell längsseits kam.

Der aus seinen Träumereien erwachte Maat fing mechanisch die Leine auf und machte sie fest. Er bewegte sich eifrig, als er sah, dass die Tochter des Kapitäns eine der Insassen war. Bevor er seine Überraschung überwunden hatte, war sie mit ihren Kisten an Deck, und der Kapitän zahlte die Wassermänner aus.

„Du hast meine Tochter Hetty schon einmal gesehen, nicht wahr?" sagte der Kapitän. „Sie begleitet uns auf dieser Reise. Du gehst besser nach unten und machst ihr das Bett, Jack, in der freien Koje."

„Ja, ja", sagte der Maat pflichtbewusst und ging davon.

„Danke, ich mache es selbst", sagte die empörte Hetty und trat hastig vor.

„Wie es Ihnen gefällt", sagte der Kapitän und ging voran. „Lass uns das Licht anmachen, Jack."

Der Maat zündete ein Streichholz an seinem Stiefel an und zündete die Lampe an.

„Da drin sind ein paar Dinge, die bewegt werden müssen", sagte der Kapitän, als er die Tür öffnete. „Ich weiß nicht, wo wir die Zwiebeln jetzt aufbewahren sollen, Jack."

„Wir werden einen Platz für sie finden ", sagte der Maat selbstbewusst, während er einen Sack hervorholte und ihn auf den Tisch stellte.

„Ich werde dort nicht schlafen", sagte die Besucherin entschieden, als sie hineinspähte. „Ugh! Da ist ein Käfer. Pfui!"

„Es ist ziemlich tot", sagte der Maat beruhigend. „Ich habe auf diesem Schiff noch nie einen lebenden Käfer gesehen."

„Ich möchte nach Hause", sagte das Mädchen. „Du hast nicht das Recht, mich zum Kommen zu zwingen, wenn ich nicht will."

„Dann solltest du dich benehmen", sagte ihr Vater gebieterisch. „Was ist mit Laken, Jack? und Piller ?"

Der Steuermann saß auf dem Tisch, ergriff sein Kinn und dachte nach. Als sein Blick dann auf das hübsche, empörte Gesicht der Passagierin fiel, verlor er den Faden seiner Gedanken.

„Sie muss vorerst einige meiner Sachen haben", sagte der Kapitän.

„Warum nicht", sagte der Maat und blickte wieder auf – „ warum überlassen Sie ihr nicht Ihre Kabine?"

„ Weil ich es selbst will", antwortete der andere ruhig.

Der Maat errötete für ihn, und nachdem das Mädchen es ihnen überlassen hatte, die Dinge so zu regeln, wie es ihnen gefiel, machten die beiden Männer, indem sie sich hier Geld borgten und dort Kunstgriffe machten, die Koje her. Das Mädchen stand an der Kombüse, als sie wieder an Deck gingen, ein Gegenstand neugieriger und respektvoller Bewunderung für die inzwischen an Bord gekommene Besatzung. Sie blieb an Deck, bis die Luft in den weiteren Bereichen frischer zu wehen begann, und zog sich dann mit einem kurzen Gutenachtgruß an ihren Vater nach unten zurück.

„Sie hat sich ziemlich plötzlich dazu entschlossen, mit uns zu kommen, nicht wahr?" fragte der Maat, nachdem sie gegangen war.

„Sie hat sich überhaupt nicht entschieden", sagte der Kapitän; „Wir haben es für sie getan, ich und die Frau. Es ist ein Plan unsererseits."

„Willst du Verstärkung?" sagte der Kumpel andeutend.

„Nun, Tatsache ist", sagte der Kapitän, „es ist so, Jack; Da ist ein Freund von mir, ein Lebensmittelhändler in einem Großteil der Branche, der mein Mädchen heiraten möchte, und ich und die Frau wollen, dass er sie heiratet, also möchte sie natürlich jemand anderen heiraten. Ich und meine Mutter haben unsere Gedanken zusammengelegt und beschlossen, dass sie wegkommt. Wenn sie zu Hause ist , ist sie, anstatt mit Towson unterwegs zu sein, weil ihre Mutter ihnen den Rücken gekehrt hat, mit diesem jungen Sprössling von einem Angestellten unterwegs."

„Gut aussehender junger Kerl, nehme ich an ?" sagte der Maat etwas besorgt.

„Nicht ein bisschen davon", sagte der andere bestimmt. „Sieht aus, als hätte er noch nie in seinem Leben eine gute Mahlzeit gehabt. Nun, meinem Freund Towson geht es gut; Er ist ein Mann von etwa meiner Größe ."

„Sie wird den Angestellten heiraten", sagte der Steuermann voller Überzeugung.

„Ich wette, dass das nicht der Fall ist ", sagte der Kapitän. „Ich bin ein kunstvoller Mann, Jack, und im Allgemeinen setze ich meinen eigenen Willen durch. Ohne das Management könnte ich nicht friedlich mit meiner Frau zusammenleben."

Der Maat lächelte sicher in der Dunkelheit, die Führung des Kapitäns bestand hauptsächlich aus sklavischem Gehorsam.

„Ich habe ein Kabinettfoto von ihm für den Kaminsims, Jack", fuhr der schlaue Vater fort. „Er hat es mir absichtlich gegeben. Sie wird merken, dass sie, wenn sie den Angestellten nicht sieht, mit der Zeit in unsere Denkweise verfallen wird. Wie auch immer, sie wird hier bleiben, bis es soweit ist."

„Sie kennen sich aus, Kapitän ", sagte der Maat mit gespielter Bewunderung.

Der Kapitän legte den Finger auf die Nase und zwinkerte dem Großmast zu. „Es gibt nur wenige, die mir den Weg zeigen können, Jack", antwortete er leise; "Sehr wenig. Jetzt möchte ich, dass auch du mir hilfst. Ich möchte, dass du viel mit ihr redest."

„Ay, ay", sagte der Maat und zwinkerte seinerseits dem Mast zu.

„Bewundern Sie den Fortygraph auf dem Kaminsims", sagte der Kapitän.

„Das werde ich", sagte der andere.

„Erzählen Sie ihr von vielen jungen Mädchen, die Sie als verheiratete junge Männer mittleren Alters kennen und die Sie jeden Tag ihres Lebens mehr und mehr liebten", fuhr der Kapitän fort.

„Kein weiteres Wort", sagte der Maat. „Ich weiß genau, was du willst. Sie wird den Angestellten nicht heiraten, wenn ich es verhindern kann.

Der andere drehte sich um und ergriff seine Hand warm. „Wenn du jemals ein Vater bist, Jack", sagte er voller Emotionen, „hoffe ich, dass dir jemand so zur Seite stehen wird, wie du mir zur Seite stehst."

Der Maat war am nächsten Tag erleichtert, als er das Porträt von Towson sah. Er streichelte seinen Schnurrbart und hatte das Gefühl, dass er jedes Mal besser aussah, wenn er ihn ansah.

Nachdem das Frühstück beendet war, zog sich der Kapitän, der die ganze Nacht an Deck verbracht hatte, in seine Koje zurück. Der Maat ging an Deck und übernahm das Kommando. Mit großem Interesse beobachtete er die Bewegungen der Passagierin, während sie in die Kombüse spähte und heftig die Methode der Köchin beim Abwaschen kritisierte.

„Magst du das Meer nicht?" erkundigte er sich höflich, als sie kam und sich auf das Dachfenster der Kabine setzte.

Miss Alsen schüttelte düster den Kopf. „Ich habe es geschafft", bemerkte sie.

„Dein Vater hat mir etwas darüber gesagt", sagte der Maat zurückhaltend.

„Hat er es auch dem Koch und dem Schiffsjungen erzählt?" fragte Miss Alsen und errötete etwas. "Was hat er dir gesagt?"

„Erzählte mir von einem Mann namens Towson", sagte der Steuermann und konzentrierte sich auf die Segel, „und – einem anderen Kerl."

„Ich habe ein wenig auf IHN geachtet, nur um den anderen zu verwöhnen", sagte das Mädchen, „nicht, dass ich mich um ihn gekümmert hätte. Ich kann nicht verstehen, dass ein Mädchen sich um einen Mann kümmert. Tolle, ungeschickte, hässliche Dinge."

„Du magst ihn also nicht?" sagte der Kumpel.

„Natürlich nicht", sagte das Mädchen und warf den Kopf zurück.

„Und dennoch haben sie dich aufs Meer geschickt, um ihm aus dem Weg zu gehen", sagte der Maat nachdenklich. „Nun, das Beste, was du tun kannst" – Seine Tapferkeit ließ ihn auf dem Spielfeld im Stich.

„Mach weiter", sagte das Mädchen.

„Nun, es ist hier entlang", sagte der Maat hustend; „Sie haben dich aufs Meer geschickt, um dich aus dem Weg zu räumen. Wenn du dich also auf dem Schiff in jemanden verliebst, schicken sie dich wieder nach Hause."

„ Das werden sie", sagte das Mädchen eifrig. „Ich werde so tun, als würde ich mich in diesen gutaussehenden Seemann verlieben, den du Harry nennst. Was für ein Spaß!"

„Das sollte ich nicht tun", sagte der Maat ernst.

"Warum nicht?" sagte das Mädchen.

„Das ist keine Disziplin", sagte der Maat sehr bestimmt; „Das würde überhaupt nicht gehen. Er ist vor dem Mast."

„Oh, ich verstehe", bemerkte Miss Alsen und lächelte verächtlich.

„Ich meine natürlich nur so tun", sagte der Maat und errötete . „Nur um dir einen Gefallen zu tun."

„Natürlich", sagte das Mädchen ruhig. „Nun, wie sollen wir verliebt sein?"

Der Maat errötete dunkel. „Ich weiß nicht viel über solche Dinge", sagte er schließlich; „Aber wir müssen uns gegenseitig ansehen und so weiter, wissen Sie."

„Das macht mir nichts aus“, sagte das Mädchen.

„Dann kommen wir nach und nach voran“, sagte der andere. „Ich gehe davon aus, dass es uns beiden mit der Zeit leichter fallen wird.“

„Alles, um wieder nach Hause zu kommen“, sagte das Mädchen, stand auf und ging langsam davon.

Der Kumpel begann sofort mit seinem Teil des Liebesspiels, und als er einen Blick voller konzentrierter Liebe auf das Objekt richtete, das er betrachtete, hätte er beinahe einen Schlag hinnehmen müssen. Wie prognostiziert, fiel es ihm leicht, und im Laufe des Tages entwickelten sich weitere deutliche Symptome wie Appetitlosigkeit und eine Vorliebe für leuchtende Farben . Zwischen Frühstück und Tee wusch er sich fünfmal und steigerte den Zorn des Kapitäns auf ein gefährliches Ausmaß, indem er die Schiffsbutter benutzte, um Teer von seinen Fingern zu entfernen.

Um zehn Uhr abends war er in tiefe Melancholie verfallen. Alle Blicke waren auf seiner Seite gewesen, und als er am Steuer stand und den Schoner auf Kurs hielt, verspürte er ein Mitgefühl für den unglücklichen Towson. Seine Meditationen wurden durch eine kleine Gestalt unterbrochen, die aus dem Begleiter auftauchte, und Nach kurzem Zögern kam er und nahm seinen alten Platz unter dem Dachfenster ein.

„Ruhig und friedlich hier oben, nicht wahr?“ sagte er, nachdem er einige Zeit darauf gewartet hatte, dass sie sprach. „Die Sterne sind heute Nacht sehr hell.“

„Sprich nicht mit mir“, sagte Miss Alsen schnippisch.

„Warum hält dieses fiese kleine Schiff nicht still? Ich glaube, dass du es bist, der sie dazu bringt, so herumzuspringen.“

"Mich?" sagte der Kumpel erstaunt.

„Ja, mit diesem Rad.“

„Das kann ich Ihnen versichern“, begann der Kumpel.

„Ja, ich wusste, dass du das sagen würdest“, sagte das Mädchen.

„Kommen Sie und steuern Sie selbst“, sagte der Steuermann. „Dann wirst du sehen.“

Zu seiner großen Überraschung kam sie, lehnte schlaff am Lenkrad und legte ihre kleinen Hände auf die Speichen, während der Steuermann ihm die Geheimnisse des Kompasses erklärte. Als er mit seinem Thema vertrauter wurde , wagte er es, seine Hände auf dieselben Speichen zu legen, und wurde immer gewagter und stützte sie jedes Mal kühn mit seinem Arm, wenn der Schoner einen Ruck machte.

„Danke", sagte Miss Alsen und befreite sich kalt, als der Mann glaubte, dass ein weiterer Ruck kommen würde. "Gute Nacht."

Sie zog sich in die Kabine zurück, als eine dunkle Gestalt, die mannhaft den letzten Rest Schlaf aus ihren Augenlidern klopfte, vor dem Maat stand und leise kicherte.

„Klare Nacht", sagte der Seemann, als er das Steuer in seine großen Pfoten nahm.

„Abscheulich", sagte der Maat abwesend und ging, einen Seufzer unterdrückend, nach unten und drehte sich um.

Er lag ein paar Minuten wach, dann drehte er sich, zufrieden mit dem Tagesablauf, um und schlief ein. Als er aufwachte, stellte er erfreut fest, dass das leichte Rollen der Nacht zuvor verschwunden war und dass es auf dem Schoner kaum noch Bewegung gab. Die Passagierin selbst saß bereits am Frühstückstisch.

„ Der Kapitän ist an Deck, nehme ich an ?" sagte der Maat und bereitete sich darauf vor, die Verhandlungen dort fortzusetzen, wo sie in der Nacht zuvor abgebrochen worden waren. „Ich hoffe, du fühlst dich besser als letzte Nacht."

„Ja, danke", sagte sie.

„Mit der Zeit wirst du ein guter Seemann werden", sagte der Maat.

„Das hoffe ich nicht", sagte Miss Alsen , die es für an der Zeit hielt, den Funken eigenartiger Zärtlichkeit zu unterdrücken, der deutlich in den Augen des Steuermanns zu erkennen war. „Ich möchte kein Seemann sein, selbst wenn ich ein Mann wäre."

"Warum nicht?" fragte der andere.

„Ich weiß es nicht", sagte das Mädchen nachdenklich; „Aber Matrosen sind im Allgemeinen so struppige kleine Männer, nicht wahr?"

„SCUBBY?" wiederholte der Kumpel mit benommener Stimme.

„Ich würde lieber Soldat werden", fuhr sie fort; „Ich mag Soldaten – sie sind so männlich. Ich wünschte, da wäre jetzt einer."

"Wozu?" fragte der Kumpel in der Art eines mürrischen Schuljungen.

„Wenn so ein Mann jetzt hier wäre", sagte Miss Alsen nachdenklich, „würde ich es wagen, dass er dem alten Towson Senf auf die Nase schmiert."

"Was ist zu tun?" fragte der erstaunte Kumpel.

„Die senfgelbe Nase des alten Towson", sagte Miss Alsen und blickte leicht von der Menage auf das Porträt.

Der verliebte Mann zögerte einen Moment, dann griff er nach der Menage, holte den Löffel heraus und beschmierte mit blassem, entschlossenem Gesicht empört die klassischen Gesichtszüge des Lebensmittelhändlers. Seine Empörung wurde durch das Verhalten der Verführerin nicht gemildert , die, anstatt ihn wegen seiner Tapferkeit zu schmeicheln, ihr Taschentuch vor den Mund drückte und albern kicherte.

„Wo ist Vater", sagte sie plötzlich, als von oben ein Schritt zu hören war. „Oh, du wirst es bekommen!"

Sie erhob sich von ihrem Sitz, trat beiseite, um ihren Vater passieren zu lassen, und ging an Deck. Der Kapitän ließ sich auf einen Spind sinken, hob die Teekanne hoch und schenkte sich eine Tasse Tee ein, die er anschließend in eine Untertasse dekantierte. Er hatte es gerade an seine Lippen gehoben, als er etwas über dem Rand sah, was ihn veranlasste, es ungekostet wieder wegzulegen und ausdruckslos auf den Kaminsims zu starren.

„Wer zum – was zum – wer zum Teufel hat das getan?" fragte er mit erstickter Stimme, als er aufstand und das Porträt betrachtete.

„Das habe ich", sagte der Maat.

"Du machtest?" brüllte der andere. "Du? Wozu?"

„Ich weiß es nicht", sagte der Maat verlegen. „Plötzlich schien etwas über mich zu kommen und ich hatte das Gefühl, ich MUSS es tun."

"Aber wofür? Wo ist der Sinn davon?" sagte der Kapitän.

Der Maat schüttelte verlegen den Kopf.

„Aber wofür wolltest du so einen Affentrick machen?" brüllte der Kapitän.

„Ich weiß es nicht", sagte der Maat hartnäckig; „Aber es ist erledigt, nicht wahr? und es hat keinen Sinn, darüber zu reden."

Der Kapitän sah ihn voller zorniger Verwirrung an. „Du solltest uns besser beraten lassen, wenn wir am Backbord ankommen, Jack", sagte er schließlich; „In den letzten Wochen ist mir aufgefallen, dass du in deinem Verhalten etwas seltsam warst. Du gehst und zeigst das, was du gesagt hast, einem Arzt."

Der Maat grunzte und ging an Deck, um Mitleid zu erbitten, aber als er feststellte, dass Fräulein Alsen in einer Stimmung war, die alles andere als sentimental und überhaupt nicht dankbar war, brach er mit einem Pfiff ab.

In diesem Zustand befanden sich die Dinge, als der Kapitän erschien und sich den Mund abwischte.

„Ich habe ein weiteres Porträt auf den Kaminsims gehängt, Jack", sagte er drohend; „Es ist das einzige andere, das ich habe, und ich möchte, dass Sie verstehen, dass es auf diesem Schiff einen solchen Krach geben wird, wenn das nur nach Senf riecht, dass Sie sich nicht zu Wort kommen lassen können der Lärm."

Er ging würdevoll davon, als seine Tochter, die die Bemerkung mitgehört hatte, auf den Steuermann zukam und ihn freundlich anlächelte.

„Er hat dort ein weiteres Porträt angebracht", sagte sie leise.

„Sie finden den Senftopf in der Menage", sagte der Maat kalt.

Miss Alsen drehte sich um und sah ihrem Vater zu, wie er vorwärts ging, und ging dann zur Überraschung des Maaten ohne ein weiteres Wort nach unten. Er war der Neugier zum Opfer gefallen, aber zu stolz, um irgendwelche Annäherungsversuche zu machen, und kompromittierte die Sache dadurch, dass er sich neben den Begleiter stellte.

"Kumpel!" sagte ein verstohlenes Flüstern am Fuß der Leiter.

Der Maat blickte ruhig aufs Meer hinaus.

"Jack!" sagte das Mädchen noch einmal, leiser als zuvor.

Der Kumpel wurde am ganzen Körper heiß und stürzte sofort ab. Er fand Fräulein Alsen mit funkelnden Augen, dem Senftopf in der linken und dem Löffel in der rechten Hand, wie sie vor dem zweiten Porträt einen Kriegstanz aufführte.

„Tu es nicht", sagte der Maat alarmiert.

"Warum nicht?" erkundigte sie sich und näherte sich ihr bis auf einen Zentimeter.

„Er wird denken, dass ich es bin", sagte der Maat.

„Deshalb habe ich dich hierher gerufen", sagte sie; „Du denkst doch nicht, dass ich dich wollte, oder?"

„Legen Sie den Löffel weg", sagte der Maat, der keineswegs Lust auf ein weiteres Interview mit dem Kapitän hatte.

„Nicht!" sagte Miss Alsen .

Der Maat sprang auf sie zu, aber sie wich um den Tisch herum aus. Er beugte sich vor, packte sie am linken Arm und zog sie zu sich; Dann, als ihr gerötetes, lachendes Gesicht nah an seinem war, vergaß er alles andere und küsste sie.

"Oh!" sagte Hetty empört.

„Wirst du es mir jetzt geben?" sagte der Maat und zitterte vor seiner Kühnheit.

„Nimm es", sagte sie. Sie beugte sich über den Tisch und betupfte ihn heftig mit dem Löffel, während der Kumpel näher kam. Dann ließ sie plötzlich beide Gegenstände auf den Tisch fallen und entfernte sich, während der Maat, erschrocken durch einen Schritt an der Tür, sein gerötetes, mit drei Senfstreifen verziertes Gesicht dem verblüfften Kapitän zuwandte.

„Sakes lebendig!" sagte dieser erstaunte Seemann, sobald er sprechen konnte; „Wenn er sich jetzt nicht selbst verärgert – so etwas habe ich noch nie in meinem Leben erlebt. Komm mir nicht zu nahe , Hetty. Jack!"

„Nun", sagte der Maat und wischte sich mit dem Taschentuch über das Gesicht.

„Du bist noch nie so entführt worden?" fragte der Kapitän besorgt.

„ Natürlich nicht", sagte der beschämte Maat.

„Sagen Sie mir nicht, natürlich nicht", sagte der andere herzlich, „nachdem Sie sich so verhalten haben. Ein Straight Weskit ist genau das, was Sie wollen. Ich werde mal mit dem alten Ben darüber reden. Er hat einen Onkel im Sterben . Du kommst auch hoch, mein Mädchen."

Er machte sich auf die Suche nach Ben, ohne zu bemerken, dass seine Tochter, anstatt ihm zu folgen, nicht weiter als bis zur Tür kam, wo sie stand und ihr Opfer mitfühlend betrachtete.

„Es tut mir so leid", sagte sie. „Ist das klug?"

„Ein wenig", sagte der Maat; „Mach dir keine Sorgen um mich."

„Sie sehen, was man bekommt, wenn man sich schlecht benimmt", sagte Miss Alsen richterlich.

„Es lohnt sich", sagte der Maat mit strahlender Miene.

„Ich habe Angst, dass es Blasen bekommt", sagte sie. Sie ging zu ihm hinüber, legte den Kopf auf die Seite und beäugte die Spuren mit Bedacht. „Drei Mark", sagte sie.

„Ich hatte nur einen", schlug der Kumpel vor.

"Ein was?" fragte Hetty.

„Die“, sagte der Maat.

Vor den Augen des entsetzten Kapitäns, der die vermeintliche Verrückte vorsichtig durch das Dachfenster beobachtete, küsste er sie erneut.

„Du kannst gehen, Ben“, sagte der Kapitän heiser zum Experten. „ Hörst du , du kannst WEG gehen, und kein Wort darüber, Verstand.“

Der Experte ging murrend davon, und nach einem weiteren Blick, der ihm zeigte, dass seine Tochter bequem auf der rechten Schulter des Maat schmiegte, schlich er sich davon und grübelte düster über diese krönende Komplikation. Ein gewöhnlicher Mann wäre herbeigelaufen und hätte sie unterbrochen; Der Kapitän der „Jessica“ glaubte, seine Ziele durch Diplomatie sicherer erreichen zu können, und er verhielt sich so vorsichtig , dass das Paar in der Kabine keine Ahnung hatte, dass sie beobachtet worden waren – der Maat hörte ruhig einem Vortrag des Kapitäns über beginnende Idiotie zu hielt es für ratsam zu geben.

Bis zum Mittagessen am darauffolgenden Tag machte er kein Zeichen. Wenn überhaupt , war er sogar noch umgänglicher als sonst, obwohl sein Zorn bei den Blicken, die über den Tisch ausgetauscht wurden, noch zunahm.

„Übrigens, Jack“, sagte er schließlich, „was ist aus Kitty Loney geworden ?“

"WHO?" fragte der Kumpel. „Wer ist Kitty Loney ?“

Nun war es an dem Kapitän, zu starren, und er tat es bewundernswert.

„Kitty Loney “, sagte er überrascht, „das kleine Mädchen, das du heiraten wirst.“

„Wen meinst du?“ sagte der Maat und wurde scharlachrot, als er dem Blick gegenüberstand.

„Ich weiß nicht, was Sie meinen“, sagte der Kapitän würdevoll. „Ich lobe Kitty Loney , das kleine Mädchen mit dem roten Hut und den weißen Federn, das du mir vorgestellt hast, als deine Zukunft.“

Der Maat sank in seinen Sitz zurück und betrachtete ihn mit offenem Mund und entsetztem Erstaunen.

„Du willst doch nicht sagen, dass du ihn im Stich gelassen hast“, fuhr der herzlose Kapitän fort, „nachdem ich von mir auch einen Vorschuss für den Kauf des Rings bekommen habe? Hast du mit dem Geld nicht den Ring gekauft?“

„Nein“, sagte der Maat, „ich – oh nein – natürlich – wovon zum Teufel redest du?“

Der Kapitän erhob sich von seinem Sitz und betrachtete ihn traurig, aber streng. „Es tut mir leid, Jack", sagte er steif, „falls ich etwas gesagt habe, das dich verärgert oder deine Gefühle verletzt hat. Natürlich ist es deine Sache, nicht meine. Vielleicht sagen Sie, Sie hätten noch nie von Kitty Loney gehört ?"

„Das sage ich", sagte der verwirrte Maat; „Das sage ich."

Der Kapitän beäugte ihn streng und verließ ohne ein weiteres Wort die Kabine. „Wenn sie wie ihre Mutter ist", sagte er sich und kicherte, während er die Leiter hinaufstieg, „glaube ich, dass das reichen wird."

Nach seiner Abreise entstand eine unangenehme Pause. „Ich weiß sicher nicht, was Sie von mir denken", sagte der Maat schließlich, „aber ich weiß nicht, wovon Ihr Vater spricht."

„Ich denke nichts", sagte Hetty ruhig. „Geben Sie bitte die Kartoffeln her."

„Ich nehme an, es ist ein Witz von ihm", sagte der Maat und gehorchte.

„Und das Salz", sagte sie; "Danke."

„Aber du glaubst es nicht?" sagte der Kumpel erbärmlich.

„Oh, sei nicht albern", sagte das Mädchen ruhig. „Was spielt es für eine Rolle, ob ich es tue oder nicht?"

„Es ist sehr wichtig", sagte der Maat düster. „Für mich geht es um Leben und Tod."

„Oh, Unsinn", sagte Hetty. „Sie wird nichts von deiner Dummheit erfahren. Ich werde es ihr nicht sagen."

„Ich sage Ihnen ", sagte der Maat verzweifelt, „es gab nie eine Kitty Loney . " Was halten Sie davon?"

„Ich glaube, du bist sehr gemein", sagte das Mädchen verächtlich; „Sprich bitte nicht mehr mit mir."

„Ganz wie Sie wollen", sagte der Maat und begann, die Beherrschung zu verlieren.

Er schob seinen Teller von sich und ging, während das Mädchen wütend und verärgert die Kartoffeln zurückstellte, da sie unter den gegebenen Umständen zu mehlig zum Verzehr seien.

Für den Rest der Passage behandelte sie ihn mit einer Höflichkeit und einer guten Laune , die er vergeblich zu durchbrechen versuchte. Zu ihrer Überraschung erhob ihr Vater am Ende der Reise keine Einwände, als sie ihr überredend vorschlug, mit dem Zug zurückzufahren; und der Maat, als sie am Abend vor ihrer Abreise beim Dummy-Whist saßen, versuchte vergeblich, die Reise unbekümmert zu besprechen.

„Es wird eine lange Reise sein", sagte Hetty, die ihn immer noch so sehr mochte, dass sie ihn ein wenig schlau machte. „Was ist Trumpf?"

„Es wird dir gut gehen", sagte ihr Vater. „Spaten."

Er gewann an diesem Abend zum dritten Mal und war mit der Art und Weise, wie er seine Karten im Allgemeinen gespielt hatte, wunderbar zufrieden und konnte sich einen weiteren Spott über den niedergeschlagenen Kumpel nicht verkneifen.

„Wenn du verheiratet bist, wirst du das Kartenspielen und all das aufgeben müssen, Jack", sagte er.

„Ja, ja", sagte der Kumpel leichtsinnig, „Kitty mag keine Karten."

„Ich dachte, es gäbe keine Kitty", sagte das Mädchen und blickte verächtlich auf.

„Sie mag keine Karten", wiederholte der Kumpel. „Herr, was für einen Spaß wir hatten. Cap'n , als wir an diesem Abend mit ihr zum Kristallpalast gingen."

„Ja, das haben wir", sagte der Kapitän.

„Erinnern Sie sich an die Kreisverkehre?" sagte der Kumpel.

„Das tue ich", sagte der Kapitän fröhlich. „Ich werde sie nie vergessen ."

„Du und ihre Freundin Bessie Watson, Herr, wie habt ihr weitergemacht!" fuhr der Kumpel in einer Art Ekstase fort. Der Kapitän versteifte sich plötzlich in seinem Stuhl. "Wovon in aller Welt sprichtst du?" erkundigte er sich schroff.

„Bessie Watson", sagte der Maat im Tonfall unschuldiger Überraschung. „Kleines Mädchen mit einem blauen Hut mit weißen Federn und einem blauen Kleid, das mit uns kam."

„Du bist betrunken", sagte der Kapitän und knirschte mit den Zähnen, als er die Falle sah, in die er geraten war.

„Erinnerst du dich nicht daran, wie ihr beide euch verirrt habt und ich und Kitty überall nach dir gesucht haben?" fragte der Kumpel, immer noch im gleichen Tonfall angenehmer Erinnerungen.

Er fing Hettys Blick auf und bemerkte voller Erregung, dass er vor sanfter und respektvoller Bewunderung strahlte.

„Sie haben getrunken", wiederholte der Kapitän schwer atmend. „Wie kannst du es wagen, vor meiner Tochter so zu reden?"

„Es ist nur richtig, dass ich es weiß", sagte Hetty und richtete sich auf. „Ich frage mich, was Mutter dazu sagen wird?"

„Du sagst deiner Mutter alles, wenn du dich traust", sagte der inzwischen wahnsinnige Kapitän. „Du weißt, was sie ist. Das ist der ganze Unsinn des Kumpels."

„Es tut mir sehr leid, Kapitän ", sagte der Maat, „falls ich etwas gesagt habe, das Sie verärgert oder Ihre Gefühle verletzt hat. Natürlich ist es deine Sache, nicht meine. Vielleicht würden Sie sagen, Sie hätten noch nie von Bessie Watson gehört?"

„Mutter soll von ihr hören", sagte Hetty, während ihr hilfloser Vater nach Luft rang.

„Vielleicht verraten Sie uns, wer diese Bessie Watson ist und wo sie lebt?" sagte er schließlich.

„Sie lebt mit Kitty Loney zusammen ", sagte der Kumpel schlicht.

Der Kapitän erhob sich, und sein Verhalten war so beunruhigend, dass Hetty instinktiv vor dem Steuermann zurückschreckte und Schutz suchte. Vor den Augen seines Kapitäns legte der Maat seinen Arm um ihre Taille, und in dieser Position standen sie einander eine Zeit lang schweigend gegenüber. Dann blickte Hetty auf und sprach.

„Ich fahre auf dem Wasserweg nach Hause", sagte sie kurz.

Die Heldentat des Kapitäns

Es WAR EINE NASSE, TROSTLOSE Nacht in diesem trostlosen Teil der großen Metropole, der als Wapping bekannt ist . Der seit Stunden heftige Regen fiel immer noch stetig auf die schlammigen Gehwege und Straßen und strömte mit vereinten Kräften in der Rinne ungestüm in die nächste Kanalisation. Die zwei oder drei Straßen, die sich zwischen den Docks und dem Fluss eingeklemmt hatten und die in Wirklichkeit den Anfang und das Ende von Wapping bilden , waren verlassen, abgesehen von einem verspäteten Lieferwagen, der über die Granitstraßen kracht, oder die zufällige Gestalt eines Hafenarbeiters, der hartnäckig dahintrottete, den Kopf vor Abscheu vor dem Regen gesenkt und die Hände in den Hosentaschen vergraben.

„Abscheuliche Nacht", sagte Kapitän Bing, als er aus der privaten Bar des „Sailor's Friend" rollte und, ohne auf die Anwesenheit der Stufe zu achten, einen kleinen, hastigen Lauf über den Bürgersteig machte. „Für einen Hund nicht geeignet, draußen zu sein."

Während er sprach, trat er nach einem zitternden Hund, der durch den Spalt der Kneipentür hereinsah, in der verschwommenen Absicht, ihn auf die Sache aufmerksam zu machen, und dann zog er den Kragen seiner groben Erbsenjacke hoch und sagte: trat mutig hinaus in den Regen. Drei oder vier Minuten zu Fuß, oder besser gesagt, Rollen, brachten ihn zu einem dunklen, schmalen Durchgang, der zwischen zwei Häusern auf der Wasserseite verlief. Durch eine leichte Wende nach Steuerbord erreichte er in einem kritischen Moment sicher den Kanal und folgte ihm, bis er in einer Reihe alter Steinstufen endete, von denen die Hälfte unter Wasser stand.

„Wohin?" fragte ein Mann, der aus einem kleinen Penthouse aus groben Brettern aufstieg.

„Schoner im Rang, Smiling Jane", sagte der Kapitän schroff, während er ungeschickt in ein Boot stolperte und sich ins Heck setzte. „Warum haben Sie in diesem Boot nicht bessere Plätze?"

„Sie sind da, wenn Sie danach suchen", sagte der Wassermann; „Und Sie werden feststellen, dass sie leichter zu sitzen sind als dieser Eimer."

sie nicht dort, wo ein Mann sie sehen kann ?" fragte der Kapitän und hob die Stimme ein wenig.

Der andere öffnete den Mund, um zu antworten, erkannte aber , dass dies zu einem langen und völlig vergeblichen Streit führen würde, und begnügte sich damit, sein Fahrgeld zu verlangen, um das Boot besser zu trimmen. und stieß sich von den Stufen ab und zog kräftig durch das dunkle, klumpige Wasser. Die Flut war stark, so dass sie nur langsam vorankamen.

„Als ich ein junger Mann war", sagte der Fahrmann mit Strenge, „hätte ich dieses Boot schon früher hin- und hergezogen."

„Als du ein junger Mann warst ", sagte der Mann an den Rudern, der vor Ort als Witzbold bekannt war, „gab es keine Boote; Damals waren sie alle Archen Noahs."

„Verstauen Sie Ihr Gepäck", sagte der Kapitän nach einer Pause tiefen Nachdenkens.

Der andere, dessen Hauptsünde gewiss nicht die Geschwätzigkeit war, spritzte einen dünnen Strahl Tabaksaft über die Bordwand, spuckte sich in die Hände und setzte seine mühsame Arbeit fort, bis eine Menge dunkler Gestalten, überragt von einem Netzwerk aus Takelagen, vor ihm aufragte ihnen.

„Nun, welches ist Ihr kleiner Lastkahn?" erkundigte er sich und zerrte kräftig, um seine Position gegen die schnell fließende Flut zu behaupten.

„Smiling Jane", sagte sein Fahrpreis.

„Ah", sagte der Wassermann, „Lächelnde Jane, nicht wahr? Sie sitzen da, Kapitän , und ich werde um alle ihre Hecks herumrudern, während Sie Streichhölzer anzünden und sich die Namen ansehen. Wir werden einen schönen kleinen Abend haben."

„Da ist sie", rief der Kapitän, der zu verwirrt war, um den Sarkasmus zu bemerken; „Da ist die kleine Schönheit. Bleib ruhig, mein Junge."

Während er sprach, streckte er die Hand aus, und als das Boot heftig gegen einen kleinen Schoner stieß, ergriff er ein Seil, das über der Bordwand hing, und kramte, hin und her schwankend , in seiner Tasche nach dem Fahrgeld.

„Sei ruhig, alter Junge", sagte der Wassermann liebevoll. Er hatte gerade versehentlich zwei Pence , einen halben Penny und einen Schilling für drei Pence erhalten . „Beruhigen Sie sich an der Seite. Du bist nicht mehr so ein hübscher Kerl wie damals , als deine alte Frau so ein schlechtes Geschäft gemacht hat."

Der Kapitän unterbrach seinen Aufstieg, stellte sich auf einen Fuß und tastete vorsichtig mit dem anderen nach dem Kopf seines Peinigers. Da er ihn nicht fand, warf er sein Bein über das Schanzkleid und erreichte das Deck des Schiffes, als das Boot mit der Flut herumschwang und verschwand in der Dunkelheit.

„Alle abgegeben", sagte der Kapitän und blickte eulenhaft auf das verlassene Deck. „Nun, es dauert noch gut anderthalb Stunden, bis wir anfangen; Ich werde mich auch melden."

Er ging langsam nach achtern, schob die Begleitluke zurück, stieg in eine kleine, übelriechende Kabine hinab und suchte in der Dunkelheit nach den Streichhölzern. Sie waren nicht zu finden, und mit profanem Knurren tastete er sich in die Kabine vor und drehte sich stehend um.

Es war noch dunkel, als er erwachte, und er hing über dem Rand der Koje, tastete vorsichtig mit den Füßen nach dem Boden, und nachdem er ihn gefunden hatte, stand er nachdenklich da und kratzte sich nachdenklich am Kopf, der zu ungewöhnlichen Ausmaßen angeschwollen zu sein schien.

„Es wird Zeit, dass sie unter Druck geraten", sagte er schließlich und tastete sich bis zum Fuß der Treppe vor, um die Tür zu etwas zu öffnen, das wie eine kleine Speisekammer aussah, in Wirklichkeit aber das Boudoir des Kumpels war.

„Jem", sagte der Kapitän schroff.

Es kam keine Antwort, und der Kapitän kam zu dem Schluss, dass er oben war, stolperte die Stufen hinauf und erreichte das Deck, das sich, soweit er sehen konnte, in demselben verlassenen Zustand befand wie beim Verlassen. Bestrebt, einen Eindruck von der Uhrzeit zu bekommen, taumelte er zur Seite und blickte hinüber. Die Flut hatte fast die Wende erreicht, und das stetige Klirren benachbarter Ankerwinden zeigte, dass andere Boote gerade unter Gewicht gerieten . Ein Lastkahn, dessen rotes Licht das Wasser in Blut verwandelte, mit einer riesigen Wand aus dunklem Segel, fuhr geräuschlos vorbei, die undeutliche Gestalt eines Mannes, der sich geschickt auf die Pinne stützte.

Als diese verschiedenen Lebens- und Aktivitätszeichen dem Kapitän der Smiling Jane auffielen, steigerte sich sein Zorn immer stärker, während er sich auf dem nassen, verlassenen Deck seines eigenen kleinen Bootes umsah. Dann ging er vorwärts und steckte seinen Kopf in die Luke des Vorschiffs.

Wie er erwartet hatte, herrschte unten ein komplett schlafender Chor; das tiefe, zufriedene Schnarchen von einem halben Dutzend Seeleuten, die ungeachtet der Flut und der Gefühle ihres Kapitäns süß schlummerten, in glückseliger Unwissenheit über alles, was das Lancet zu den beiden Themen Überfüllung und Belüftung sagen würde.

„Da unten, ihr faulen Diebe!" brüllte der Kapitän; „Stolz auf, stürzt auf!"

Das Schnarchen hörte auf. "Ay Ay!" sagte eine schläfrige Stimme. „Was ist los, Meister?"

"Gegenstand!" wiederholte der andere und würgte heftig. „ Wirst du heute Abend nicht segeln?"

"Heute Abend!" sagte eine andere Stimme überrascht. „Ich dachte, wir würden erst am Mittwoch segeln ."

Der Kapitän traute sich nicht, zu antworten, so sehr achtete er auf die Moral seiner Männer, beugte sich über die Bordwand und kommunizierte mit dem stillen Wasser. In unglaublich kurzer Zeit trotteten fünf oder sechs düstere Gestalten auf das Deck, und ein oder zwei Minuten später hallte das raue Klirren der Ankerwinde weit und breit wider.

Der Kapitän übernahm das Steuer. Ein dicker und sehr schläfriger Seemann brachte die Seitenlichter an, und der kleine Schoner löste sich mit Hilfe von Bootshaken und Fendern vom benachbarten Boot und bewegte sich langsam mit der Flut nach unten. Als Reaktion auf die leidenschaftlichen Befehle des Kapitäns kletterten die Männer in die Luft und breiteten ein Segel nach dem anderen in der sanften Brise aus.

"Hallo! „Du da", rief der Kapitän einem der Männer zu, die in seiner Nähe standen, und rollte eine lose Leine auf.

"Herr?" sagte der Mann.

„Wo ist der Kumpel?" fragte der Kapitän.

„Mann mit rotem Backenbart und pickeliger Nase?" sagte der Mann fragend.

„Das ist er um Haaresbreite", antwortete der andere.

„ Ich habe ihn nicht mehr gesehen, seit er mich mit elf aufgenommen hat", sagte der Mann. „Wie viele neue Hände gibt es?"

„Ich glaube, wir sind alle frisch", war die Antwort. „Ich glaube nicht, dass einige von ihnen jemals zuvor Salzwasser gerochen haben."

„Der Maat hat es wieder einmal geschafft", sagte der Kapitän herzlich, „das hat er getan." Er hat es schon einmal getan und ist zurückgeblieben. Wer Alkohol nicht verträgt, mein Mann, sollte ihn nicht trinken, denken Sie daran."

Mittwoch abfahren ", bemerkte der Mann, der die Haltung des Kapitäns als ziemlich belastend empfand.

„Er wird entlassen, das wird er bekommen", sagte der Kapitän herzlich. „Ich werde ihn melden, sobald ich an Land bin."

Nachdem das Thema erschöpft war, kehrte der Seemann zu seiner Arbeit zurück, und der Kapitän steuerte in düsterem Schweigen weiter.

Langsam, langsam wich die Dunkelheit dem Licht. Anstatt alle zu einem Ganzen zu verschmelzen, nahmen die verschiedenen Teile des Fahrzeugs

Gestalt an und hoben sich nass und deutlich im kalten Grau des anbrechenden Tages ab. Aber je heller es wurde, desto stärker starrte der Kapitän, rieb sich die Augen und blickte vom Deck auf das flache, sumpfige Ufer und vom Ufer wieder zurück auf das Deck.

„Hier, komm her", rief er und winkte einem der Besatzungsmitglieder zu.

„Ja, Sir", sagte der Mann und kam näher.

„Da ist etwas in einem meiner Augen", stockte der Kapitän. „Ich kann nicht gerade sehen; alles scheint durcheinander zu sein. Nun sagen Sie ruhig und ohne Eile: Auf welcher Seite des Schiffes befindet sich Ihrer Meinung nach die Kombüse des Kochs?"

„Steuerbord", sagte der Mann prompt und musterte ihn erstaunt.

„Steuerbord", wiederholte der andere leise. „ Er sagt Steuerbord, und so kommt es mir vor. Mein Junge, gestern Morgen war es auf der Backbordseite."

Der Seemann nahm diese erstaunliche Mitteilung mit Gelassenheit auf, sagte aber als leichtes Zugeständnis an den Schein: „Herr!"

„Und das Wasserfass", sagte der Kapitän; "welche Farbe ist das?"

„Grün", sagte der Mann.

„Nicht weiß?" fragte der Kapitän und stützte sich schwer auf das Steuerrad.

„Weißlich-grün", sagte der Mann, der stets darauf bedacht war, mit seinen Vorgesetzten Schritt zu halten.

Der Kapitän beschimpfte ihn.

Zu diesem Zeitpunkt hatten sich zwei oder drei der Besatzungsmitglieder, die einen Teil des Gesprächs mitgehört hatten, achtern versammelt und standen nun in einer kleinen, verwunderten Gruppe vor ihrem seltsamen Kapitän.

„Meine Jungs", sagte dieser und befeuchtete seine trockenen Lippen mit der Zunge, „ich nenne keine Namen – ich kenne sie noch nicht – und ich hege keinen Verdacht, aber irgendjemand hat dieses hier befindliche Fahrzeug beschönigt und verändert." , und Dinge verdrehen, bis ein Mann sie kaum noch kennt. Was ist nun das kleine Spiel?"

Es kam keine Antwort, und der Kapitän, der im zunehmenden Licht immer klarer sah, wurde immer blasser.

„Ich muss verrückt werden", murmelte er. „Ist das die LÄCHELNDE JANE oder träume ich?"

„Es ist nicht die SMILING JANE“, sagte einer der Seeleute; „Zumindest“, fügte er vorsichtig hinzu, „war es nicht so, als ich an Bord kam.“

„Nicht die LÄCHELNDE JANE!“ brüllte der Kapitän; "was ist es dann?"

„Warum, die MARY ANN“, rief die erstaunte Mannschaft im Chor.

„Meine Jungs“, stammelte der gequälte Kapitän nach einer langen Pause. „Meine Jungs –“ Er hielt inne und schluckte etwas hinunter. „Ich war auf dem falschen Schiff und habe es weggebracht“, fuhr er mühsam fort; „Das habe ich getan. Ich muss verhext gewesen sein.“

„Na, wer hat jetzt dieses kleine Spiel?“ fragte eine Stimme.

„Jemand anderes wird ebenso entlassen wie der Kumpel“, sagte ein anderer.

„Wir müssen sie zurückholen“, sagte der Kapitän und hob seine Stimme, um dieses Gemurmel zu übertönen. „Bleib da !“

Die verwirrte Mannschaft ging zu ihren Posten, der Kapitän gab seine Befehle mit einer Stimme, die noch nie so gedämpft und sanft gewesen war, seit sie im Alter von vierzehn Jahren kaputtging, und die Mary Ann nahm die Segel, warf ihren Anker und wartete geduldig darauf die Wende des Blattes.

Die Kirchenglocken in Wapping und Rotherhithe schlugen gerade die Mittagsstunde, doch nur wenige hörten sie über dem lärmenden Lärm der Arbeiter auf Kais und Schiffen, darunter ein kleiner, kräftiger Kapitän und ein Steuermann mit rotem Schnurrbart und pickeliger Nase Sie standen in einem Wassermannsboot in der Mitte des Flusses und blickten einander voller Erstaunen an.

„Sie ist weg, ganz weg!" murmelte der verwirrte Kapitän.

„Pfeifensauber", sagte der Kumpel. „Die neuen Hände müssen mit ihr durchgebrannt sein."

Dann erhob der trauernde Kapitän seine Stimme und hielt eine rührende und schöne Lobrede auf das verstorbene Schiff, etwas getrübt durch einen Anhang, in dem er die neuen Besitzer, ihre Erben und Nachkommen dem ewigen Verderben überantwortete.

"Ahoi!" sagte der Wassermann, der des Geschäfts langsam müde wurde, und wandte sich an einen schmutzig aussehenden Seemann, der nachdenklich über der Seite eines Schoners hing. „Wo ist die Mary Ann?"

„Bin heute Morgen um halb eins weggegangen", lautete die Antwort.

„Weil hier der Kapitän und der Maat sind", sagte der Bootsmann und wies mit einer Kopfbewegung auf das verlassene Paar.

"Meine Augen!" sagte der Mann, „ Dann ist wohl der Koch zuständig. Wir hätten auch gehen sollen, aber unser alter Herr ist nicht aufgetaucht."

Schnell verbreitete sich die Nachricht unter den Schiffen in der Reihe, und die Vorschläge, die dem verwirrten Paar von den verschiedenen Decks zugerufen wurden, waren vielfältig. Schließlich, gerade als der Kapitän dem Wassermann befohlen hatte, ans Ufer zurückzukehren, wurde er durch einen lauten Schrei des Steuermanns erschreckt.

"Schau da!" er schrie.

Der Kapitän schaute. Fünfzig oder sechzig Meter entfernt näherte sich ihnen langsam ein kleiner, verschämt dreinschauender Schoner, so kam es seiner aufgeregten Fantasie vor. Eine Minute später ertönte ein Schrei von dem anderen Boot, als es die Segel einholte und langsam auf sie zusteuerte. Dann legte ein kleines Boot an der Boje an, und die Mary Ann wurde langsam an den Ort gebracht, an dem sie zehn Stunden zuvor verlassen hatte.

Doch während all dies geschah, wurde sie von ihrem Kapitän und ihrem Maat geentert. Sie wurden von Kapitän Bing empfangen, unterstützt von seinem Maat, der sich hastig von der Smiling Jane abgestoßen hatte, um seinem Häuptling zu Hilfe zu kommen. In den beiden zuvor erwähnten Hauptdarstellern war er dem Gefährten der Mary Ann nicht unähnlich, und der unglückliche Bing legte in seiner Erklärung großen Wert auf diese Tatsache. So sehr, dass beide Kumpel unruhig wurden; der Kapitän, der ein unauffälliger Mann war und dazu neigte, alles beim Namen zu nennen, wobei er das Wort „pickelig" in einer ihrer Meinung nach unnötigen Wiederholung benutzte.

Es ist möglich, dass das Interview Stunden gedauert hätte, wenn Bing nicht plötzlich seine Taktik geändert und begonnen hätte, dunkle Andeutungen darüber zu machen, wie er an Land ein Abendessen bereithält und es bei einem freundlichen Glas serviert. Das Gesicht des Kapitäns der Mary Ann begann sich zu klären, und als Bing vom Allgemeinen zum Detail überging, spielte ein sanftes Lächeln über seine ausdrucksstarken Gesichtszüge. Dies spiegelte sich in den Gesichtern der Kameraden wider, die auf diese Weise deutlich zeigten, dass sie verstanden hatten, dass der Tisch für vier Personen gedeckt werden sollte.

Über diese glückliche Wendung der Dinge lächelte Bing selbst, und kurze Zeit später legte ein Schiff mit vier Segensgefährten von der Mary Ann ab und machte sich auf den Weg zum Ufer. Über das, was danach geschah, gibt es keine eindeutigen Aufzeichnungen, abgesehen von dem, was aus der Tatsache hervorgeht, dass das Quartett Arm in Arm um Mitternacht auftauchte und sich liebevoll weigerte, getrennt zu werden – nicht einmal, das Schiffsboot zu betreten, das auf sie wartete . Die Matrosen waren zunächst ziemlich verblüfft, aber durch viel Überreden und Streit lösten sie die Gruppe auf, ruderten sie zu ihren jeweiligen Schiffen und brachten sie vorsichtig zu Bett.

Schmuggelware des Krieges

Im Vorderschiff des Schoners „Greyhound" brannte eine KLEINE, ABER STARKE LAMPE , IN DEREN LICHT EIN SEEMANN MITTLEREN ALTERS VON RUHIGER ERSCHEINUNG SAß UND EINEN ANTIMACASSAR HÄKELTE. Zwei andere Männer schnarchten tief zufrieden in ihren Kojen, während ein kleiner Junge mit leuchtenden Augen in seinem Bett saß und abenteuerliche Romane las.

„Hier kommt der alte Dan", sagte der Mann mit dem Anti-Makasar warnend, als ein Paar Seestiefel oben auf der Leiter auftauchte; „Lass ihn dich besser nicht mit diesem Papier sehen, Billee ."

Der Junge schob es unter seine Decke und schloss die Augen, während er sich hinlegte, als der Neuankömmling auf den Boden trat.

„Alle schlafen?" fragte Letzteres.

Der andere Mann nickte, und Dan ging ohne weitere Verhandlungen zu den Schläfern hinüber und schüttelte sie grob.

„Äh! Was ist los?" fragten die Schläfer klagend.

„Steh auf", sagte Dan eindrucksvoll, „ich möchte mit dir sprechen. Etwas Wichtiges."

Unter lautem Knurren gehorchten die Männer, streckten ihre Beine aus ihren Kojen, rollten zum Spind und saßen verärgert da und warteten auf Informationen.

„Ich möchte einem Porenjungen einen guten Dienst erweisen", sagte Dan und beobachtete sie aufmerksam aus seinen kleinen schwarzen Augen, „und ich möchte, dass du mir hilfst; und der Junge auch. Es ist nie zu jung, seinen Mitgeschöpfen Gutes zu tun, Billy."

„Ich weiß, dass das nicht der Fall ist ", sagte Billy und nahm dies als Erlaubnis, sich der Gruppe anzuschließen; „Ich habe einmal einem betrunkenen Mann nach Hause geholfen, als ich erst zehn Jahre alt war, und als ich erst …"

Der Redner hielt inne, nicht weil er mit seinen Ausführungen am Ende angelangt war, sondern weil einer der Seeleute ihm den Arm um den Hals gelegt hatte und ihn würgte.

„Weiter", sagte der Mann ruhig; „Ich habe ihn. Spuck es aus, Dan, und nichts von deinen Predigten …"

„Nun, es ist so, Joe", sagte der alte Mann; „Hier ist ein kleiner Kerl, ein junger Mann aus dem Depot hier, und er ist abgehauen und geflohen. Er

versteckt sich seit zwei Tagen in einem Häuschen weiter oben an der Straße und möchte nach London und dort eine ehrliche Arbeit und Anstellung finden, ohne zu schießen, zu erstechen oder mit dem Bajonett zu schlagen –
"

„Verstauen Sie es", sagte Joe ungeduldig.

„Er wagt es nicht , zum Bahnhof zu gehen, und er darf auch nicht in seiner Uniform nach draußen gehen", fuhr Dan fort. „Meine Kunst war für den allerersten jungen Kerl da, und ich habe versprochen, dass ich mit uns eine kleine Reise nach London unternehmen werde . Die Menschen, bei denen er wohnt, wollen ihn nicht länger haben. Sie haben nur ein Bett, und sobald er die Jungs kommen sieht, stürzt er sich hinein, egal, ob er seine Stiefel anhat oder nicht."

„Haben Sie es dem Kapitän gesagt?" fragte Joe sardonisch.

„Ich werde dich nicht täuschen, Joe, das tue ich nicht", antwortete der alte Mann. „Er muss tagsüber hier unten bleiben und darf nur nachts an Deck kommen, wenn wir Wache haben. Ich habe gesagt, was für ein toller Kerl du bist und wie …"

„Wie viel wird er dir geben?" fragte Joe ungeduldig.

„Es ist nur angebracht, dass er ein wenig für die Überfahrt bezahlt", sagte Dan.

"Wie viel?" „Forderte Joe und schlug mit der Faust auf den kleinen dreieckigen Tisch, wodurch der Mann mit dem Antimacassar ein paar Stiche fallen ließ.

„Fünfundzwanzig Schilling", sagte der alte Dan widerstrebend; „Und ich werde die ein oder anderen fünf Schilling für euch ausgeben, wenn wir nach Limehouse kommen ."

„Ich will dein Geld nicht", sagte Joe; „Es gibt eine leere Koje, die er haben kann; Und denken Sie daran, Sie übernehmen die ganze Verantwortung – ich werde nichts damit zu tun haben."

„Danke, Joe", sagte der alte Mann mit einem erleichterten Seufzer; „Er ist ein netter junger Kerl, du wirst ihn bestimmt mögen. Ich werde hingehen und ihm den Tipp geben, sofort an Bord zu kommen."

Er rannte wieder an Deck und pfiff leise, und eine Gestalt, die sich hinter einem Haufen Leergut versteckt hatte, kam heraus, und nachdem sie sich vorsichtig umgeschaut hatte, ließ sie sich lautlos auf das Deck des Schoners fallen und folgte seinem Beschützer nach unten.

„Guten Abend, Freunde", sagte der Linienrichter und blickte neugierig und besorgt um sich, während er ein Bündel auf den Tisch legte und seinen Stock daneben legte.

"Wie groß bist du?" fragte Joe plötzlich. „Sieben Fuß ?"

„Nein, nur eins achtzig", sagte der Neuankömmling bescheiden. „Ich bin nicht stolz darauf. Für einen kleinen Mann ist es viel einfacher, auszurutschen als für einen großen."

„Es ist mir scheißegal", sagte Joe nachdenklich, „warum sie sie zurückhaben wollen – ich glaube, sie wären froh, sie loszuwerden. " Er hielt einen Moment inne, während Höflichkeit mit Gefühl zu kämpfen hatte, und fügte hinzu: „Stinktiere." ."

„ Vielleicht habe ich einen Grund, ein Stinktier zu sein, vielleicht auch nicht", erwiderte Private Smith mit sinkendem Gesicht.

„Das wird deine Koje sein", warf Dan hastig ein; „Stellen Sie Ihre Sachen dort hinein, und wenn Sie in sich selbst sind , werden Sie sich so wohl fühlen wie eine Auster in ihrer Schale."

Der Besucher gehorchte, holte zunächst einige Dosen Fleisch und eine Flasche Whisky aus dem Bündel, stellte sie auf den Tisch und bat nervös um die Ehre der anwesenden Gesellschaft zum Abendessen. Mit Ausnahme von Joe, der mürrisch in seine Koje zurückkletterte, gehorchten die Männer und waren sich alle einig, dass Jungen in Billys Alter nach strengen Grundsätzen der Abstinenz erzogen werden sollten.

Nach dem Abendessen zogen sich Private Smith und seine Beschützer auf ihre Sofas zurück, wo erstere in großer Sorge lagen, bis sie um zwei Uhr morgens aufbrachen.

„Es ist alles in Ordnung, mein Junge", sagte Dan, nachdem die Wache eingestellt war, als er kam und neben der Koje des Deserteurs stand; „Ich habe dich gerettet – ich habe dich für fünfundzwanzig Schilling gerettet."

„Ich wünschte, es wäre mehr", sagte Private Smith höflich.

Der alte Mann seufzte – und wartete.

„Aber ich bin ziemlich erschöpft", fuhr der Deserteur fort, „bis auf Fi'pence ha'penny . Ich werde das Risiko eingehen müssen, ohnehin schon in meiner Uniform nach Hause zu gehen."

„Ah, du wirst es schon schaffen", sagte Dan fröhlich; „Und wenn du nach Hause kommst, hast du zweifellos Freunde, und wenn es dir so vorkommt, als würdest du ihnen gerne etwas mehr geben, um dir in der Stunde der Not beizustehen, wirst du nicht undankbar sein, mein Junge , Ich weiß. Du bist nicht der Typ.“

Mit diesen Worten zog sich der alte Dan zurück, indem er ihn liebevoll tätschelte, und der Soldat lag in seiner engen Kammer und versuchte zu schlafen, bis er durch einen Griff an seinem Arm geweckt wurde.

„Wenn Sie einen Schluck frische Luft wollen, kommen Sie jetzt besser an Deck“, sagte die Stimme von Joe; „Es ist meine Uhr. Tagsüber können Sie so viel Schlaf bekommen, wie Sie möchten.“

Froh, der stickigen Unterkunft entkommen zu können, kletterte Private Smith aus seiner Koje und folgte dem anderen an Deck. Es war eine schöne, klare Nacht, und der Schoner fuhr bei einer leichten Brise; Der Seemann übernahm das Steuer, wandte sich an seinen Begleiter und fragte ihn unvermittelt, was er damit meinte, sie im Stich zu lassen und ihnen mit einem Meter achtzig halb garem Hummer Angst zu machen.

„Es liegt alles an meinem Mädchen“, sagte Private Smith sanftmütig; „Zuerst ließ sie mich sitzen und zwang mich, zur Armee zu gehen; Jetzt hat sie den anderen weggeworfen und mir geschrieben, ich solle zurückgehen.“

„ Und jetzt nehme ich an , dass der andere deinen Platz in der Armee einnehmen wird “, sagte Joe. „Na ja, so ein Mädchen könnte ein Regiment füllen, wenn sie wollte. Pah ! Sie werden dich auch schnappen, in dieser Uniform, und du bekommst sechs Monate und musst auch deine Zeit absolvieren.“

„Das ist mehr als wahrscheinlich“, sagte der Soldat düster. „Soweit ich sehen kann, muss ich in diesen Klamotten nach Manchester marschieren.“

„Wofür hast du dem alten Dan dein ganzes Geld gegeben?“ fragte Joe.

„Zuerst dachte ich nur daran, wegzukommen“, sagte Smith, „und ich musste annehmen, was mir angeboten wurde.“

„Nun, ich werde für Sie tun, was ich kann“, sagte der Seemann. „Wenn du verliebt bist, bist du nicht für deine Handlungen verantwortlich. Ich erinnere mich an das erste Mal, als ich das Spannfutter bekam. Ich ging in eine Gastwirtschaft und zerschmetterte so viel Glas und Flaschen, wie ich kriegen konnte. Ich hatte das Gefühl, dass ich etwas tun musste. Wenn du nur kleiner wärst, würde ich dir ein paar Klamotten leihen.“

„Du bist ein Ziegelstein“, sagte der Soldat dankbar.

„Ich habe auch kein Geld, das ich dir leihen könnte“, sagte Joe. „Irgendwie habe ich nie welche. Aber Kleidung muss man haben.“

Er versank in tiefes Nachdenken und richtete seinen Blick nach oben, als würde er über eine Rettungsexpedition auf den Segeln nachdenken, während der Soldat, der an der Seite des Schiffes saß, hoffnungsvoll auf ein Wunder wartete.

„Du gehst besser wieder nach unten", sagte Joe plötzlich.

„Da unten scheint sich jemand zu bewegen; Und wenn der Skipper Sie sieht, sind Sie fertig. Er ist ein gewöhnlicher Tartar und hat einen Bruder, der Sergeant-Major in der Armee ist. Er würde dich sofort aufgeben, wenn er dich entdecken würde."

„Ich bin weg", sagte Smith; und mit langen, katzenartigen Schritten verschwand er schnell unten.

Zwei Tage lang lief alles gut, und Dan begann sich gerade zu seinem kleinen Unterfangen zu beglückwünschen, als sein Seelenfrieden jäh gestört wurde. Die Besatzung war unten und trank ihren Tee, als Billy, der in der Kombüse gewesen war, um heißes Wasser zu holen, weiß und verängstigt herunterkam.

„Sehen Sie", sagte er nervös, „ich hatte nichts damit zu tun, dass dieser Kerl an Bord war, oder?"

"Was ist los?" erkundigte sich Dan schnell.

„Es ist alles herausgefunden", sagte Billy.

"WAS!" rief die Mannschaft gleichzeitig.

„Zumindest wird es so sein", korrigierte sich der Junge. „Du solltest ihn besser über Bord werfen, solange du Zeit hast. Ich hörte, wie der Kapitän es dem Maat erzählte, als er morgen früh im Vorschiff herunterkam, um sich umzusehen. Er wird es streichen lassen."

„Das", sagte Dan mitten in einer schmerzhaften Pause, „das ist es, was daraus entsteht, einem Mitgeschöpf zu helfen." Was ist zu tun?"

„Sagen Sie dem Kapitän, dass das Vorschiff keinen Anstrich möchte", schlug Billy vor.

Der gequälte alte Seemann stellte vorsichtig seine Teetasse ab und schlug ihm gehässig den Kopf.

„Es ist eine glatte See", sagte er und blickte auf das verstörte Gesicht von Private Smith, „und es ist viel Schiff unterwegs. Wenn ich ein Deserteur wäre, würde ich heute Nacht lieber mit einem Rettungsring über Bord schlüpfen, als erwischt zu werden, und meine Chance nutzen."

„Das würde ich nicht", sagte Mr. Smith mit großer Entschlossenheit.

„Das würdest du nicht? Nicht, wenn Sie ganz in der Nähe eines anderen Schiffes wären ?" gurrte Dan.

„Nicht, wenn ich in der Nähe von fünfzig blühenden Schiffen wäre und alle versuchen würden, herauszufinden, wer mich zuerst aufnehmen könnte", antwortete Mr. Smith etwas hitzig.

„Dann müssen wir dich deinem Schicksal überlassen", sagte Dan feierlich. „Wenn ein Mann unvernünftig ist, können seine besten Freunde nichts für ihn tun."

„Werfen Sie auf jeden Fall alle seine Klamotten über Bord", sagte Billy.

„Das ist eine gute Idee des Jungen . Lass seine Ohren in Ruhe", sagte Joe und stoppte die bereitwillige Hand des verärgerten Dan. „Er hat mehr Verstand als jeder von uns. Fällt dir sonst noch etwas ein, Billy? Was sollen wir dann tun?"

Die Augen aller waren auf ihren jugendlichen Befreier gerichtet, wobei die Augen von Herrn Smith schmerzlich im Vordergrund standen. Es war ein stolzer Moment für Billy, und er saß einige Zeit schweigend da, mit einem Ausdruck unbeschreiblicher Weisheit und Gedanken auf seinem Gesicht. Endlich sprach er.

„Lass jemand anderen an die Reihe kommen", sagte er großzügig.

Die Stimme des Antimacassar-Arbeiters durchbrach die Stille.

„Malen Sie ihn überall mit Streifen verschiedenfarbiger Farbe an und lassen Sie ihn so tun, als wäre er verrückt und wüsste nicht, wie er hierher gekommen ist", sagte er mit einem unkontrollierbaren Anflug von Stolz über die Idee, die sehr kalt aufgenommen wurde. Private Smith geht spürbar hart vor.

„Ich weiß", sagte Billy schrill und klatschte in die Hände. „Ich habe es, ich habe es. Nachdem er heute Nacht seine Kleidung über Bord geworfen hat, soll er auch mit einer Leine über Bord gehen."

„Und ihn den Rest des Weges abschleppen und ihm Kekse hinwerfen, nehme ich an", knurrte Dan.

„Nein", sagte das jugendliche Genie verächtlich; „Stellen Sie sich vor, er wäre von einem Boot aus umgekippt und schwamm herum, und wir hörten ihn um Hilfe schreien und retteten ihn."

„Es geht um den besten Ausweg", sagte Joe nach einiger Überlegung; „Es ist warmes Wetter und dir wird nichts passieren, Kumpel. Mach es in meiner Wache und ich werde dich sofort rausziehen."

„Würde es nicht genügen, wenn du einfach einen Eimer Wasser über mich kippen und SAGEN würdest, dass du mich herausgezogen hättest", schlug das Opfer vor. „Das andere scheint eine völlige LÜGE zu sein."

„Nein", sagte Billy energisch, „du musst halb ertrunken aussehen, eine Menge Wasser schlucken und deine Augen müssen ganz blutunterlaufen sein."

Alle außer Private Smith waren begierig auf das Abenteuer, so dass die Vorbereitungen sofort abgeschlossen waren und der Anbruch der Nacht ungeduldig erwartet wurde. Es war kurz vor Mitternacht, als Smith, der seine Schlafstörungen vorerst vergessen hatte, wachgerüttelt wurde.

„Kaltes Wasser, Sir?" sagte Billy fröhlich.

Private Smith hatte keine Lust auf Leichtsinn und erhob sich und folgte dem Jugendlichen an Deck. Die Luft kam ihm kalt vor, als er dort stand; Dennoch war er erleichtert, als er sah, wie die Uniform Ihrer Majestät über Bord ging und im dunklen Wasser versank.

„Er sieht ohne Polster nicht besonders gut aus, oder?" sagte Billy, der ihn kritisch beäugt hatte.

„Geh nach unten", sagte Dan scharf.

„ Garn ", sagte Billy empört; „Ich möchte den Spaß genauso sehen wie du. Ich habe darüber nachgedacht."

"Spaß?" sagte der alte Mann ernst. "Spaß? Zu sehen, wie ein Kerl leidet und vielleicht ertrunken ist …"

„Ich glaube nicht, dass ich besser gehen sollte", sagte das Opfer; „Es scheint ziemlich hinterhältig zu sein."

„Ja, das wirst du", sagte Joe. „Wickeln Sie diese Leine um Ihren Arm und schwimmen Sie sanft herum, bis ich Sie hineinziehe."

Voller Widerwillen ergriff Private Smith die Leine, über der Seite des Schoners hängend, spürte die Temperatur mit seinem Fuß und ließ seinen Körper langsam und zärtlich, mit vielen kleinen Keuchen, in die Tiefe sinken. Joe gab die Leine aus und wartete, ließ weitere Leine aus, als der Mann im Wasser, der unruhig wurde, Hand über Hand herankam.

„Das reicht", sagte Dan schließlich.

„Ich denke, das wird es", sagte Joe, legte die Hand an den Mund und stieß einen lauten Schrei aus. Die Antwort wurde fast direkt mit erschrockenem Gebrüll aus der Kajüte beantwortet, und der Kapitän und der Steuermann stürmten hastig an Deck, um zu sehen, wie die Mannschaft in ihren

Schlafanzügen eine aufgeregte Gruppe um Joe bildete und eifrig über die Bordwand spähte.

"Was ist los?" forderte der Kapitän.

„Jemand im Wasser, Sir", sagte Joe, überließ das Steuer einem der anderen Seeleute und holte die Leine ein. „Ich hörte einen Schrei aus dem Wasser und warf eine Leine, und, beim Kaugummi, ich habe sie eingehakt!"

Er holte mit tatkräftiger Hilfe des Kapitäns ein, bis der lange, weiße Körper von Private Smith, bleich vor Kälte, gegen die Bordwand des Schoners prallte.

„Es ist eine Meerjungfrau", sagte der zum Aberglauben neigende Maat, während er zweifelnd darauf blickte. „Lass es los, Joe."

„Holt es rein, Jungs", sagte der Kapitän ungeduldig; und zwei der Männer kletterten über die Bordwand, bückten sich und hoben es aus dem Wasser.

Inmitten einer Pfütze, die er mitgebracht hatte, wurde Private Smith auf das Deck gelegt und kämpfte wild mit den Armen um Atem.

„Holen Sie eines davon leer", sagte der Kapitän schnell und zeigte auf einige Fässer, die an der Seite aufgestellt waren.

Die Männer rollten eines herum und halfen dann dem Kapitän dabei, die lange, blonde Gestalt ihres Besuchers darüber zu legen und es schwungvoll das Deck auf und ab zu bewegen, wobei seine Beine praktische Griffe für die energischen Bediener bildeten.

„Er kommt vorbei", sagte der Maat und überprüfte sie; „Er spricht. Wie fühlst du dich, mein armer Kerl?"

Er senkte das Ohr, aber die Aktion war unnötig. Private Smith fühlte sich schlecht und sagte es in dem einfachsten Englisch, das ihm gerade einfiel, deutlich.

„Er flucht", sagte der Maat. „Er sollte sich schämen."

„Ja", sagte der Kapitän streng; „Und er war auch dem Tod so nahe. Wie bist du ins Wasser gekommen?"

„Ich bin schwimmen gegangen", keuchte Smith mürrisch.

"SCHWIMMEN?" wiederholte der Kapitän. „Warum, wir sind zehn Meilen vom Land entfernt!"

„Seine Gedanken wandern, Porenmensch", unterbrach Joe hastig. „Aus welchem Boot bist du gefallen, Kumpel ?"

„Ein Ruderboot", sagte Smith und versuchte, sich aus der Reichweite des Kapitäns zu rollen, der auf den Knien lag und ihn bei lebendigem Leib mit einem Handtuch abhäutete. „Ich musste mich im Wasser ausziehen, um über Wasser zu bleiben. Ich habe alle meine Klamotten verloren."

„Porenfresser", sagte Dan.

„Eine goldene Uhr und Kette, meine Handtasche und drei der nettesten Kerle, die es je gab", fuhr Smith fort, der nun in den Geist der Sache eintauchte.

„Arme Kerle", sagte der Kapitän feierlich. „Hat einer von ihnen eine Familie hinterlassen?"

„Vier", sagte Smith traurig.

"Kinder?" fragte den Kumpel.

„Familien", sagte Smith.

„Schau her", sagte der Maat, aber der wachsame Joe unterbrach ihn.

„Seine Gedanken schweifen ab", sagte er hastig. „Er kann nicht zählen, Kleiner. Wir bringen ihn besser ins Bett."

„Ach ja", sagte der Kapitän, und mit der Unterstützung seiner Freunde wurde der Gerettete halb geführt, halb nach unten getragen und zwischen die Decken gelegt, wo er genüsslich lag und genüsslich ein aus der Kabine geschicktes Glas Brandy und Wasser nippte.

„Wie habe ich das gemacht?" erkundigte er sich mit zufriedener Miene.

„Es war nicht nötig, ihnen alle Lügen darüber zu erzählen", sagte Dan scharf; „Statt einer kleinen Lüge hast du ein halbes Dutzend erzählt. Ich will nichts mehr mit dir zu tun haben. Du fängst jetzt von vorne an, wie ein neugeborenes Baby."

„In Ordnung", sagte Smith kurz; und da er von den Anstrengungen sehr erschöpft und durch den Branntwein sehr erfrischt war, fiel er in einen tiefen und friedlichen Schlaf.

Als er erwachte, war der Morgen schon weit vorangeschritten, und das Vorschiff war leer, bis auf den treuen Joe, der mit einem Haufen Kleidung unter dem Arm an seiner Seite stand.

„Probieren Sie das an", sagte er, während Smith ihn halbwach anstarrte; „Sie werden auf jeden Fall besser als nichts sein."

Der Soldat sprang von seiner Koje und zog sich dankbar an. Joe beäugte ihn kritisch, während die Hose seine langen Beine hochkletterte und die Ärmel der Jacke ihr Bestes taten, um seine Ellbogen zu verbergen.

"Wie sehe ich aus?" erkundigte er sich besorgt, als er fertig war.

„Sechs Fuß und ein halber Elend“, piepste die schrille Stimme von Billy prompt, als er seinen Kopf in Richtung Vorderschiff steckte. „In diesen Klamotten kann man nicht in die Kirche gehen.“

„Nun, sie reichen für das Schiff, aber man kann damit nicht an Land gehen “ , sagte Joe, als er sich auf die Leiter zubewegte und plötzlich ein oder zwei Stufen hinaufsprang, um auf den Jungen loszufliegen alter Mann will dich sehen; Sei vorsichtig, was du ihm sagst.“

Mit einem äußerst erfolglosen Versuch, den Anschein zu erwecken, dass er sich seiner Figur nicht bewusst sei, begab sich Smith zum Interview an Deck.

„Wir können nichts tun, bis wir in London sind“, sagte der Kapitän, während er sich ausführlich Notizen über Smiths Abenteuer machte. „Sobald wir dort ankommen, leihe ich dir das Geld, um deinen Freunden zu telegrafieren, ihnen mitzuteilen, dass du in Sicherheit bist, und dir ein paar Klamotten zu schicken, und natürlich hast du freie Kost und Logis, bis es soweit ist. und ich werde einen Bericht darüber für die Zeitungen verfassen.“

„Du bist sehr gut“, sagte Smith ausdruckslos.

„Und ich weiß nicht, wer Sie sind“, sagte der Kapitän fragend; „Aber man sollte Schwimmen als Beruf ausüben – sechs Stunden so herumschwimmen ist wunderbar.“

„Man weiß erst, was man tun kann, wenn man es muss“, sagte Smith bescheiden und wich langsam zurück; „Aber ich möchte das Wasser nie wieder sehen, solange ich lebe.“

Die beiden verbleibenden Tage ihrer Überfahrt vergingen viel zu schnell für die Männer, die nach einem Ausweg aus der Schwierigkeit suchten, von der sie vorhersahen, dass sie bei ihrer Ankunft in London auftauchen würde.

„Wenn du nur anständige Kleidung hättest“, sagte Joe, als sie an Gravesend vorbeikamen, „könnte du losgehen und ein Telegramm schicken und nicht zurückkommen; Aber man konnte in diesen Sachen keine fünf Meter weit gehen, ohne dass eine Menschenmenge hinter einem her war.“

schätze , ich muss mitgenommen werden “, sagte Smith launisch.

„ Ein armer alter Dan bekommt sechs Monate Strafe, weil er dir geholfen hat“, sagte Joe mitfühlend, als ihm eine gute Idee kam.

"Müll!" sagte Dan unbehaglich. „Er kann bei seiner Geschichte bleiben, dass er verärgert ist; Jedenfalls sah der Kapitän, wie er aus dem Wasser gezogen wurde. Er ist ein zu ehrlicher Kerl, um einen alten Mann in Schwierigkeiten zu bringen, weil er versucht hat, ihm zu helfen."

„Er muss ein neues Gerät haben, Dan", sagte Joe leise. „Du und ich werden sie kaufen . " Ich übernehme die Auswahl und Du übernimmst die Bezahlung. Es wird für dich ein ganz besonderes Vergnügen sein, ein wenig Geld auszugeben, Dan. Wir werden einen ganzen Abend lang shoppen gehen, alles vom Feinsten."

Der wütende Dan schnappte nach Luft und blickte hilflos auf die grinsende Crew.

„Ich werde ihn sehen – zuerst über Bord", sagte er wütend.

„Bitte seien Sie zufrieden", sagte Joe knapp, „Wenn er erwischt wird , bekommen Sie sechs Monate Zeit. So wie es aussieht, hast du die Chance, einen netten, netten kleinen christlichen Auftritt zu machen, denn natürlich werden die fünfundzwanzig Bob, die du von ihm bekommen hast, bei weitem nicht für seine Kleidung bezahlen ."

Fast außer sich vor Empörung ging der alte Mann davon und sagte kein weiteres Wort, bis sie am Kai von Limehouse festgemacht hatten. Er brach nicht einmal sein Schweigen, als Joe ihn liebevoll am Arm nahm und ihn nach achtern zum Kapitän führte.

„Ich und Dan, Sir", sagte Joe sehr respektvoll, „würden gerne an Land gehen, um ein wenig einzukaufen. Dan hat diesem Kleinen freundlicherweise angeboten, das Geld für ein paar Kleidungsstücke zu leihen, und er möchte, dass ich mitkomme und ihm beim Tragen helfe."

„Ja, ja", sagte der Kapitän und lächelte den alten Philanthropen wohlwollend an. „Du gehst am besten sofort, bevor die Geschäfte schließen."

„Wir rennen, Sir", sagte Joe, packte Dan am Arm und schleppte ihn im Trab auf die Straße.

Es vergingen fast ein paar Stunden, bis sie zurückkamen, und kein Kind verfolgte das Öffnen eines Geburtstagsgeschenks mit größerer Spannung als Smith, wie die zahlreichen Pakete, mit denen sie beladen waren, aufgelöst wurden.

„Er ist eine ganz normale gute Fee, nicht wahr?" sagte Joe, als Smith sich freudig einen sehr ansehnlichen Tweedanzug, brauchbare Stiefel und eine Melone anzog. „Wir hatten eine schreckliche Aufgabe, einen Anzug zu bekommen, der groß genug war, und das Einzige, was wir bekommen konnten, war etwas mehr Geld, als wir geben wollten, nicht wahr, Dan?"

Die gute Fee kämpfte mannhaft mit seinen Gefühlen.

„Das schaffst du jetzt", sagte Joe. „Ich habe nicht viel, aber was ich habe, kannst du gerne haben." Er steckte seine Hand in die Tasche und holte eine lose Münze heraus. „Was habt ihr, Freunde?"

Mit anständigem Wohlwollen zückten die anderen Männer ihre Taschen, füllten den Vorrat auf und drängten ihn herzlich dem widerstrebenden Smith auf, der, nachdem er ihm dankbar die Hand geschüttelt hatte, Joe an Deck folgte.

„Sie haben genug, um Ihren Fahrpreis zu bezahlen", sagte dieser; „Und ich habe dem Kapitän gesagt, dass Sie an Land gehen, um Telegramme abzuschicken. Wenn du das Geld an Dan zurückschickst, werde ich dir nie verzeihen."

„Dann werde ich es nicht tun", sagte Smith bestimmt; „Aber ich werde ihre an die anderen Jungs zurückschicken. Auf Wiedersehen."

Joe schüttelte ihm noch einmal die Hand und befahl ihm zu gehen, solange die Luft rein war, ein Rat, dem Smith beeilt folgte, obwohl er sich umdrehte und zurückblickte, um der Mannschaft, die schweigend an Deck gekommen war, um ihn zu verabschieden, mit der Hand zu winken ; alle außer dem Philanthropen, der unten mit einem Bleistiftstumpf und einem Blatt Papier stand und rechnet.

EINE SCHWARZE ANGELEGENHEIT

Ich WOLLTE es nicht mitbringen", sagte Kapitän Gubson und betrachtete etwas ungünstig einen Graupapagei, dessen Käfig am Großmast hing, „aber mein alter Onkel war so darauf fixiert, dass ich es tun musste." Er sagte, eine Seereise würde seine Existenz bestimmen .

„Im Moment scheint alles in Ordnung zu sein", sagte der Maat, der zärtlich an seinem Zeigefinger saugte; „Beste Laune, würde ich sagen."

„Es ist spielerisch", stimmte der Kapitän zu. „Der alte Mann hält selten viel davon. Ich denke, dass ich in diesem Viertel noch ein wenig haben werde, also behalten Sie den Bettler im Auge.

„Scratch-Umfrage!" sagte der Papagei und gab seinem Schnabel auf seiner Stange einen ersten Streich. „Scratch, arme Polly!"

Es beugte seinen Kopf gegen die Gitterstäbe und wartete geduldig darauf, das auszuspielen, was es immer für den vollendetsten Scherz gehalten hatte, den es gab. Der erste Zweifel, den es je daran hatte, kam auf, als der Maat vortrat und gehorsam mit dem Stiel seiner Pfeife daran kratzte. Es war eine völlig unvorhergesehene Entwicklung, und der Papagei, der sein Gefieder sträubte, schob sich an seiner Sitzstange entlang und brütete dunkel am anderen Ende.

Die Meinung vor dem Mast war ebenfalls gegen den Neuankömmling, da die allgemeine Meinung war, dass die wilde Eifersucht, die im Busen der Schiffskatze tobte, früher oder später zu Unheil führen würde.

„Der alte Satan mag das nicht", sagte der Koch kopfschüttelnd. „Der gesegnete Vogel war noch keine zehn Minuten an Bord, als Satan umherstreifte. Das blühende Bild wartete, bis er sich etwa einen Fuß vom Käfig entfernt hatte, dann nahm er das Perlit und fragte ihn, ob er ein Glas Bier möchte. Ich habe in meinem ganzen Leben noch nie eine Katze gesehen, die so verblüfft war . Niemals."

„Es wird Ärger zwischen ihnen geben", sagte der alte Sam, der der besondere Beschützer der Katze war, „merken Sie sich meine Worte."

„Ich würde mein Geld auf den Papagei setzen", sagte einer der Männer selbstbewusst. „Es ist ein bißchen aus dem Finger des Kumpels. Wo ist die Katze seit diesem Schnabel?"

„Nun, du würdest dein Geld verlieren", sagte Sam. „Wenn Sie der Katze eine Gefälligkeit erweisen wollen, legen Sie ihr jedes Mal Handschellen an, wenn Sie sie in der Nähe des Käfigs sehen."

Da die Besatzung sehr an der Katze hing, die ihnen als Kätzchen von der Frau des Maats geschenkt worden war, befolgte sie den Rat mit so großem Eifer, dass es für die nächsten zwei Tage so aussah, als wäre das empörte Tier mit Güte getötet worden. Am dritten Tag jedoch, als der Papageienkäfig auf dem Kabinentisch stand, schlich sich die Katze verstohlen hinein und kratzte sich auf den dringenden Wunsch des Bewohners selbst am Kopf.

Der Kapitän war der erste, der das Unheil entdeckte, und er kam an Deck und verkündete die Nachricht mit einer Stimme, die allen einen Schauder ins Herz trieb.

„Wo ist dieser schwarze Teufel geblieben?" er schrie.

„Stimmt etwas nicht, Sir?" fragte Sam besorgt.

„Kommen Sie und schauen Sie her", sagte der Kapitän. Er ging voran zur Kabine, wo der Maat und einer aus der Mannschaft bereits standen und den Kopf über den Papagei schüttelten.

„Was halten Sie davon?" forderte der Kapitän heftig.

„Zu viel Trockenfutter, Sir", sagte Sam nach reiflicher Überlegung.

„Zu viel was?" brüllte der Kapitän.

„Zu viel Trockenfutter", wiederholte Sam bestimmt. „Ein Papagei – ein Graupapagei – will jede Menge Schnaps. Wenn es es nicht bekommt, mausert es ."

„Es hatte zu viel CAT", sagte der Kapitän grimmig, „und Sie wissen es, und es geht über Bord."

„Ich glaube nicht, dass es die Katze war, Sir", warf der andere Mann ein; „Es ist zu weichherzig, so etwas zu tun."

„Du kannst deinen Kiefer schließen", sagte der Kapitän und errötete. „Wer hat dich überhaupt gebeten, hierher zu kommen?"

„Niemand hat die Katze dabei gesehen", drängte der Kumpel.

Der Kapitän sagte nichts, sondern hob, indem er sich bückte, eine Schwanzfeder vom Boden auf und legte sie auf den Tisch. Dann ging er, gefolgt von den anderen, an Deck und begann in verführerischem Ton nach der Katze zu rufen. Als das kluge Tier, das sich versteckt hatte, keine Antwort erhielt, wandte er sich an Sam und forderte ihn auf, es zu rufen.

„Nein, Sir, ich werde nicht hineingehen ", sagte der alte Mann. „Abgesehen von meiner Vorliebe für das Tier werde ich nichts mit der Tötung einer schwarzen Katze zu tun haben ."

"Müll!" sagte der Kapitän.

„Sehr gut, Sir", sagte Sam und zuckte mit den Schultern, „Sie wissen es natürlich am besten. Du bist ediert und ich nicht, und vielleicht kannst du es dir leisten, dich über solche Dinge lustig zu machen. Ich kannte einen Mann, der eine schwarze Katze getötet hat und verrückt geworden ist. Unsere Katze hat etwas sehr Kinderfreundliches an sich."

„Es weiß mehr als wir", sagte einer der Besatzungsmitglieder kopfschüttelnd. „Das Mal, als du – ich meine wir – den Schlag runtergefahren hast, hatte diese Katze schon vorher damit gerechnet, dass es uns gehört. Es war wie eine wilde Sache."

„Sehen Sie sich das Wetter an, das wir erlebt haben – schauen Sie sich die Ausflüge an, die wir unternommen haben, seit er an Bord ist", sagte der alte Mann. „Sagen Sie mir, dass es ein Zufall ist, wenn Sie möchten, aber ich WEISS es besser."

Der Kapitän zögerte. Selbst für einen Seemann war er ein abergläubischer Mann, und seine Schwäche war so bekannt, dass er zu einem sympathischen Empfänger jeder Geistergeschichte wurde, die wegen ihrer Rohheit oder fehlenden Bestätigung von anderen Experten abgelehnt worden war. Er war eine perfekte Referenzbibliothek für Omen, und seine Traumdeutungen hatten ihm einen weiten Ruf eingebracht.

„Das ist alles Unsinn", sagte er und hielt unruhig inne; „Trotzdem möchte ich nur gerecht sein. An mir ist nichts Rachsüchtiges, und ich selbst werde mich nicht daran beteiligen. Joe, binde einfach einen Klumpen Kohle an die Katze und wirf sie über Bord."

„Ich nicht", sagte der Koch, folgte Sams Beispiel und schüttelte sich. „Nicht für fünfzig Wortspiele in Gold. Ich möchte nicht verfolgt werden."

„Dem Papagei geht es jetzt etwas besser, Sir", sagte einer der Männer und nutzte sein Zögern aus, „er hat ein Auge geöffnet."

„Nun, ich möchte nur gerecht sein", wiederholte der Kapitän. „Ich werde nichts überstürzen, aber merken Sie sich meine Worte: Wenn der Papagei stirbt, geht die Katze über Bord."

Entgegen den Erwartungen war der Vogel noch am Leben, als er London erreichte, obwohl der Koch, der aufgrund seiner Verbindung mit der Hütte plötzlich eine Position von ungewöhnlicher Bedeutung erreicht hatte, von großem Kraftverlust und Gereiztheit berichtete. Es war noch am Leben, verfiel aber schnell an dem Tag, an dem sie wieder in See stechen sollten; und der Vorschiff verstaute, um auf das Schlimmste vorbereitet zu sein, sein Haustier im Farbspind und besprach die Situation.

Ihre Beratung wurde durch das mysteriöse Verhalten des Kochs unterbrochen, der, nachdem er hinausgegangen war, um einen Vorrat an

Brot hineinzulegen, plötzlich über sie hereinbrach, eher wie ein Mitglied einer Geheimgesellschaft als wie eine bescheidene, aber nützliche Einheit eines Schiffs Unternehmen.

„Wo ist der Kapitän ?" fragte er mit heiserem Flüstern, während er sich mit dem Brotsack zwischen den Knien auf den Spind setzte.

„In der Kabine", sagte Sam und betrachtete seine Mätzchen mit einiger Abneigung . „Was ist los, Keks?"

„Was glaubst du , was ich hier drin habe?" fragte der Koch und klopfte auf die Tüte.

Die offensichtliche Antwort auf diese Frage war natürlich Brot; Da aber bekannt war, dass der Koch extra gegangen war, um welche einzukaufen, und dass er kaum eine Frage stellen konnte, die eine so einfache Antwort hätte, antwortete niemand.

„Es kam mir ganz plötzlich", sagte der Koch mit einem aufregenden Flüstern. „Ich hatte gerade das Brot gekauft und den Laden verlassen, als ich eine große schwarze Katze, unser Ebenbild, auf der Türschwelle sitzen sehe. Ich bückte mich einfach, um es zu streicheln, als es zu mir kam ."

„Das werden sie manchmal", sagte einer der Seeleute.

„Das meine ich nicht", sagte der Koch mit der Verachtung des Genies. „Ich meine, die Idee war es. Ich denke mir: „ So wie du aussiehst, könntest du der Bruder des alten Satans sein; „Und wenn der Kapitän eine Katze töten will, lass es dich sein", denke ich . Und damit, bevor Jack Robinson darauf stehen konnte, packte ich es am Genick und steckte es in die Tasche."

„Was, alles in unserem Brot?" sagte der vorherige Unterbrecher mit schmerzerfüllter Stimme.

„Einige von euch sind hart „ Bitte", sagte der Koch zutiefst beleidigt.

„Kümmere dich nicht um ihn, Koch", sagte der bewundernde Sam. „Du bist ein Meisterwerk, das bist du."

„Natürlich, wenn einer von euch einen besseren Plan hat", sagte der Koch großzügig.

„Rede keinen Blödsinn, Koch", sagte Sam; „Hol die beiden Katzen raus und setze sie zusammen."

sie nicht ", sagte der Koch warnend; „Denn du wirst nie wieder wissen, wer was ist, wenn du es tust."

Vorsichtig öffnete er den Deckel des Sacks und brachte seinen Gefangenen hervor, und nachdem Satan aus seinem Gefängnis befreit worden war, wurden die beiden Tiere sorgfältig verglichen.

„Sie sind so ähnlich wie zwei Kohleklumpen", sagte Sam langsam. „Herr, was für ein Witz über den alten Mann. Ich muss dem Kumpel davon erzählen; er wird es genießen."

„Es wird alles gut, wenn der Papagei nicht stirbt", sagte der zierliche Pessimist, immer noch auf seinem Lieblingsthema herumharrend. „Das ganze Brot ist verdorben und zwei Katzen an Bord."

„Kümmere dich nicht darum, was er sieht ", sagte Sam; „Du bist ein Ziegelstein, das ist, was du bist. Ich mache einfach ein paar Löcher in den Brustdeckel des Jungen und stecke den alten Satan hinein. Es macht dir doch nichts aus, oder, Billy?"

„ Natürlich nicht", sagten die anderen Männer empört.

Nachdem die Dinge so angenehm geregelt waren, besorgte sich Sam einen Bohrer und bereitete die Truhe für den Empfang ihres Mieters vor, der, überzeugt davon, dass er aus dem Weg geräumt würde, um Platz für einen Rivalen zu schaffen, einen verzweifelten Kampf um die Freiheit führte.

„Jetzt nimm etwas Leichtes und lege es darauf", sagte Sam, nachdem er sich davon überzeugt hatte, dass das Schloss kaputt war; „Und, Billy, steck die Noo- Katze in den Farbschrank, bis wir anfangen; es ist Heimweh."

Der Junge gehorchte, und die Zweitbesetzung wurde in Durance Vile gehalten, bis sie vor Limehouse waren, wo er an Deck kam und dort und da beinahe seine Karriere beendete, indem er versuchte, über das Schanzkleid in den nächsten Garten zu springen. Eine Zeit lang ging er unruhig auf dem Deck auf und ab, dann sprang er auf das Heck und miaute klagend, während seine Heimatstadt immer weiter aus seinem Blickfeld verschwand.

„Was ist mit dem alten Satan los?" sagte der Maat, der in das Geheimnis eingeweiht worden war. „Er scheint etwas im Kopf zu haben."

„Er wird gleich etwas um den Hals haben", sagte der Kapitän grimmig.

Die Prophezeiung erfüllte sich etwa drei Stunden später, als er voller Reue an Deck kam und die Überreste eines Vogels betrachtete, dessen Wortschatz einst der Stolz seiner Heimatstadt gewesen war. Er warf es wortlos über Bord, packte dann die unschuldige Katze, die ihm in dem Glauben gefolgt war, sie würde gleich essen, holte einen halben Ziegelstein hervor, der an einer Schnur befestigt war, und band ihn sich um den Hals. Die Crew, die den Witz sehr genoss, heulte protestierend.

„Die Skylark wird nie wieder so etwas haben, Sir", sagte Sam feierlich. „Diese Katze war das Glück des Schiffes."

„Ich will nichts von den Garnen Ihrer alten Frau", sagte der Kapitän brutal. „Wenn du die Katze willst, geh und hol sie."

Während er sprach, trat er nach hinten und schickte den sanften Fremden durch die Luft. Als es das Wasser erreichte, gab es ein „ Plumps " zu hören, ein oder zwei Blasen stiegen an die Oberfläche und alles war vorbei.

„Das ist das Letzte", sagte er und wandte sich ab.

Der alte Mann schüttelte den Kopf. „Man kann eine schwarze Katze nicht umsonst töten", sagte er, „merken Sie sich meine Worte!"

Der Kapitän, der damals in Aufregung war, hielt wenig von ihnen, aber sie kamen ihm am nächsten Tag lebhaft in den Sinn. Der Wind hatte in der Nacht aufgefrischt und es regnete stark. An Deck stand die Mannschaft in Ölzeug herum, während unten der Junge in seiner neuen Funktion als Gefängniswärter sich um die Bedürfnisse eines undankbaren Gefangenen kümmerte, als der Koch, der zufällig in diese Richtung blickte, mit Entsetzen sah, wie das Tier herauskam das Vorschiff. Es entzog sich mühelos dem verzweifelten Griff des Jungen, als er hinter ihm die Leiter hinauf sprang und gemächlich über das Deck in Richtung der Hütte ging. Gerade als die Mannschaft es verloren hatte, traf es auf Sam, und im nächsten Moment wurde es trotz seiner Schreie eingeholt und unter seinem steifen, feuchten Ölzeug zusammengekauert. Bei dem Lärm drehte sich der Kapitän, der mit dem Maat sprach, um, als wäre er angeschossen worden, und blickte wild um sich.

„Dick", sagte er, „kannst du eine Katze hören?"

"Katze!" sagte der Maat mit einem Ton großen Erstaunens.

„Ich dachte, ich hätte es gehört", sagte der verwirrte Kapitän.

„Schick, Sir", sagte Dick mit fester Stimme, als unter Sams Mantel ein entsetzliches, zorniges Miauen hervorkam.

„Hast du es gehört, Sam?" rief der Kapitän, als der alte Mann losfuhr.

„Hören Sie was, Sir?" fragte Sam respektvoll, ohne sich umzudrehen.

„Nichts", sagte der Kapitän und sammelte sich. "Nichts. In Ordnung."

Der alte Mann konnte kaum an sein Glück glauben, machte sich auf den Weg und nutzte eine günstige Gelegenheit, um dem Jungen seine undankbare Bürde zurückzugeben.

„Stellst du dir vor, dass du gerade eine Katze gehört hast?" fragte der Kumpel beiläufig.

„Nun, zwischen dir und mir, Dick", sagte der Kapitän mit geheimnisvoller Stimme, „das habe ich, und es war auch nichts Besonderes. Ich habe diese Katze so deutlich gehört, als wäre sie lebendig."

ihnen nicht . Was für ein Spaß, wenn die alte Katze heute Nacht zurückkommt und mit dem Ziegelstein um den Hals über die Seite aus dem Meer klettert."

Der Kapitän starrte ihn einige Zeit wortlos an. „Wenn das Ihre Vorstellung von einem Spaß ist", sagte er schließlich mit einer Stimme, die Spuren einer Emotion verriet, „dann ist es nicht meine."

„Nun, wenn Sie es noch einmal hören", sagte der Maat herzlich, „lassen Sie es mich vielleicht wissen. Ich interessiere mich eher für solche Dinge."

Der Kapitän, der an diesem Tag nichts mehr davon hörte, versuchte mit aller Kraft, sich einzureden, dass er das Opfer einer Einbildung war, aber trotzdem genoss er es, nachts, wenn er am Steuer stand, über den Sinn dieser Einbildung nachzudenken Kameradschaft durch den Ausguck am Bug. Der Ausguck seinerseits war ganz entzückt von der ungewöhnlichen Freundlichkeit des Kapitäns, der ihm zwei- oder dreimal Dinge zurief, die nur entfernt mit der Fahrt des Schoners zusammenhingen.

Die Nacht, die schmutzig gewesen war, klarte etwas auf, und die helle Mondsichel erschien über einer schweren Wolkenbank, als die Katze, die ihren Rücken als Hebel benutzt hatte, sich endlich aus dieser verfluchten Brust befreite, leckte seine wohlgeformten Gliedmaßen und kam an Deck. Nach dem stickigen Gefängnis war die Luft einfach köstlich.

"Bob!" schrie der Kapitän plötzlich.

„Ja, ja, Sir!" sagte der Ausguck mit erschrockener Stimme.

„Hast du miaut?" fragte der Kapitän.

„Habe ich WOT, Sir?" rief der erstaunte Bob.

„Mew", sagte der Kapitän scharf, „wie eine Katze?"

„Nein, Sir", sagte der beleidigte Seemann. „Warum will ich das machen?"

„Ich weiß nicht, was Sie wollen", sagte der Kapitän und sah sich unruhig um. „Es wird noch etwas regnen, Bob."

„Ja, ja, Sir", sagte Bob.

„Wir hatten diesen Sommer viel Regen", sagte der Kapitän mit einem meditativen Schrei.

„Ja, ja, Sir", sagte Bob. „Segelschiff am Backbordbug, Sir."

Das Gespräch brach ab, und der Kapitän, der darauf bedacht war, seine Gedanken abzulenken, beobachtete die dunkle Segelmasse, die aus der Dunkelheit ins Mondlicht tauchte, bis sie sich auf Höhe seines eigenen Bootes befand. Seine Augen folgten ihr, als sie an seinem Quartier vorbeiging, so dass er nicht sah, wie sich die Katze heimlich näherte, die hinter dem Begleiter hervorkam und sich dicht neben ihn setzte. Mehr als dreißig Stunden lang war das Tier von allen Männern an Bord des Schiffes bis auf einen der gröbsten Misshandlungen ausgesetzt worden. Dieser Mann war der Kapitän, und es besteht kein Zweifel daran, dass sein späteres Verhalten eine direkte Anerkennung dieser Tatsache war. Es stand auf, ging zu dem bewusstlosen Kapitän hinüber und rieb seinen Kopf liebevoll und kräftig an seinem Bein.

Aus einfachen Gründen entstehen große Ereignisse. Der Kapitän sprang vier Meter weit und stieß einen Schrei aus, der auf der Bark , die gerade vorbeigefahren war, viel Aufsehen erregte . Als Bob, der im Laufschritt herbeigeschlurft kam, ihn erreichte, lehnte er an der Seite, konnte nicht sprechen und zitterte am ganzen Körper.

„Stimmt etwas nicht, Sir?" fragte der Seemann besorgt, als er zum Steuerrad lief.

Der Kapitän riss sich ein wenig zusammen und näherte sich seinem Begleiter.

„Glauben Sie mir oder nicht, Bob", sagte er schließlich mit zitterndem Akzent, „wie Sie wollen, aber der Geist dieser – Katze, ich meine den Geist dieses armen, liebevollen Tieres, das ich ertränkt habe und das ich gern hätte." hatte es nicht getan, kam und rieb sich an meinem Bein."

„Welches Bein?" erkundigte sich Bob, der immer auf Details achtete.

„Was zum Teufel ist es egal, welches Bein?" forderte der Kapitän, dessen Nerven in einem schrecklichen Zustand waren. „Ah, schau – schau da!"

Der Seemann folgte seinem ausgestreckten Finger, und sein Herz versagte ihm, als er sah, wie die Katze mit durchgebogenem Rücken behutsam an der Seite des Schiffes entlangging.

„Ich kann nichts sehen", sagte er verbissen.

„Ich glaube nicht, dass du das kannst, Bob", sagte der Kapitän mit melancholischer Stimme, als die Katze im Bug verschwand; „Es ist offensichtlich nur dazu bestimmt, dass ich es sehe. Was es bedeutet, weiß ich nicht. Ich gehe runter, um mich zu melden. Ich bin nicht dienstfähig. Es macht Ihnen nichts aus, allein gelassen zu werden, bis der Kumpel kommt, oder?"

„Ich habe keine Angst", sagte Bob.

Sein Vorgesetzter verschwand unten, schüttelte den schläfrigen Steuermann, der heftig gegen das Verfahren protestierte, und erzählte ihm mit zitternder Stimme seine schrecklichen Erlebnisse.

„Wenn ich du wäre", sagte der Maat.

"Ja?" sagte der Kapitän und wartete ein wenig. Dann schüttelte er ihn noch einmal grob.

"Was wolltest du sagen?" er erkundigte sich.

"Sagen?" sagte der Maat und rieb sich die Augen. "Nichts."

„Über die Katze?" schlug der Kapitän vor.

"Katze?" sagte der Kumpel und kuschelte sich wieder liebevoll in die Decken. „ Wha ' ca'—goo' ni '"—

Dann zog der Kapitän die Decken aus den schläfrigen Klauen des Steuermanns, rollte ihn in der Koje hin und her und erklärte ihm geduldig, dass es ihm sehr schlecht ginge, dass er einen Schluck Whisky pur trinken und sich umdrehen würde, und dass er, der Steuermann, die Wache übernehmen sollte. Von diesem Moment an verlor der Witz für den Kumpel viel von seinem Reiz .

„Du kannst auch einen Schluck trinken, Dick", sagte der Kapitän und bot ihm den Whisky an, während der andere sich mürrisch anzog.

„Das ist alles Mist", sagte der Maat und schüttete den Schnaps in seine Kehle, „und es nützt auch nichts; vor einem Geist kann man nicht davonlaufen; Es ist genauso wahrscheinlich, dass es in Ihrem Bett ist wie anderswo. Gute Nacht."

Er ließ den Kapitän zurück, der über seine letzten Worte nachdachte und das fragliche Möbelstück zweifelnd beäugte. Er zog sich auch nicht zurück, bis er es einer Analyse der gründlichsten Beschreibung unterzogen hatte, und dann, nachdem er die Lampe brennen ließ, sprang er hastig hinein und vergaß seine Sorgen im Schlaf.

Es war Tag, als er aufwachte und an Deck ging. Dort herrschte schwere See, und die Segel waren gerade ausreichend gesetzt, um den Kopf des Schoners vor dem Wind zu halten, während er auf dem Wasser schaukelte. Ein Ausruf des Kapitäns, als eine Welle an der Seite brach und eine Gischtwolke über ihn schleuderte, ließ den Kopf des Steuermanns herumwirbeln.

„Warum wirst du nicht aufstehen?“ sagte er in einem Tonfall unaufrichtiger Überraschung.

"Warum nicht?" fragte der andere schroff.

„Gehen Sie und legen Sie sich wieder hin " , sagte der Maat, „und trinken Sie eine Tasse schönen heißen Tee und etwas Toast.“

„Gehen Sie weg“, sagte der Kapitän, rannte zum Steuerrad und erreichte es, als das nasse Deck plötzlich seinen Winkel änderte. „Ich weiß, dass es dir nicht gefiel, geweckt zu werden, Dick; Aber ich habe letzte Nacht die Schrecken erlebt. Gehen Sie nach unten und geben Sie ab.“

„In Ordnung“, sagte der besänftigte Maat.

„Du hast nichts gesehen?“ fragte der Kapitän, als er ihm das Steuer abnahm.

„Gar nichts“, sagte der andere.

Der Kapitän schüttelte nachdenklich den Kopf, dann schüttelte er ihn noch einmal heftig, als ein weiterer Duschbader seinen Kopf über die Bordwand hob und ihn salutierte.

„Ich wünschte, ich hätte diese Katze nicht ertränkt, Dick“, sagte er.

„Du wirst es nie wieder sehen“, sagte Dick mit der Zuversicht eines Mannes, der alle möglichen Vorkehrungen getroffen hatte, um die Prophezeiung sicher zu machen.

Er ging nach unten und ließ den Kapitän am Ruder zurück, der müßig dem Koch zusah , wie dieser zwischen der Kombüse und dem Vorschiff beim Frühstück der Männer wunderbare Kunststücke vollführte.

Wenig später überließ er das Steuer Sam, ging unter sich selbst und redete zum Unbehagen des bewusstlosen Kochs frei über seine seltsamen Erlebnisse der Nacht zuvor.

„Sie werden es nicht mehr sehen, Sir, das erwarte ich nicht“, sagte er schwach; „Ich hoffe , es hat sich an deinem Bein gerieben , um zu zeigen, dass es dir verziehen hat.“

„Nun, ich hoffe, es weiß, dass es verstanden wurde“, sagte der andere. „Ich möchte nicht, dass es noch mehr Ärger macht.“

Schweigend beendete er das Frühstück und ging dann wieder an Deck. Es wehte immer noch heftig, und er ging hinüber, um die Männer zu beaufsichtigen, die versuchten, einige Leergüter zusammenzubinden, die mittschiffs in alle Richtungen rollten. Durch einen heftigen Sturz wurden sie wieder frei und trennten gleichzeitig zwei übereinander stehende Kisten im

Vorschiff. Dies ermöglichte es Satan, der halb wahnsinnig vor Angst im unteren Teil kauerte, wie verrückt auf das Deck zu stürmen und seinen Gefühlen freien Lauf zu lassen. Dreimal kreiste er vor den Augen des entsetzten Kapitäns in rasender Geschwindigkeit über das Deck und hatte gerade am vierten Tag begonnen, als ein schwerer Packkoffer, den die Männer bei seinem plötzlichen Erscheinen vorübergehend auf die Seite gestellt und zurückgelassen hatten, umfiel und packte ihn am Schwanz. Sam eilte zur Rettung.

"Stoppen!" schrie der Kapitän.

„Will ich es nicht aufhängen, Sir?" fragte Sam.

„Sehen Sie, was sich darunter befindet?" sagte der Kapitän mit heiserer Stimme.

„Darunter, Sir?" sagte Sam, dessen Ideen im Umlauf waren.

„Die Katze, kannst du die Katze nicht sehen?" sagte der Kapitän, dessen Augen seit seinem ersten Erscheinen an Deck auf das Tier gerichtet waren.

Sam zögerte einen Moment und schüttelte dann den Kopf.

„Der Fall ist auf der Kippe", sagte der Kapitän. „Ich kann es deutlich sehen."

Er hätte es auch sagen können, denn Satan appellierte hektisch an seine mitfühlenden Freunde um Hilfe.

„Lassen Sie mich den Koffer zurückstellen, Sir", sagte einer der Männer, „dann wird die Vision wahrscheinlich verschwinden."

„Nein, bleiben Sie stehen, wo Sie sind", sagte der Kapitän. „Bei Tageslicht halte ich es besser aus. Es ist das Wunderbarste und Außergewöhnlichste, was ich je gesehen habe. Willst du damit sagen, dass du nichts sehen kannst, Sam?"

„Ich sehe einen Koffer, Sir", sagte Sam langsam und vorsichtig, „aus dem ein Stück rostiges Eisenband herausragt." Das ist es, was Sie mit der Katze verwechseln, vielleicht , Sir."

„Kannst du nichts sehen, Koch?" forderte der Kapitän.

„Es mag einfallsreich sein, Sir", zögerte der Koch und senkte den Blick, „aber es kommt mir so vor, als ob ich dort etwas Nebelhaftes sehen könnte. Ah, jetzt ist es weg."

„Nein, ist es nicht ", sagte der Kapitän. „Dort sitzt der Geist Satans. Der Fall scheint ins Stocken geraten zu sein. Es scheint etwas Schreckliches zu heulen."

Die Männer bemühten sich verzweifelt, das Erstaunen zu zeigen, das einem solchen Wunder gebührt, während Satan, der sein Bestes tat, um seinen Schwanz herauszuholen, lautstark fluchte. Wie lange der abergläubische Kapitän der Skylark ihn dort hätte bleiben lassen, wird man nie erfahren, denn in diesem Moment kam der Maat an Deck und erblickte es, bevor er sich der Rolle, die er spielen sollte, ganz bewusst war.

„Warum zum Teufel nimmst du das Ding nicht von dem armen Kerl?", schrie er und eilte auf den Koffer zu.

„Was, kannst DU es sehen, Dick?" sagte der Kapitän eindrucksvoll und legte seine Hand auf seinen Arm.

„Sehen Sie es?" erwiderte der Kumpel. „ Glaubst du , ich bin blind? Hören Sie auf das arme Tier. Ich sollte – Oh!"

Er wurde sich des konzentrierten, bedeutungsvollen Blicks der Besatzung bewusst. Fünf Augenpaare sprachen wie ein Mann, alle sagten deutlich „Idiot", und die Augen des Jungen vermittelten einen Ausdruck, der zu groß war, um übersetzt zu werden.

Als sich der Kapitän umdrehte, sah er das Abschiedsspiel, und langsam dämmerte ihm ein Licht. Aber er wollte mehr und drehte sich plötzlich zum Koch um, um die erforderliche Beleuchtung zu holen.

Der Koch meinte, es sei ein Scherz gewesen. Dann korrigierte er sich selbst und sagte, es sei kein Scherz, dann korrigierte er sich erneut und wurde zusammenhangslos. Der Kapitän beäugte ihn unterdessen mit steinernem Blick, während der Steuermann die Katze losließ und gutmütig dabei half, ihren Schwanz zu glätten.

Es dauerte ganze fünf Minuten unfreiwilliger Erklärungen, bis der Kapitän die Situation begreifen konnte. Er schien es erst richtig zu verstehen, als ihm die Truhe mit dem belüfteten Deckel gezeigt wurde; Dann klärte sich sein Gesichtsausdruck, und er packte den unglücklichen Billy am Kragen und rief streng nach einem Stück Seil.

Durch diese staatsmännische Behandlung des Themas wurde eine sehr heikle und schwierige Frage gelöst, die Disziplin gewahrt und ein praktisches Beispiel für die Gefahren der Täuschung für einen Jugendlichen, der sich in einem Alter befand, das für solche Eindrücke am besten geeignet war. Dass er die Ressourcen eines jugendlichen, aber wirkungsvollen Vokabulars auf die Crew im Allgemeinen und Sam im Besonderen ausschöpfen würde, war nur zu erwarten. Sie hegten ihm deswegen nichts Böses, aber als er Anzeichen dafür zeigte, dass er über seine Jahre hinausging, hielten sie eine hastige Beratung ab und stopften ihm dann mit Sixpence-Halfpenny und einem zerbrochenen Klappmesser den Mund zu.

DER SKIPPER DER „OSPREY"

Es WAR VIERTEL VOR SECHS UHR morgens, als der Maat des Segelkahns Osprey an Deck kam und sich nach dem Kapitän umsah, der an Land geschlafen hatte und etwas überfällig war. Es vergingen zehn Minuten, bis er am Kai erschien, und der Steuermann sah überrascht, dass er sich auf den Arm eines hübschen zwanzigjährigen Mädchens stützte, während er mühsam zum Lastkahn hinab humpelte.

„Hier sind Sie also", sagte der Maat, sein Gesicht klärte sich. „Ich begann zu glauben, dass du nicht kommst."

„Das bin ich nicht", sagte der Kapitän; „Ich habe eine schlimme Gichterkrankung . Mein Darter hier wird meinen Platz einnehmen, und ich werde es eine Weile im Bett ruhig angehen lassen."

„Ich gehe und mache es für dich", sagte der Maat.

„Ich meine mein Bett zu Hause", sagte der Kapitän scharf. „Ich möchte gute Pflege und Aufmerksamkeit."

Der Kumpel sah verwirrt aus.

„Aber Sie wollen doch nicht wirklich sagen, dass diese junge Dame an Ihrer Stelle an Bord kommt?" er sagte.

„Genau das meine ich", sagte der Kapitän. „Sie weiß genauso viel darüber wie ich. Sie lebte bei mir an Bord, bis sie ein ziemlich großes Mädchen war. Du wirst deine Befehle von ihr entgegennehmen. Worüber pfeifen Sie? Kann ich mit meinem eigenen Schiff nicht machen, was ich will?"

„Natürlich können Sie das", sagte der Maat trocken; „Und ich schätze , ich kann pfeifen, wenn ich will – ich habe noch nie einen Befehl dagegen gehört."

„Gib mir einen Kuss, Meg, einen Kerl an Bord", sagte der Kapitän, stützte sich auf seinen Stock und drehte seine Wange zu seiner Tochter, die ihm gehorsam einen oberflächlichen Kuss auf die linke Augenbraue gab und leichtfüßig an Bord des Lastkahns sprang.

„Leinen los", sagte sie geschäftsmäßig, während sie einen Bootshaken ergriff und sich vom Steg abstieß. „Ta ta , Papa, und geh direkt nach Hause, wohlgemerkt; Das Taxi wartet."

„Ja, ja, meine Liebe", sagte der stolze Vater, dessen Augen vor väterlichem Stolz feucht wurden, als seine Tochter, ihre Jacke abwerfend, rannte und dem Steuermann beim Segeln half. „Herr, was wäre sie für ein toller Junge gewesen!"

Er beobachtete den Lastkahn, bis er wieder in Fahrt war, dann winkte er seiner Tochter zu und kroch langsam zurück zum Führerhaus; und da er gewissermaßen an die Homöopathie glaubte, behandelte er seine Beschwerden mit einem Glas Rum.

„Es tut mir leid, dass es Ihrem Vater so schlecht geht, Miss", sagte der Steuermann, der noch immer etwas benommen von dem jüngsten Vorfall war, als das Mädchen auf ihn zukam und ihm das Steuer abnahm. „Er hat sich die ganze Zeit über ein bisschen beschwert."

„Ein eigensinniger Mann muss seinen Willen durchsetzen", sagte Miss Cringle kopfschüttelnd. „Es nützt mir nichts, etwas zu sagen, denn sobald ich mich umgedreht habe, hat er wieder seinen eigenen Willen."

Der Maat schüttelte verzweifelt den Kopf.

„Beziehen Sie besser Ihr Bett und treffen Sie Ihre Vorbereitungen", sagte der neue Kapitän sofort. In den Augen des Steuermanns lag ein Ausdruck nachsichtiger Bewunderung, und sie hielt es für notwendig, dies zu überprüfen.

„In Ordnung", sagte der andere, „dafür ist noch viel Zeit; Der Fluss ist gerade etwas dick."

"Wie meinst du das?" fragte das Mädchen hastig.

„Einige dieser Dinger sind nicht so vorsichtig, wie sie sein könnten", sagte der Maat und bemerkte das bedrohliche Funkeln in ihren Augen, „und sie könnten die Farbe abkratzen."

„Schau her, mein Junge", sagte der neue Kapitän grimmig, „wenn du glaubst, dass du besser steuern kannst als ich, solltest du es besser für dich behalten, das ist alles." Angenommen, Sie kümmern sich, wie gesagt, um Ihr Bettzeug."

Der Maat ging, obwohl er darüber ziemlich überrascht war, und verbarg seinen Ärger und seine Verwirrung unter der Matratze, die er auf seinem Kopf hochzog. Nachdem er seine Arbeit erledigt hatte, kam er wieder nach achtern und zündete sich, auf den Luken sitzend, seine Pfeife an.

„Das ist genau das richtige Wetter für eine angenehme Kreuzfahrt", sagte er nach ein paar Zügen freundlich. „Dafür hast du dir einen schönen Zeitpunkt ausgesucht."

„Mir macht das Wetter nichts aus", sagte das Mädchen, das den Eindruck hatte, dass irgendwo ein wenig Sarkasmus verborgen war. „Ich denke, du solltest jetzt besser die Decks waschen."

„Habe sie letzte Nacht gewaschen", sagte der Maat, ohne sich zu bewegen.

„Ah, vielleicht nach Einbruch der Dunkelheit", sagte das Mädchen. „Nun, ich denke, ich werde sie noch einmal machen lassen."

Der Steuermann saß ein paar Minuten lang rebellisch da und grübelte, dann zog er seine Jacke aus, zog sie zu Ehren des neuen Kapitäns an, holte Eimer und Mopp und gehorchte schweigend den Befehlen.

„Sie scheinen es sehr zu mögen, sich hinzusetzen", bemerkte das Mädchen, nachdem er fertig war; „Kannst du nichts anderes finden, was du tun kannst?"

„Ich weiß es nicht", antwortete der Maat langsam; „Ich dachte, du kümmerst dich darum."

Das Mädchen biss sich auf die Lippe und sah sich aufmerksam um, als sie beide durch das unziemliche Verhalten des Kapitäns eines vorbeifahrenden Fahrzeugs beunruhigt wurden.

"Jack!" Er schrie in einem Tonfall starker Verwunderung: „Jack!"

„ Hallo !" rief der Kumpel.

„Warum hast du es uns nicht gesagt?" schrie der andere vorwurfsvoll.

"Sag dir was?" brüllte der verwirrte Kumpel.

Der Kapitän des anderen Fahrzeugs, der sich mit einer Hand an den Stagn festhielt, wies mit dem Daumen ausdrucksvoll auf Miss Cringle und wartete.

"Wann war es?" Er schrie ängstlich, als ihm klar wurde , dass sein Fahrzeug ihn schnell außer Hörweite brachte.

Der Maat lächelte schwach und warf einen unbehaglichen Blick auf das Mädchen, das mit schöner Farbe und einer Miene großer Unbekümmertheit direkt vor sich hinschaute; und es war für beide eine Erleichterung, als sie vor einem herannahenden Schoner zögerten und auswichen.

„Willst du den ganzen Fluss?" forderte der verärgerte Kapitän des letzteren Schiffes und rannte zur Seite, als sie vorbeikamen. „Warum gehen Sie nicht vor Anker, wenn Sie löffeln wollen?"

„Vielleicht sollten Sie mich ein wenig das Steuer übernehmen lassen", sagte der Maat, nicht ohne ein wenig Bosheit in seiner Stimme.

"NEIN; „Du kannst gehen und am Bug Ausschau halten", sagte das Mädchen gelassen. „Das verhindert auch Missverständnisse. Nimm lieber die Kartoffeln mit und schäle sie zum Abendessen."

Der Steuermann gehorchte, und die Reise ging schweigend weiter. Die Steuerung wurde durch verschiedene nautische Funken, die ihre Boote etwas näher brachten, als nötig war, um eine gute Sicht auf den schönen Steuermann zu haben, etwas angenehmer als gewöhnlich gestaltet.

Nach dem Abendessen, nachdem sich das Blatt gewendet hatte und ein starker Gegenwind wehte, kamen sie von Sheppey hinauf . Es begann stark zu regnen, und die Besatzung der Osprey zog sich, nachdem sie es sich oben gemütlich gemacht hatte, in die Kabine zurück, um ihren Streit fortzusetzen.

„Kümmern Sie sich nicht um mich“, sagte Miss Cringle bissig, als der Maat seine Pfeife anzündete.

„Nun, ich glaube nicht, dass es Ihnen etwas ausmacht“, antwortete der Maat. "der alte Mann"-

"WHO?" unterbrach Fräulein Cringle in einem höflich fragenden Ton.

„Kapitän Cringle“, korrigierte sich der Steuermann, „raucht viel, und ich habe ihn sagen hören, dass Ihnen der Geruch gefallen hat.“

„Es gibt Rohre und Rohre“, sagte Miss Cringle orakelhaft.

Der Maat warf seins auf den Boden und knirschte damit unter seinem Absatz, dann steckte er die Hände in die Taschen und schaute, zurückgelehnt, mit finsterer Miene zu dem Regen hinauf, der auf das Dachfenster prasselte.

„Wenn du dein böses Temperament zur Schau stellen willst“, sagte das Mädchen streng, „dann solltest du besser weitermachen. Es ist doch nicht ganz das Richtige für dich, hier unten zu sein – nicht, dass ich den Schein viel studiere.“

„Das glaube ich nicht“, erwiderte der Maat, dessen Temperament ihn schnell überwältigte. „Ich kann mir nicht vorstellen, was sich dein Vater dabei gedacht hat , ein Mädchen wie dich so davonkommen zu lassen.“

„Wenn Sie „Hübsches Mädchen“ sagen würden“, sagte Miss Cringle mit ruhiger Selbstverleugnung, „dann machen Sie mir nichts aus, sagen Sie es. Der Kapitän weiß, worum es geht. Er sagte mir, du wärst ein Milchmann; Er sagte, Sie seien ein guter junger Mann und ein Abstinenzler .

Der Steuermann gab zu, dass die Aussage des Kapitäns über seine Enthaltsamkeit wahr sei, und wies den Vorwurf der Güte energisch zurück. „Ich kann die Eile deines Vaters verstehen, dich für eine Weile loszuwerden“, schlussfolgerte er, angestachelt über alle Rücksichten auf Höflichkeit hinaus. „Seine Gicht wurde nie besser, während du bei ihm warst. Darüber hinaus sollte ich mich nicht fragen, ob Sie die Ursache dafür waren.“

Mit diesem Abschiedsgruß verschwand er, bevor dem Mädchen eine passende Antwort einfallen konnte, und ging schmollend in das schmuddelige kleine Vorschiff.

Am Abend, als sich das Wetter etwas gemildert hatte und die Flut abebbte, machten sie sich wieder auf den Weg, und das Mädchen kam in einem Ölmantel und Südwestwind an Deck, um das Kommando wieder aufzunehmen. Der Regen fiel stetig, während sie ihren Weg pflügten, geleitet vom hellen Auge der „Maus", das über das dunkler werdende Wasser schien. Der bis auf die Haut durchnässte Kumpel saß am Steuer.

„Warum gehst du nicht nach unten und ziehst dein Ölzeug an?" fragte das Mädchen, als ihr diese Tatsache dämmerte.

sie nicht ", sagte der Maat.

„Ich nehme an, Sie wissen es am besten", sagte das Mädchen und sagte nichts mehr, bis sie um neun Uhr bei der Begleiterin stehen blieb, um ihre letzten Befehle für die Nacht zu erteilen.

„Ich werde mich melden", sagte sie; „Ruf mich um zwei Uhr an. Gute Nacht."

„Gute Nacht", sagte der andere und das Mädchen verschwand.

Der Maat war sich selbst überlassen, begann zu frösteln, suchte in seinen Taschen nach einer Pfeife und befand sich in großer Anstrengung, Feuer zu machen, als er eine dünne, fast sanfte Stimme hinter sich hörte und, als er sich umsah, etwas sah das Gesicht des Mädchens beim Begleiter.

„Ich sage, sind das deine Ölzeuge, die ich getragen habe?" fragte sie unbeholfen.

„Gerne geschehen", sagte der Maat.

„Warum hast du es mir nicht gesagt?" sagte das Mädchen empört. „Ich hätte sie umsonst getragen, wenn ich es gewusst hätte."

„Nun, sie werden dich nicht vergiften", sagte der Maat verärgert. „Dein Vater hat seins in Ipswich gelassen, um sie ein bisschen zusammenzuschustern."

Das Mädchen ging oben auf dem Deck an ihnen vorbei, schloss den Begleiter mit einem Knall und verschwand. Es ist möglich, dass die Strapazen des Tages zu viel für sie gewesen waren, denn als sie aufwachte und auf die kleine silberne Uhr blickte, die neben ihrer Koje hing, war es schon nach fünf Uhr, und der rote Glanz der Sonne überflutete sie die Kabine, als sie aufstand und sich hastig anzog.

Das Deck trocknete in weißen Flecken aus, als sie nach oben ging, und der Maat saß gähnend am Steuer, seine Augenlider waren rot vor Schlafmangel.

„Habe ich dir nicht gesagt, dass du mich um zwei Uhr anrufen sollst?" forderte sie und konfrontierte ihn.

„Es ist alles in Ordnung", sagte der Maat. „Ich dachte, wenn du aufwachst, würde es früh genug sein. Du sahst müde aus."

„Ich glaube, du gehst besser, wenn wir in Ipswich sind", sagte das Mädchen und presste die Lippen zusammen. „Ich werde jemanden schicken, der den Befehlen gehorcht."

„Ich werde gehen, wenn wir zurück in London sind", sagte der Maat. „Ich übergebe diesen Lastkahn dem Kapitän und sonst niemandem."

„Nun, wir werden sehen", sagte das Mädchen, als sie das Steuer übernahm, „ich denke, du wirst nach Ipswich fahren."

Für den Rest der Reise wurde das Thema nicht erwähnt; Der Steuermann hielt sich im Geiste mürrischen Stolzes im vorderen Teil des Bootes auf, außer wenn er steuerte, und soweit möglich ignorierte das Mädchen seine Anwesenheit. In diesem Geist gegenseitiger Nachsicht betraten sie den Orwell und rannten schnell nach Ipswich.

Es war später Nachmittag, als sie dort ankamen, und der neue Kapitän, der nur darauf wartete, dass sie festgemacht hatten, ging an Land und überließ dem Steuermann das Kommando. Sie war etwa eine Stunde weg, als ein kleiner Telegraphenjunge erschien und ihm, nachdem er auf die unsicherste Art und Weise an Bord des Lastkahns gegangen war, ein Telegramm überreichte. Der Maat las es und sein Gesicht wurde rot. Mit noch mehr als der in der Sprache üblichen Knappheit bei einem halben Penny pro Wort enthielt es seine Entlassung.

„Ich habe ein Telegramm von deinem Vater erhalten, in dem er mich entlassen hat", sagte er zu dem Mädchen, als sie bald darauf mit kleinen Paketen zurückkam.

„Ja, ich habe ihm telegrafiert", antwortete sie ruhig. „Ich nehme an, du gehst JETZT?"

„Ich würde lieber mit dir zurück nach London gehen", sagte er langsam.

„Das glaube ich", sagte das Mädchen. „Eigentlich hatte ich nicht wirklich vor, dass du gehst, aber als du sagtest, dass du es nicht tun würdest, dachte ich, wir würden sehen, wer der Herr ist. Ich habe einen weiteren Kumpel geschickt, also habe ich, wie Sie sehen, nicht viel Zeit verloren."

„Wer ist er?", fragte der Steuermann.

„Ein Mann namens Charlie Lee", antwortete das Mädchen; „Der Vorarbeiter hier hat mir von ihm erzählt."

„Er hatte auch nichts zu suchen", sagte der Maat stirnrunzelnd; „Er ist ein lockerer Fisch; Befolgen Sie jetzt meinen Rat und schicken Sie jemand anderen. Er ist ganz und gar nicht der Typ, mit dem ich segeln möchte."

„Du würdest wählen", sagte das Mädchen verächtlich; „Meine Güte, wie schade, dass du es mir nicht vorher gesagt hast."

„Er ist ein Kneipenbummler", sagte der Steuermann und schaute ihr wütend in die Augen, „und ungefähr so schlimm, wie man sie macht ; aber ich nehme an , du wirst deinen eigenen Weg gehen."

„Er wird mir keine Angst machen", sagte das Mädchen. „Ich bin durchaus in der Lage, auf mich selbst aufzupassen, danke. Guten Abend."

Der Maat ging mit einem kleinen Bündel an Land und ließ den Rest seiner Besitztümer zurück, um mit dem Lastkahn nach London zurückzukehren. Das Mädchen beobachtete seine wohlgeformte Gestalt, wie sie den Kai hinaufschritt, bis sie außer Sichtweite war, und dann, innerlich pikiert, weil er sich nicht umgedreht hatte, um einen Abschiedsblick zu geben, seufzte sie leicht und ging nach unten, um Tee zu trinken.

Das fügsame und respektvolle Verhalten des Neuankömmlings war eine angenehme Abwechslung zum Alleinherrscher der Osprey, und die Ladungen wurden ohne ein unangenehmes Wort abgefertigt und eingeliefert. Sie lagen zwei Tage lang am Kai, der neue Steuermann, der in Ipswich zu Hause war, schlief an Land, und am Morgen des dritten Tages erschien er pünktlich um sechs Uhr, und sie traten ihre Rückreise an.

„Nun, Sie wissen ja, wie man mit einem Boot umgeht", sagte Lee bewundernd, als sie den Fluss hinunterfuhren. „Das alte Boot scheint zu wissen, dass eine hübsche junge Dame das Kommando hat."

„Rede keinen Blödsinn", sagte das Mädchen streng.

Der neue Kumpel rückte sorgfältig seine rote Krawatte zurecht und lächelte nachsichtig.

„Nun, Sie sind der hübscheste Kapitän, unter dem ich je gesegelt bin", sagte er. „Wie nennt man die rote Mütze, die du trägst? Tam-o'-Shanter ist es?"

„Ich weiß es nicht", sagte das Mädchen knapp.

„Du meinst, du wirst es mir nicht sagen ", sagte der andere mit einem Ausdruck von Wut in seinen sanften dunklen Augen.

„Ganz wie du willst", sagte sie, und Lee drehte sich mit einem leisen Pfiff auf dem Absatz um und begann, sich mit einigen kleinen Dingen vorwärts zu beschäftigen.

Der Rest des Tages verlief ruhig, obwohl in der Art des neuen Steuermanns eine Freiheit lag, die den gefürchteten Kapitän der Osprey dazu veranlasste, ihren Mannschaftswechsel zu bereuen und ihn mit mehr Höflichkeit zu behandeln, als ihr stolzer Geist durchaus gefiel. Es wehte nur wenig Wind, und der Kahn kroch einfach dahin, während der Kapitän und der Steuermann mit verstohlenen Blicken einander das Maß nahmen.

„Das ist die schönste Reise, die ich je hatte", sagte Lee, als er mit einer stark riechenden Zigarre im Mund von einer übermäßig langen Tasse Tee aufwachte. „Ich habe deine Jacke hochgebracht."

„Ich will es nicht, danke", sagte das Mädchen.

„Nimm es besser", sagte Lee und hielt es für sie hoch.

„Wenn ich meine Jacke will , ziehe ich sie mir selbst an", sagte das Mädchen.

„In Ordnung, nichts für ungut", sagte der andere leichthin. „Was für ein hartnäckiger kleiner Teufel du bist."

„Hast du da unten etwas zu trinken?" fragte das Mädchen und musterte ihn streng.

„Nur ein kleiner Tropfen Whiskey, meine Liebe, gegen die Krämpfe", sagte Lee scherzhaft. „Willst du einen Tropfen?"

„Ich werde hier nicht trinken", sagte sie scharf. „Wenn du trinken willst, warte, bis du an Land bist."

„DU wirst nichts trinken!" sagte der andere, öffnete die Augen und tauchte mit einem leisen Lachen nach unten und holte eine Flasche und ein Glas hervor. „Ich wünsche dir eine bessere Laune, meine Liebe", sagte er freundlich, während er ein Glas kippte. „Komm, du nimmst besser einen Tropfen. Es wird ein wenig Farbe in deine Wangen bringen."

„Steck es jetzt weg, da ist ein guter Kerl", sagte der Kapitän schüchtern, während sie besorgt auf das nächste Segel blickte, das etwa zwei Meilen entfernt war.

„Das ist der einzige Freund, den ich habe", sagte Lee, legte sich anmutig auf die Luken und füllte sein Glas nach. "Schau hier. Wollen Sie ein Schnäppchen machen?"

"Wie meinst du das?" fragte das Mädchen.

„Gib mir einen Kuss, kleiner Spießer, und ich werde heute Abend keinen weiteren Tropfen trinken", sagte der neue Maat zärtlich. „Komm, ich verrate es dir nicht."

„Du kannst dich zu Tode trinken, bevor ich das tue", sagte das Mädchen und bemühte sich, ruhig zu sprechen. „Erzähl mir diesen Unsinn nicht noch einmal."

Während sie sprach, beugte sie sich vor und griff plötzlich nach der Flasche, aber der neue Kumpel war zu schnell für sie, schnappte sie sich spöttisch und forderte sie heraus, sie zu holen.

„Komm schon, komm und kämpfe dafür", sagte er; „Schlag mich, wenn du willst, es macht mir nichts aus; Deine kleine Faust wird nicht wehtun."

Da ihm auf diese Einladung keine Antwort gewährt wurde, wandte er sich wieder seinem einzigen Freund zu, während das Mädchen, jetzt völlig verängstigt, schweigend das Steuer lenkte.

„Mach lieber die Standlichter raus", sagte sie schließlich.

„Viel Zeit", sagte Lee.

„Dann übernimm das Ruder, während ich es tue", sagte das Mädchen und biss sich auf die Lippen.

Der Kerl stand auf und kam auf sie zu, und als sie ihm Platz machte, legte er seinen Arm um ihre Taille und versuchte, sie zurückzuhalten. Mit klopfendem Herzen ging sie vorwärts, und nicht ohne einen zögernden Blick auf die betrunkene Gestalt am Steuer zu werfen, stieg sie ins Vorderschiff hinab, um die Lampen zu holen.

Im nächsten Moment sank sie mit einem keuchenden kleinen Schrei auf einen Spind, als die dunkle Gestalt eines Mannes aufstand und neben ihr stand.

„Hab keine Angst", sagte es leise.

"Jack?" sagte das Mädchen.

„Das bin ich", sagte die Gestalt. „Du hast nicht damit gerechnet, mich zu sehen, oder? Ich dachte, du wüsstest vielleicht nicht, was gut für dich ist, also habe ich mich letzte Nacht versteckt, und hier bin ich."

„Hast du gehört, was dieser Kerl zu mir gesagt hat?" fragte Fräulein Cringle, wobei in ihrer Stimme erneut ein Hauch von altem Temperament klang.

„Jedes Wort", sagte der Maat fröhlich.

„Warum bist du nicht hergekommen und hast mir beigestanden?" fragte das Mädchen hitzig.

Der Maat ließ den Kopf hängen.

„Oh", sagte das Mädchen und ihre Stimme klang tief enttäuscht, „du hast Angst."

„Bin ich nicht", sagte der Maat verächtlich.

„Warum bist du dann nicht hochgekommen, anstatt hierher zu schleichen?" fragte das Mädchen.

Der Maat kratzte sich am Nacken und lächelte, aber schwach. „Nun, ich – dachte ich" – begann er und hielt dann inne.

„Das haben Sie gedacht", sagte Miss Cringle kalt.

„Ich dachte, ein bisschen Schreck würde dir gut tun", sagte der Maat schnell, „und dass du mich dann ein bisschen mehr wertschätzen würdest, wenn ich komme."

"Ahoi! MAGGIE! MAGGIE!" kam die Stimme des grazilen Burschen, der steuerte.

„Ich werde ihn MAGGIE", sagte der Maat und knirschte mit den Zähnen. „Warum, was zum-warum weinst du?"

„Das bin ich nicht", schluchzte Miss Cringle verächtlich. „Ich bin schlecht gelaunt, das ist alles."

„Ich schlage ihm den Kopf ab", sagte der Steuermann. „Du bleibst hier unten."

„Mag-GIE!" kam die Stimme wieder: „MAG – HULLO!"

„Hast du mich angerufen, mein Junge?" sagte der Maat mit gefährlicher Höflichkeit, als er nach achtern trat. „ Hast du keine Angst davor, deine süße Stimme zu belasten? Lass die Pinne los.

Der andere ließ los, und die Faust des Steuermanns traf ihn schwer ins Gesicht und ließ ihn auf dem Deck liegen. Mit einem Wutschrei erhob er sich und stürzte sich auf seinen Gegner, doch die Laune des Maaten, die durch seine Behandlung in den letzten Tagen stark gelitten hatte, steigerte sich, und er schickte ihn heftig wieder zu Boden.

„Da vorne ist ein kleines, dunkles, schmuddeliges Loch", sagte der Maat, nachdem er einige Zeit darauf gewartet hatte, dass er wieder aufstand, „genau der richtige Ort für dich, um über deine Sünden nachzudenken. Wenn ich sehe, dass du da herauskommst, bis wir ankommen." Nach London werde ich dir wehtun. Jetzt klar."

Der andere machte sich frei und verschwand unten, vorsichtig dem Mädchen ausweichend, das in der Nähe stand.

„Du hast ihm wehgetan", sagte das Mädchen, ging auf den Steuermann zu und legte ihre Hand auf seinen Arm. „Was für ein schreckliches Temperament du hast."

„Es war seine Aufforderung, ihn zu küssen, die mich verärgert hat", sagte der Kumpel entschuldigend.

„Er legte seinen Arm um meine Taille", sagte Miss Cringle und errötete.

"WAS!" sagte der Maat stotternd, „lege seinen – lege seinen Arm – um – deine Taille – wie" –

Sein Mut verließ ihn plötzlich.

„Wie was?" fragte das Mädchen mit herrlicher Unschuld.

„So", sagte der Maat mannhaft.

„Das reicht", sagte Miss Cringle leise, „das reicht." Du bist genauso schlimm wie er, aber das Schlimmste ist, dass niemand hier ist, der dich daran hindern kann."

In geliehenen Federn

Der KAPITÄN DER SARAH Jane war seit zwei Tagen vermisst, und alle an Bord, mit Ausnahme des Jungen, um den sich niemand kümmerte, waren über den Umstand voller Freude. Zweimal zuvor hatte der Kapitän, dessen Gewohnheiten man vielleicht am besten als unregelmäßig bezeichnen könnte, sein Schiff verpasst, und es hatte sich herumgesprochen, dass das dritte Mal das letzte Mal sein würde. Sein Liegeplatz war gut, und der Maat wollte ihn anstelle seines eigenen, den Ted Jones, AB, wollte

„Noch zwei Stunden", sagte der Maat ängstlich zu den Männern, die an die Bordwand gelehnt standen, „und ich fahre mit dem Schiff hinaus."

„In weniger als zwei Stunden reicht es", sagte Ted, spähte über die Bordwand und beobachtete das Wasser, wie es langsam über den Schlamm stieg. „Was hat der alte Mann, frage ich mich?"

„Ich weiß es nicht, und es ist mir auch egal", sagte der Steuermann. „Ihr Jungs steht mir bei und es wird für uns alle gut sein. Mr. Pearson sagte beim letzten Mal deutlich, dass es seine letzte Reise mit dem Schiff sein würde, wenn der Kapitän sein Schiff jemals wieder vermissen würde, und er sagte mir vor dem alten Mann, dass ich nicht zwei Minuten warten solle, sondern mitbringen solle sie sofort raus."

„Er ist ein alter Narr", sagte andererseits Bill Loch; „Und niemand außer dem Jungen wird ihn vermissen, und er hat den ganzen Morgen über regelmäßig besorgt ausgesehen. Er sah beim Abendessen so besorgt aus, dass ich ihm einen Tritt gebe, um ihn ein wenig aufzumuntern. Schau ihn dir jetzt an."

Der Maat warf einen hochnäsigen Blick in die Richtung des Jungen und wandte sich dann ab. Der Junge, der keine Ahnung von höflicher Beobachtung hatte, versteckte sich hinter der Ankerwinde; Er nahm einen Brief aus der Tasche und las ihn zum vierten Mal durch.

„Lieber Tommy", begann es. „Ich nehme meinen Stift und teile Ihnen mit, dass ich hier bleibe und nicht entkommen kann, weil ich beim Krippenspiel meine Klamotten verloren habe letzte Nacht, auch mein Geld und alles daneben. Sprich nicht mit einer lebenden Seezunge darüber, da der Kumpel meine Geburt will, sondern packe alle Zettel ein und bringe sie zu mir, ohne irgendjemandem etwas zu sagen . Die Tücher des Kumpels reichen aus , denn ich habe nicht genug anderen Ruß, sag es mir nicht . Um die Socken brauchst du dir keine Sorgen zu machen , ich habe noch welche übrig. Mein Bett ist so schlecht, dass ich jetzt zu dem Schluss kommen muss. Ihr liebevoller Onkel und Kapitän Joe Bross . PS: Lass den Kumpel dich nicht kommen sehen, sonst lässt er dich nicht gehen."

„Noch zwei Stunden", seufzte Tommy und steckte den Brief wieder in die Tasche. „Wie komme ich an die Klamotten, wenn sie alle eingesperrt sind? Und Tante sagte, ich solle auf ihn aufpassen und dafür sorgen, dass er keinen Unfug treibt."

Er saß da und dachte tief nach, und dann, als die Besatzung der Sarah Jane an Land ging, um ein vom Maat angebotenes Glas zu genießen, kroch er wieder in die Kabine hinunter, um sich noch einmal verzweifelt umzusehen. Die einzigen sichtbaren Kleidungsstücke gehörten Mrs. Bross , die bis zu dieser Reise auf dem Schoner gesegelt war, um sich um seinen Kapitän zu kümmern. Er blickte diese angestrengt an.

„Ich werde sie nehmen und versuchen , sie gegen ein paar Männerklamotten einzutauschen ", sagte er plötzlich und riss die Kleidungsstücke von den Haken. „Es würde ihr nichts ausmachen"; und zusammen mit einem Paar Teppichpantoffeln des Kapitäns rollte er sie hastig zu einem Paket zusammen und steckte das Ganze in eine alte Kekstüte. Dann schulterte er seine Last, ging vorsichtig an Deck, erreichte das Ufer und lief im Trab zu der im Brief angegebenen Adresse.

Es war ein langer Weg und die Tasche war schwer. Sein erster Tauschversuch war besorgniserregend, denn der Pfandleiher, der gerade von der Polizei verwarnt worden war, befand sich in einem so ernsten und unangenehmen Zustand, dass der Junge sein Bündel schnell wieder schnappte und ging. Zutiefst beunruhigt ging er hastig weiter, bis sein Blick in einer kleinen Seitenstraße auf einen Bäcker fiel, der sanft und wohlwollend aussah und hinter der Theke seines Ladens stand.

„Bitte, Sir", sagte Tommy, als er eintrat und seine Tasche auf der Theke abstellte, „haben Sie abgelegte Kleidungsstücke, die Sie nicht wollen?"

Der Bäcker wandte sich an ein Regal, wählte ein altes Brot aus, schnitt es in zwei Hälften und legte eine davon vor den Jungen.

„Ich will kein Brot", sagte Tommy verzweifelt; „Aber Mutter ist gerade gestorben und Vater möchte wegen der Beerdigung trauern. Er hat nur einen neuen Anzug dabei, und wenn er diese Sachen seiner Mutter gegen einen alten eintauschen könnte, würde er seine besten verkaufen, um sie damit zu begraben."

Er schüttelte die Artikel auf der Theke aus, und die Frau des Bäckers, die gerade in den Laden gekommen war, begutachtete sie eher wohlwollend .

„Armer Junge, du hast also deine Mutter verloren", sagte sie und drehte die Kleidung um. „Es ist ein guter Rock, Bill."

„Ja, Ma'am", sagte Tommy traurig.

„Woran ist sie gestorben?" fragte der Bäcker.

„Scharlach", sagte Tommy unter Tränen und erwähnte die einzige Krankheit, die er kannte.

„Scar – Bring ihnen die Sachen weg", schrie der Bäcker, schob die Kleidung auf den Boden und folgte seiner Frau zum anderen Ende des Ladens. „Nimm sie sofort weg, du junger Bösewicht."

Seine Stimme war so laut, sein Benehmen so gebieterisch, dass der erschrockene Junge, ohne sich mit dem Streiten in Verbindung zu setzen, die Kleidung nacheinander wieder in die Tasche stopfte und ging. Ein Abschiedsblick auf die Uhr ließ ihn fast genauso entsetzt aussehen wie den Bäcker.

„Wir dürfen keine Zeit verlieren", murmelte er, als er zu rennen begann; „Entweder muss der alte Mann damit kommen, oder er bleibt, wo er ist."

Atemlos erreichte er das Haus und blieb vor einem unrasierten Mann in abgetragenen, fettigen Kleidern stehen, der vor der Tür voller Vergnügen eine kurze Tonpfeife rauchte.

„Ist Cap'n Bross hier?" er keuchte.

„Er ist oben", sagte der Mann mit einem anzüglichen Blick, „sitzt in Sackleinen und Asche, mehr Asche als Sackleinen. Hast du ein paar Klamotten für ihn?"

„Schau her", sagte Tommy. Er lag auf den Knien und hatte die Tütenöffnung wieder geöffnet, ganz im Stil des geübten Straßenhändlers. „Gib mir einen alten Anzug für sie. Beeil dich. Da ist ein wunderschönes Kleid."

„Verdammt", sagte der Mann und starrte ihn an, „ich habe nur diese Klamotten. Wofür hältst du mich? Ein Trottel?"

„Na, besorg mir irgendwo welche", sagte Tommy. „Wenn du das nicht tust, muss der Kapitän hierher kommen, und ich bin mir sicher, dass es ihm nicht gefallen wird."

„Ich frage mich, wie er aussehen würde", sagte der Mann grinsend. „Verdammt, wenn ich nicht hochkomme und nachsehe."

„Hol mir ein paar Klamotten", flehte Tommy.

„Ich würde dir keine Kleidung besorgen, nein, nicht für fünfzig Wortspiele ", sagte der Mann streng. „Was meinst du damit, den Leuten auf diese Weise das Vergnügen verderben zu wollen? Kommen Sie, kommen Sie und sagen Sie dem Kapitän , was Sie für mich haben , ich möchte hören, was er sieht . Er flucht schon seit zehn Uhr morgens, aber dazu sollte er etwas Besonderes sagen."

Er ging voran, die nackte Holztreppe hinauf, gefolgt von dem geplagten Jungen, und betrat einen kleinen, schmutzigen Raum oben, in dessen Mitte der Besitzer der Sarah Jane saß, um Besucher abzulehnen, in einem Paar Socken und Socken der letzten Woche Papier.

„Hier ist ein junger Herr, der Ihnen ein paar Klamotten bringt, Kapitän ", sagte der Mann und nahm dem Jungen den Sack ab.

„Warum bist du nicht früher gekommen?" knurrte der Kapitän, der die Anzeigen las.

Der Mann steckte seine Hand in den Sack und zog die Kleidung heraus. „Was hältst du von ihnen ?" fragte er erwartungsvoll.

Der Kapitän versuchte vergeblich, es ihm zu sagen, aber seine Zunge verließ gnädigerweise ihr Amt und trocknete zwischen seinen Lippen. Sein Gehirn hallte von Sätzen glühender Ungerechtigkeit wider, aber sie kamen nicht weiter.

„Na ja, sagen Sie Danke, wenn Sie nichts anderes sagen können", schlug sein Peiniger hoffnungsvoll vor.

„Ich konnte nichts anderes mitbringen", sagte Tommy hastig; „Alle Dinge waren verschlossen. Ich habe versucht, sie auszutauschen und wäre dafür fast eingesperrt worden. Zieh das an und beeil dich."

Der Kapitän befeuchtete seine Lippen mit der Zunge.

„Der Maat wird sofort aussteigen, wenn er schwimmt", fuhr Tommy fort. „Zieh das an und verderbe sein kleines Spiel. Es regnet jetzt ein wenig. Niemand wird dich sehen , und sobald du an Bord bist, kannst du dir ein paar Klamotten der Männer ausleihen."

„Das ist das Ticket, Kapitän ", sagte der Mann. „Herr Lumme , du wirst dafür sorgen , dass sich alle in dich verlieben."

„Beeil dich", sagte Tommy und tanzte vor Ungeduld. "Beeil dich."

Der Kapitän stand benommen und mit wildem Blick still, während seine beiden Assistenten ihn hastig ankleideten und sich dabei ein wenig über Details stritten.

„Er sollte eng anliegend sein, sage ich Ihnen ", sagte der Mann.

„Er kann nicht ohne Schnürsenkel festgeschnürt werden", sagte Tommy verächtlich. „Das solltest du wissen."

„Ho, kann er nicht", sagte der andere verunsichert. „Du weißt zu viel für einen jungen Mann. Naja, dann gib ein bisschen Ablenkung um mich herum ."

„Wir können es kaum erwarten, bis die Schlange ansteht", sagte Tommy, der sich auf die Zehenspitzen stellte, um die Kapitänshaube festzubinden. „Binden Sie nun den Schal über sein Kinn, um seinen Bart zu verbergen, und legen Sie diesen Schleier auf. Gut, dass er keinen Schnurrbart hat."

Der andere gehorchte und trat dann ein oder zwei Schritte zurück, um sein Werk zu betrachten. „Strewth, auch wenn ich das nicht für richtig halte , du siehst ein Leckerbissen aus!" bemerkte er selbstgefällig. „Jetzt, Junge, nimm ihm den Alten vom Arm. Gehen Sie durch die Seitenstraßen, und wenn Sie jemanden sehen, der Sie ansieht, rufen Sie „ im Mar."

Die beiden machten sich auf den Weg, nachdem der Mann, ein geborener Realist, versucht hatte, dem Kapitän auf der Schwelle einen Kuss zu entlocken. Zum Glück für den Erfolg des Unterfangens prasselte es in Strömen, und obwohl einige Leute das Paar neugierig ansahen, als sie hastig weitergingen, blieben sie unbehelligt und erreichten sicher den Kai, wo sie gerade rechtzeitig ankamen, um den Schoner zu sehen von der Seite abstoßen.

Bei diesem Anblick hob der Kapitän seine Röcke hoch und rannte los. "Ahoi!" er schrie. "Warten Sie eine Minute."

Der Maat warf der außergewöhnlichen Gestalt einen Blick voller Erstaunen zu und wandte sich dann ab; Aber in diesem Moment kam das Heck in Sprungweite zum Kai, und Onkel und Neffe sprangen mit einem Impuls darauf zu und erreichten sicher das Deck.

„Warum hast du nicht gewartet, als ich dich angerufen habe?" forderte der Kapitän heftig.

„Woher sollte ich wissen, dass du es bist?" fragte der Maat mürrisch, als ihm seine Niederlage klar wurde . „Ich dachte, es wäre die Kaiserin von Rooshia ."

Der Kapitän starrte ihn stumm an.

„Und wenn Sie meinen Rat befolgen", sagte der Maat mit einem höhnischen Grinsen, „behalten Sie die Sachen an." Ich habe noch nie gesehen, dass du in irgendetwas so gut aussiehst."

„Ich möchte mir etwas von deiner Kleidung ausleihen, Bob", sagte der Kapitän und beäugte ihn fest.

„Wo ist dein eigenes?" fragte der andere.

„Ich weiß es nicht“, sagte der Kapitän. „Ich hatte letzte Nacht einen Anfall, Bob, und als ich heute Morgen aufwachte, waren sie weg. Jemand muss meine Hilflosigkeit ausgenutzt und sie mitgenommen haben .“

„Sehr wahrscheinlich“, sagte der Maat und wandte sich ab, um der Mannschaft, die damit beschäftigt war, die Segel zu setzen, einen Befehl zuzurufen.

„Wo sind sie, alter Mann?“ fragte der Kapitän.

"Woher soll ich das wissen?" fragte der andere, der sich wieder für die Männer interessierte.

„Ich meine DEINE Kleidung“, sagte der Kapitän, der schnell die Beherrschung verlor.

„Oh, meins?“ sagte der Kumpel. „Tja, eigentlich mag ich es nicht, meine Kleidung zu leihen. Ich bin eher ein Perticler . Du könntest zu IHNEN passen.“

sie mir nicht ?“ fragte der Kapitän.

„Das werde ich nicht“, sagte der Maat laut und blickte die Besatzung, die zuhörte, mit gerunzelter Stirn an.

„Sehr gut“, sagte der Kapitän. „Ted, komm her. Wo sind deine anderen Klamotten?“

„Es tut mir sehr leid, Sir“, sagte Ted, während er unbehaglich von einem Bein auf das andere wechselte und den Maat hilfesuchend ansah; „Aber sie sind für Leute wie Sie nicht geeignet, Sir.“ „Das kann ich am besten beurteilen“, sagte der Kapitän scharf. „Holt sie her .“

„Nun, um die Wahrheit zu sagen, Sir“, sagte Ted, „ich bin wie der Kumpel. Ich bin nur ein armer Seemann, aber ich würde der Königin von England meine Kleider nicht leihen.“

„Holen Sie die Kleider hoch“, brüllte der Kapitän, riss seine Haube ab und warf sie auf das Deck. „Hol sie sofort hoch. Glaubst du, ich laufe in diesen Unterhosen herum ?“

„Das sind meine Klamotten“, murmelte Ted verbissen.

„Na gut, dann nehme ich Bill's“, sagte der Kapitän. „Aber denken Sie daran, mein Junge, ich werde Sie dafür bezahlen lassen, bevor ich mit Ihnen fertig bin. Bill ist der einzige ehrliche Mann an Bord dieses Schiffes. Gib mir deine Hand, Bill, alter Mann.“

„Ich bin bei den beiden“, sagte Bill schroff und wandte sich ab.

Der Kapitän biss sich vor Wut auf die Lippen, drehte sich von einem zum anderen und ging dann mit einem großen Fluch vorwärts. Bevor er das Vorschiff erreichen konnte, tauchten Bill und Ted vor ihm hinab, und als er unten war, saßen sie Seite an Seite auf ihrer Brust und standen ihm gegenüber. Drohungen und Appellen gegenüber ignorierten sie gleichermaßen, und der verzweifelte Kapitän sah sich schließlich gezwungen, wieder an Deck zu gehen, immer noch mit den verhassten Röcken beladen.

„Warum gehst du nicht hin und legst dich hin", sagte der Maat, „und ich schicke dir eine schöne Tasse heißen Tee. Du wirst Histericks bekommen , wenn du so weitermachst."

„Ich haue Ihnen den Kopf ab, wenn Sie mit mir reden", sagte der Kapitän.

„Du nicht", sagte der Maat fröhlich; „Du bist nicht groß genug. Schau dir den Porenmenschen da drüben an."

Der Kapitän schaute in die angezeigte Richtung und schüttelte, von ohnmächtiger Wut anschwellend, heftig die Faust in Richtung eines rotgesichtigen Mannes mit grauem Schnurrbart, der von der Brücke eines vorbeifahrenden Dampfers unzählige zärtliche Küsse herabwehte.

„Das stimmt", sagte der Maat anerkennend; „Gib mir keine Ermutigung. " Liebe auf den ersten Blick lohnt sich nicht ."

Der Kapitän, der stark unter unterdrückten Gefühlen litt, ging nach unten, und nachdem die Besatzung eine Weile gewartet hatte, um sicherzustellen, dass er nicht wieder hochkam, machte sie sich leise auf den Weg zum Steuermann.

Battlesea bringen können , ist alles in Ordnung", sagte dieser. „Ihr Jungs steht mir bei. Seine Hausschuhe und sein Südwester sind die einzigen Kleidungsstücke, die er an Bord hat. Wirf jede Nadel, die dir in die Finger kommt, über Bord, sonst wird er scheitern und versuchen, aus einem Stück altem Segel oder so etwas einen Anzug zu machen. Wenn wir ihn nur so zu Mr. Pearson bringen können, wird es doch nicht so schlimm sein."

Während diese Vorbereitungen oben getroffen wurden, waren der Kapitän und der Junge unten mit anderen beschäftigt. Verschiedene überraschende Pläne des Kapitäns, um an die Kleidung seiner Männer zu gelangen, wurden von der Jugend als rechtswidrig und, was noch schlimmer war, als undurchführbar abgelehnt. Ein paar Stunden lang diskutierten sie über Mittel und Wege, endeten jedoch nur in Schmähreden gegen die Gemeinheit der Mannschaft; und der Kapitän, dessen Kopf noch immer von seinen Exzessen schmerzte, verfiel schließlich in einen Zustand düsterer Verzweiflung und saß schweigend da.

„Bei Gott, Tommy, ich habe es", rief er plötzlich, fuhr auf und schlug mit der Faust auf den Tisch. „Wo ist dein anderer Anzug?"

„Das ist nicht größer als dieses", sagte Tommy.

" Du „Raus damit", sagte der Kapitän und warf wissend den Kopf zurück. „Ah, da sind wir. Jetzt geh in meine Kabine und zieh sie aus."

Der verwunderte Tommy, der dachte, dass große Trauer das Gehirn seines Verwandten verändert hatte, gehorchte und tauchte kurz darauf in einer Decke auf, seine Kleidung unter den Arm geklemmt.

„Weißt du jetzt, was ich tun werde?" fragte der Kapitän mit einem breiten Lächeln.

"NEIN."

„Dann hol mir die Schere. Weißt du jetzt, was ich tun werde?"

„Zerschneiden Sie die beiden Anzüge und machen Sie daraus einen", riskierte der entsetzte Tommy. „Hier, hör auf! Aufhören!"

Der Kapitän stieß ihn ungeduldig ab, legte die Kleidungsstücke auf den Tisch, griff zur Schere und schnitt die Kleidungsstücke mit ein paar Hiebbewegungen in ihre Einzelteile.

„Was soll ich anziehen", sagte Tommy und begann zu heulen. „Daran hast du nicht gedacht?"

„Was sollst du anziehen, du selbstsüchtiges junges Schwein?" sagte der Kapitän streng. „Denke immer an dich selbst. Geh und hol ein paar Nadeln und Fäden, und wenn noch welche übrig sind, und du bist ein guter Junge, werde ich sehen, ob ich aus den Resten nicht etwas für dich machen kann."

„ Hier gibt es keine Nadeln", jammerte Tommy nach längerer Suche.

„Gehen Sie zum Vorschiff hinunter und holen Sie sich die Kiste mit Segelmachernadeln", sagte der Kapitän. „Lassen Sie niemanden sehen, was Sie suchen, und etwas Garn."

„Warum konntest du mich nicht in meinen Klamotten gehen lassen, bevor du sie zerschnitten hast", stöhnte Tommy. „Ich gehe nicht gern in dieser Decke hoch. Sie werden mich auslachen."

„Du gehst sofort!" donnerte der Kapitän, drehte ihm den Rücken zu, pfiff leise und begann, die Stoffstücke zu ordnen.

„Lachen Sie, meine Jungs", sagte er fröhlich, als ein schallender Gelächter das Erscheinen von Tommy an Deck begrüßte. "Warten Sie ein wenig."

Er selbst wartete fast zwanzig Minuten, bis Tommy auf seine Decke trat, die Leiter hinunterflog und in die Kabine rollte.

„ An Bord des Schiffes ist keine Nadel", sagte er feierlich, während er sich aufrichtete und sich den Kopf rieb. „Ich habe überall gesucht."

"Was?" brüllte der Kapitän und versteckte hastig die Stoffstücke. „Hier, Ted! Ted!"

„Ja, ja, Sir!" sagte Ted, als er nach unten kam.

„Ich möchte eine Segelmachernadel", sagte der Kapitän leichthin. „Ich habe einen Riss in diesem Rock."

„Das letzte ist mir gestern kaputt gegangen", sagte Ted mit einem bösen Grinsen.

„Dann jede andere Nadel", sagte der Kapitän und versuchte, seine Gefühle zu verbergen.

„Ich glaube nicht, dass es so etwas an Bord des Schiffes gibt", sagte Ted, der der nachdenklichen Anweisung des Maat Folge geleistet hatte. „NOR-Thread. Das habe ich dem Kumpel erst gestern gesagt."

Der Kapitän sank erneut in die tiefste Tiefe, winkte ihn ab und verfiel dann, als er an eine Ecke des Spinds gelangte, in düstere Träumereien.

„Schade, dass du es so eilig machst", sagte Tommy und schniefte rachsüchtig. „Vielleicht hättest du dich um die Nadel gekümmert, bevor du meine Kleidung ruiniert hast. Wir zwei gehen jetzt lächerlich umher."

Der Kapitän der Sarah Jane ließ diese Unverschämtheit unbeachtet. In Momenten tiefer Bedrängnis versucht der Geist des Menschen, der von Natur aus auf feierliche Dinge zurückgreift, den Anlass durch einen Vortrag zu verbessern. Der Kapitän, gequält von Leid und Enttäuschung, steckte nach längerem Suchen seine rechte Hand in die Tasche und forderte den zugedeckten Bengel vor ihm sanft auf, sich zu setzen, und begann:

„Sehen Sie, was aus Getränken und Karten wird", sagte er traurig. „Anstatt am Steuer meines Schiffes zu sitzen und alle anderen Boote den Fluss hinunter zu jagen, schleiche ich hier unten herum wie – so" –

„Wie eine Schauspielerin", meinte Tommy.

Der Kapitän beäugte ihn von überall her. Tommy, der sich seiner Beleidigung nicht bewusst war, begegnete seinem Blick gelassen.

„Wenn Sie", fuhr der Kapitän fort, „irgendwann das Gefühl hatten, zu viel zu trinken, und Sie mit dem Bierkrug auf halber Höhe Ihrer Lippen stehen blieben und daran dachten, dass ich in diesem beschämenden Zustand sitze, was würden Sie tun?"

„Ich weiß nicht ", antwortete Tommy gähnend.

"Was würden Sie tun?" beharrte der Kapitän mit großer Miene.

„Lachen, denke ich ", sagte Tommy nach kurzem Nachdenken.

Das Geräusch eines gut gepackten Ohrs hallte durch die Kabine.

„Du bist eine unnatürliche, undankbare kleine Kröte", sagte der Kapitän grimmig. „Du hast es nicht verdient, einen guten, freundlichen Onkel zu haben, der sich um dich kümmert."

„Jeder kann ihn für mich haben", schluchzte der empörte Tommy, während er zärtlich sein Ohr befühlte. „Du siehst kostbar aus, eher wie eine Tante als wie ein Onkel."

Nachdem er diesen Schuss abgefeuert hatte, verschwand er in einer Wolke aus Decken, und der Kapitän gab widerwillig den hastig gefassten Entschluss auf, ihn zuerst bei lebendigem Leib zu häuten und dann über Bord zu werfen, setzte sich wieder hin und zündete seine Pfeife an.

Als er aus dem Fluss kam, kam er wieder an Deck und übernahm mit großer Anstrengung das Kommando, ohne auf das Lächeln der Mannschaft und die Sticheleien des Maaten zu achten. Die einzige Änderung, die er an seiner Kleidung vornahm, bestand darin, die Haube durch seine Südwestjacke zu ersetzen, und in dieser Gestalt verrichtete er seine Arbeit, während der gekränkte Tommy sich in Decken hüpfte. Die drei Tage auf See vergingen wie ein schrecklicher Traum. Sein Blick war so begehrenswert, dass die Mannschaft instinktiv ihre Unterkleidung umklammerte und auf die Knöpfe ihrer Mäntel schaute, als sie an ihm vorbeikamen. Er sah Mäntel im Großsegel und bastelte Phantomhosen aus der fliegenden Fock, und gegen Ende begann er von blauen Sergen und gemischten Tweeds zu plappern. Ohne sich des Ruhms bewusst zu sein, hatte er beschlossen, bei Nacht in den Hafen von Battlesea einzulaufen ; aber es sollte nicht sein. In der Nähe unseres Zuhauses ließ der Wind nach, und die Sonne war schon weit oben, bevor Battlesea in Sicht kam, eine graue Bank am Steuerbordbug.

Bis auf eine Meile vor dem Hafen hielt der Kapitän fest, dann lockerte sich sein Griff um das Steuerrad etwas und er sah sich ängstlich nach dem Steuermann um.

„Wo ist Bob?" er schrie.

„Er ist sehr krank, Sir", sagte Ted und schüttelte den Kopf.

"Krank?" keuchte der erschrockene Kapitän. „Hier, nehmen Sie doch mal kurz das Steuer."

Er reichte es ihm, und seine Röcke fassend, ging er hastig nach unten. Der Maat lag halb liegend, halb sitzend in seiner Koje und stöhnte kläglich.

"Was ist los?" fragte der Kapitän.

„Ich sterbe", sagte der Maat. „Ich bin immer noch innerlich verknotet. Ich kann mich nicht gerade halten."

Der andere räusperte sich. „Du solltest dich besser ausziehen und dich ein wenig hinlegen", sagte er freundlich. „Lass mich dir dabei helfen."

„Nein – mach dir keine Sorgen", keuchte der Maat.

„Es ist kein Problem", sagte der Kapitän mit zitternder Stimme.

„Nein, ich behalte sie ", sagte der Maat schwach. „Ich hatte schon immer den Gedanken, dass ich gerne in meinen Kleidern sterben würde. Es mag dumm sein, aber ich kann nichts dagegen tun."

Eines Tages wirst du deinen Wunsch erfüllen , keine Angst, du höllischer Schlingel", schrie der überreizte Kapitän. „Sie täuschen eine Krankheit vor, um mich dazu zu bringen, das Schiff in den Hafen zu bringen."

„Warum sollten Sie sie nicht aufnehmen", fragte der Maat mit einem Hauch unschuldiger Überraschung. „Es ist Ihre Pflicht als Kapitän . Du gehst jetzt besser nach oben. Die Messlatte verschiebt sich ständig."

Der Kapitän, der sich mit aller Macht zurückhielt, ging wieder an Deck, übernahm das Steuerrad und wandte sich an die Mannschaft. Er sprach einfühlsam über den Gehorsam, den die Männer ihren Vorgesetzten schuldeten, und über die moralische Verpflichtung, ihnen ihre Hosen zu leihen, wenn sie sie brauchten. Er ging auf die schrecklichen Strafen ein, die für Meuterei verhängt wurden, und bewies deutlich, dass es eine Meuterei der schlimmsten Art war, wenn man dem Kapitän eines Schiffes erlaubte, in Unterröcken in den Hafen einzulaufen. Dann schickte er sie nach unten, um ihre Kleidung zu holen. Sie waren so lange weg, dass selbst der geringste Intellekt merken konnte, dass sie nicht die Absicht hatten, es mitzubringen. Mittlerweile weitete sich der Hafen vor ihm.

Als sich die Sarah Jane in Rufweite näherte, befanden sich zwei oder drei Personen am Kai. Als sie an der Laterne am Ende vorbeikam, waren es zwei oder drei Dutzend, und ihre Zahl wuchs stetig, nämlich drei Personen pro fünf Meter, die sie zurücklegte. Gutherzige, menschliche Männer, die darauf bedacht waren, dass ihre Freunde ein so großes und billiges Leckerli nicht verlieren sollten, bestachen kleine und widerstrebende Jungen mit Pennys, damit sie sich auf die Suche nach ihnen machten, und als der Schoner seinen

Liegeplatz erreichte, war ein großer Teil davon Die Hafenbevölkerung schaute sich gegenseitig über die Schulter und rief dem Kapitän dumme und urkomische Fragen zu. Die Nachricht erreichte den Eigner, und er eilte zum Schiff hinunter, gerade als der Kapitän sich ungeachtet der hitzigen Proteste der Schaulustigen darauf vorbereitete, nach unten zu gehen.

Mr. Pearson war ein beleibter Mann, und er brach vor Zorn explodierend zu Boden. Dann sah er die Erscheinung und Freude überkam ihn. Es wurde notwendig, dass drei stämmige Kerle als Stützpfeiler fungierten, und je empörter der Kapitän blickte, desto schwieriger wurde ihre Arbeit. Schließlich wurde er geschwächt und hysterisch lachend auf das Deck des Schoners getragen, wo er dem Kapitän nach unten folgte und mit vor Rührung gebrochener Stimme eine Erklärung verlangte.

„Das ist der schönste Anblick, den ich je in meinem Leben gesehen habe, Bross ", sagte er, als der andere fertig war. „Ich hätte es mir um keinen Preis entgehen lassen. Ich habe mich letzte Woche sehr deprimiert gefühlt und es hat mir gut getan. Reden Sie keinen Unsinn über das Verlassen des Schiffes. Danach würde ich Sie um nichts mehr verlieren, aber wenn Sie gerne einen neuen Kameraden und eine neue Crew an Bord schicken möchten, können Sie es sich gut gehen lassen. Wenn Sie nur zu mir nach Hause kommen und sich von Mrs. Pearson sehen lassen – sie ist krank –, gebe ich Ihnen ein paar Pfund. Jetzt hol deine Haube und komm.“

DIE UHR DES BOOTSMANNS

Kapitän POLSON SAß in seinem gemütlichen Salon und lächelte seine Tochter und seine Schwester gütig an. Nach achtzehnmonatiger Abwesenheit lag sein Schiff wieder im kleinen Hafen von Barborough , und der Kapitän befand sich in jenem Zustand gutmütiger Freundlichkeit, der stets sein erstes Erscheinen nach langer Abwesenheit kennzeichnete .

„Dieses Ende gibt es wohl keine Neuigkeiten", erkundigte er sich nach einer langen Aufzählung äußerst uninteressanter Abenteuer.

„Nicht viel", sagte seine Schwester Jane und sah ihre Nichte nervös an. „Der junge Metcalfe ist eine Partnerschaft mit seinem Vater eingegangen."

„Von diesen Haien will ich nichts hören", sagte der Kapitän und wurde rot. „Erzähl mir von ehrlichen Männern."

„Joe Lewis wurde wegen Geflügeldiebstahls zu einem Monat Haft verurteilt", sagte Miss Polson kleinlaut. "Frau. Purton hat Zwillinge bekommen – liebe kleine Kerlchen, fett wie Butter! –, einen von ihnen hat sie Polson genannt, nach dir. Der Gierige."

„Irgendwelche Todesfälle?" fragte der Kapitän schnippisch, während er die unschuldige Dame misstrauisch beäugte.

„Der arme alte Jasper Wheeler ist gegangen", sagte seine Schwester; „Er war sehr resigniert. Er lieh sich genug Geld, um einen großen Arzt aus London zu holen, und als er hörte, dass es für ihn keine Hoffnung gab, sagte er, er sehnte sich nur danach, dorthin zu gehen, und es tat ihm leid, dass er nicht alle seine Lieben mitnehmen konnte. Mary Hewson ist mit Jack Draper verheiratet und die Aufgebote des jungen Metcalfe steigen nächsten Sonntag zum dritten Mal."

„Ich hoffe, er bekommt einen Tartar", sagte der rachsüchtige Kapitän. "Wer ist das Mädchen? Irgendein dummer kleiner Idiot, ich weiß. Sie sollte gewarnt werden!"

„Ich halte nichts davon, sich in Ehen einzumischen", sagte seine Tochter Chrissie und schüttelte weise den Kopf.

"Oh!" sagte der Kapitän und starrte: „Das tust du nicht! Jetzt, da du deine Haare hochgesteckt hast und dir angewöhnt hast, lange Kleider zu tragen, denke ich, dass du jetzt schon darüber nachdenkst."

"Ja; Tante will dir etwas sagen!" sagte seine Tochter, stand auf und durchquerte den Raum.

„Nein, das tue ich nicht!" sagte Miss Polson hastig.

„Du solltest es besser tun“, sagte Chrissie und gab ihr einen kleinen Schubs, „da ist ein Schatz; Ich gehe nach oben und schließe mich in meinem Zimmer ein.“

Das Gesicht des Kapitäns während dieses Gesprächs war ein Zeugnis unterdrückter Gefühle. Er war ein überzeugter Verfechter der Übernahme der Umgangsformen auf dem Achterdeck in das Privatleben, wobei der einzige Nachteil darin bestand, dass er die dort übliche Sprache hinter sich lassen musste. Auf dieses Versäumnis führte er gewöhnlich seine Misserfolge zurück.

„Setz dich, Chrissie“, befahl er; „Setz dich, Jane. Nun, Fräulein, worum geht es hier?“

„Ich sage es dir nicht gern “, sagte Chrissie und faltete die Hände im Schoß. „Ich weiß, dass du sauer sein wirst. Du bist so unvernünftig.“

Der Kapitän starrte – furchtbar.

„Ich werde heiraten“, sagte Chrissie plötzlich, „so! An Jack Metcalfe – da! Also musst du lernen, ihn zu lieben. Er wird versuchen, dich meinetwegen zu lieben.“ Zum Entsetzen seiner Schwester stand der Kapitän auf und ging mit geschwungenen Fäusten heftig hin und her . Durch diese einfachen, aber ungewöhnlichen Mittel wurde der Anstand gewahrt.

„Wenn du nur ein Junge wärst“, sagte der Kapitän, als er seinen Platz wieder eingenommen hatte, „würde ich wissen, was ich mit dir machen soll.“

„Wenn ich ein Junge wäre“, sagte Chrissie, die sich auf den Kampf vorbereitet hatte und es durchziehen wollte, „würde ich Jack nicht heiraten wollen. Sei nicht albern, Vater!“

„Jane“, sagte der Kapitän mit einer Stimme, die die angesprochene Dame auf ihrem Stuhl aufschrecken ließ, „was meinen Sie damit?“

„Es ist nicht meine Schuld“, sagte Miss Polson schwach. „Ich habe ihr gesagt, wie es sein würde. Und es geschah so allmählich; Zuerst bewunderte er meine Geranien, und natürlich wurde ich getäuscht. Es gibt so viele Leute, die meine Geranien bewundern; ob es daran liegt, dass das Fenster nach Süden ausgerichtet ist“—

"Oh!" „Das reicht, Jane“, sagte der Kapitän grob. Wenn er kein Anwalt wäre, würde ich ihm das Genick brechen. Chrissie ist erst neunzehn und wird ein Jahr lang mit mir auf Kreuzfahrt gehen. Vielleicht stärkt die Seeluft ihren Kopf. Wir werden sehen, wer in dieser Familie der Herr ist.“

„Ich möchte sicher nicht Meister sein“, sagte seine Tochter, zog eine Waffe aus feinem Batist aus der Tasche und machte sich kampfbereit. „Ich kann nicht anders, als Menschen zu mögen. Tante mag ihn auch, nicht wahr, Tante?"

„Ja", sagte Miss Polson tapfer.

„Sehr gut", sagte der Autokrat prompt, „ich nehme euch beide mit auf eine Kreuzfahrt."

„Du machst mich sehr unglücklich", sagte Chrissie und vergrub ihr Gesicht in ihrem Taschentuch.

„Du wirst noch unglücklicher sein, bevor ich mit dir fertig bin", sagte der Kapitän grimmig. „Und während ich darüber nachdenke, werde ich vorbeikommen und diese Verbote stoppen." Als er vorbeiging, packte ihn seine Tochter am Arm und legte ihr Gesicht auf seinen Ärmel. „Du wirst mich so dumm aussehen lassen", jammerte sie.

„Das wird es dir leichter machen, mit mir zur See zu kommen", sagte ihr Vater. „Weine mir nicht aus dem Ärmel. Ich werde einen Pfarrer aufsuchen. Lauf nach oben und spiel mit deinen Puppen, und wenn du ein braves Mädchen bist, bringe ich dir ein paar Süßigkeiten." Er setzte seinen Hut auf, schloss mit einem Knall die Haustür und ging zum neuen Pfarrer, um das Alter, das seine Tochter für die Ehe behielt, um zwei Jahre herabzusetzen. Der Rektor, bekümmert über diese Doppelzüngigkeit eines so jungen Mannes, kam ihm auf halbem Weg entgegen und verließ ihn lächelnd lächelnd, bis seine Aufmerksamkeit von einem jungen Mann auf der anderen Straßenseite erregt wurde, der ihn ansah Unbeholfenheit offenbaren.

„Guten Abend, Captain Polson", sagte er, als er die Straße überquerte.

„Oh", sagte der Kapitän und hielt inne, „ich wollte mit Ihnen sprechen. Ich nehme an, Sie wollten meine Tochter heiraten, während ich nicht im Weg war, um Ärger zu vermeiden. Genau das Männliche, was ich von dir hätte erwarten sollen. Ich habe die Banns gestoppt und werde sie auf eine Reise mitnehmen. Du musst dich woanders umsehen, mein Junge."

„Das schlechte Gefühl ist ganz auf Ihrer Seite, Kapitän", sagte Metcalfe und errötete.

"Krank fühlen!" schnaubte der Kapitän. „Sie haben mich in den Zeugenstand gesteckt und mich dort mit Ihren albernen Scherzversuchen zum Gespött gemacht, mich fünfhundert Pfund verloren und dann versucht, meine Tochter zu heiraten, während ich auf See bin. Mir kommt es schlecht vor, gehängt zu werden!"

„Das war geschäftlich", sagte der andere.

„Das war es", sagte der Kapitän, „und das ist auch eine Angelegenheit. Meins. Ich kümmere mich darum, das verspreche ich dir. Ich glaube, ich weiß, wer dieses Mal albern aussehen wird. Ich würde mein Mädchen lieber im Himmel sehen, als mit einem schurkischen Anwalt verheiratet zu sein."

„Sie würden eine gute Brille wollen", erwiderte Metcalfe, der langsam verärgert war.

„Ich möchte nicht mit Ihnen reden", sagte der Kapitän würdevoll, nachdem er eine lange Pause eingelegt hatte, in der er über etwas nachdachte, das es wert war, geredet zu werden. „Du hältst dich für einen klugen Kerl, aber ich kenne einen, der klüger ist. Du bist herzlich eingeladen, meine Tochter zu heiraten – wenn du kannst."

Er drehte sich auf dem Absatz um, weigerte sich, auf weitere Bemerkungen zu hören und ging freudig seines Weges. Zu Hause angekommen, zündete er sich seine Pfeife an, warf sich in einen Sessel und erzählte von seinen Heldentaten. Chrissie griff wieder zu ihrem Taschentuch, mehr aus Effekt- als Nutzengründen, aber Miss Polson, die eine zarte Seele war, nahm ihr Taschentuch heraus und weinte hemmungslos. Der Kapitän nahm es zunächst ganz gut hin. Es war eine Hommage an seine Macht, aber als sie anfingen, gegeneinander zu schluchzen, steigerte sich sein Zorn, und er befahl streng Stille.

„Mir wird es jeden Tag auf See so gehen", schluchzte Chrissie rachsüchtig, „nur noch schlimmer; macht uns alle lächerlich."

„Stoppen Sie diesen Lärm sofort!" schrie der Kapitän.

„Wir können nicht", schluchzte Miss Polson.

„Und das wollen wir auch nicht", sagte Chrissie. „Das ist alles, was wir tun können, und wir werden es tun. Du solltest besser rausgehen und etwas anderes stoppen. Sie können uns nicht aufhalten."

Der Kapitän befolgte den Rat und ging, und im Billardzimmer der „George" hörte er einige Neuigkeiten, die ihn zum Nachdenken brachten und die ihn etwas früher zurückbrachten, als er zunächst beabsichtigt hatte. Eine kleine Gruppe an seinem Tor zerfiel bei seiner Annäherung in ihre Einzelteile, und der Kapitän folgte seiner Schwester und seiner Tochter in den Raum, setzte sich und beäugte sie streng.

„ Sie werden also nach London fliehen, um zu heiraten, nicht wahr, Miss?" sagte er wild. „Nun, wir werden sehen. Du gehst mir nicht aus den Augen, bis wir ablegen, und wenn ich diesen kleinlichen Anwalt noch einmal an meinem Tor erwische, werde ich ihm jeden Knochen im Körper brechen, bedenken Sie das."

Während der nächsten drei Tage behielt der Kapitän seine Tochter unter Beobachtung und erlaubte ihr nur, sich im Ausland zu bewegen, außer in seiner Gesellschaft. Den Abend des dritten Tages verbrachte er zu seiner großen Überraschung in einem Dorcas. Die Gesellschaft war nicht angenehm, einige der Damen legten ihre Arbeit beiseite und starrten den Eindringling kühl an; und obwohl sie deutlich sehen konnten, dass er sehr litt, unternahmen sie keinen Versuch, ihn zu beruhigen. Auf dem Heimweg war er sehr aufmerksam und nahm am nächsten Tag mit seinem Bootsmann einen Teilhaber in den Betrieb auf.

„Du verstehst, Tucker", schloss er, während der unglückliche Seemann in schauriger Haltung vor Chrissie stand, „dass du meine Tochter nie aus den Augen gelassen hast. Wenn sie ausgeht, gehst du mit ihr."

„Ja, Sir", sagte Tucker; „Und angenommen, sie sagt mir, ich solle nach Hause gehen, was soll ich dann tun?"

„Sie sind ein Idiot", sagte der Kapitän scharf. „Es spielt keine Rolle, was sie sagt oder tut; Sofern Sie sich nicht im selben Raum befinden, dürfen Sie nie weiter als drei Meter von ihr entfernt sein."

„Machen Sie vier, Kapitän ", sagte der Bootsmann mit gebrochener Stimme.

„Drei", sagte der Kapitän; „Und denken Sie daran, sie ist kunstvoll. Das sind alle Mädchen, und sie wird versuchen, dir zu entgehen. Mir wurden Informationen darüber gegeben, was los ist. Was auch immer passiert, du darfst sie nicht verlassen."

„Ich wünschte, Sie würden jemand anderen holen, Sir", sagte Tucker sehr respektvoll. „Es gibt viele Leute an Bord, die den Job gerne hätten."

„Sie sind der einzige Mann, dem ich vertrauen kann", sagte der Kapitän knapp. „Wenn ich dir Befehle gebe, weiß ich, dass ihnen Folge geleistet wird; Es ist jetzt deine Uhr."

Er ging summend hinaus. Chrissie nahm ein Buch und setzte sich, ohne auf die traurige Gestalt zu achten, die drei Meter von ihr entfernt auf dem Buch stand und die Kappe in den Händen drehte.

„Ich hoffe, Fräulein", sagte der Bootsmann, nachdem er eine Dreiviertelstunde lang geduldig gestanden hatte, „Sie werden nicht glauben, dass ich früher nach dieser kleinen Arbeit gesucht habe."

„Nein", sagte Chrissie, ohne aufzusehen.

„Ich gehorche nur Befehlen", fuhr der Bootsmann fort. „Irgendwie werde ich immer für diese kleinen Jobs zugelassen. Die Affen, nach denen ich später an Bord des Schiffes suchen musste, würden dir Angst machen. Auf der Monarch gab es nie einen Affen außer dem, für den ich verantwortlich war. Das ist es, was ein Mann dadurch erreicht, dass er vertrauenswürdig ist."

„Genau so", sagte Chrissie und legte ihr Buch weg. „Nun, ich gehe jetzt in die Küche; Komm mit, Schwesterchen .

„„Hier, sage ich, Fräulein!' protestierte Tucker und errötete.

„Ich weiß nicht, wie es Susan gefallen wird, wenn du in ihre Küche gehst", sagte Chrissie nachdenklich. „Aber das ist deine Sache."

Der unglückliche Seemann folgte seinem schönen Schützling in die Küche und krümmte sich, an den Türpfosten gelehnt, vor dem schrecklichen Blick seiner Herrin wie ein schlaffer Lappen.

„Ho!" sagte Susan, die den Sachverhalt als Beleidigung des Geschlechts im Allgemeinen auffasste; „Und was möchtest du vielleicht?"

„ Auf Befehl des Kapitäns ", murmelte Tucker schwach.

„Ich bin hier Kapitän", sagte Susan und konfrontierte ihn mit in die Seite gestemmten bloßen Armen.

„Und das gebührt Ihnen für Ehre", sagte der Bootsmann und blickte sich bewundernd um.

„Ist es Ihr Wunsch, Miss Chrissie, dass dieses Bild in meine Küche schleicht, als ob der Ort ihm gehörte?" forderte die wütende Susan.

„Ich hatte nicht vor, auf diese Weise hereinzukommen", sagte der erstaunte Tucker. „Ich kann nicht anders, als groß zu sein."

„Ich will ihn nicht hier haben", sagte ihre Herrin; „Wofür glaubst du, dass ich ihn will?"

"Du hörst das?" sagte Susan und zeigte auf die Tür; "jetzt geh. Ich möchte nicht, dass die Leute sagen, dass du nach mir in diese Küche kommst."

„Ich bin auf Befehl des Kapitäns hier ", sagte Tucker schwach. „Ich möchte nicht hier sein – ganz im Gegenteil. Was die Leute angeht, die sagen, dass ich hinter dir herkomme, würden diejenigen, die mich kennen, über die Idee lachen."

„Wenn es nach mir ginge", sagte Susan mit harter, rauer Stimme, „würde ich dir eine Ohrfeige geben. Das würde ich mit dir machen, und du kannst dem Kapitän sagen, dass ich es gesagt habe. Spion!"

Dies war der erste Vers der ersten Wache, und es gab viele Verse. Um sein Unbehagen noch zu verstärken, wurde er im Haus eingesperrt, da sein Schützling keine Lust zeigte, nach draußen zu gehen, und da sich weder sie noch ihre Tante um die Mühe kümmerten, ihn in einen angemessenen Zustand der Unterwerfung zu bringen, wurde die Aufgabe zu einer mühsamen Aufgabe der Liebe für die energiegeladene Susan. Trotz allem blieb er jedoch bei seiner Sache, und die empörte Chrissie, die über ihre treue Dienerin fast stündlich mit Metcalfe kommunizierte, wurde immer verzweifelter.

Am vierten Tag, als die Zeit knapp wurde, schlug Chrissie mit ihrem Torhüter einen neuen Weg ein, und Susan musste, wider Willen, diesem Beispiel folgen. Chrissie lächelte ihn an, Susan nannte ihn Mr. Tucker und Miss Polson reichte ihm ein Glas ihres besten Weins. Von der Position eines Ausgestoßenen sprang er schnell in die eines vertraulichen Beraters. Miss Polson erzählte ihm viele Dinge von familiärem Interesse und befragte ihn später am Nachmittag tatsächlich zu einer schlimmen Erkältung, die Chrissie bekommen hatte.

Er verschrieb ein halbes Pint heißes Leinöl, aber Miss Polson bevorzugte Chlorodyne. Das Gespräch drehte sich dann um die tödlichen Eigenschaften dieser Droge bei übermäßiger Einnahme und um den tödlichen Schlaf, in den sie ihre Opfer einlullte. Die angeführten Vorfälle waren so katastrophal, dass Chrissie eine halbe Stunde später, als ihre Tante und Susan nicht da waren, eine kleine Flasche Chlorodyn vom Kaminsims nahm und der Bootsmann sie anflehte, stattdessen sein schlimmeres, aber sichereres Mittel auszuprobieren.

"Unsinn!" sagte Chrissie, „Ich werde nur zwanzig Tropfen nehmen – eins – zwei – drei –"

Plötzlich ergoss sich die Droge in einem kleinen Strahl.

„Ich denke, das ist alles", sagte Chrissie und hielt das Glas gegen das Licht.

„Es sind ungefähr fünfhundert!" sagte der entsetzte Tucker. „Nehmen Sie das nicht hin, Fräulein, was auch immer Sie tun; Lass es mich für dich messen."

Das Mädchen winkte ihn ab, trank, bevor er eingreifen konnte, den Inhalt des Glases aus und setzte sich wieder. Der Bootsmann beobachtete sie unruhig, nahm das Fläschchen und las sorgfältig die Anweisungen durch. Danach war er überhaupt nicht überrascht, als er sah, wie das Buch aus der Hand seiner Schützlingin auf den Boden fiel und ihre Augen sich schlossen.

„Ich wusste es", sagte Tucker schweißgebadet, „Ich wusste es. Die beschuldigten Mädels sind alle gleich. Weiß immer, was das Beste ist. Fräulein Polson! Fräulein Polson!"

Er schüttelte sie grob, aber ohne Zweck, rannte dann zur Tür und rief eifrig nach Susan. Als er keine Antwort erhielt, rannte er zum Fenster, aber es war niemand zu sehen, und er kam zurück und stellte sich vor das Mädchen und rang hilflos seine riesigen Hände. Das war eine großartige Frage für einen armen Seemann. Wenn er zum Arzt ging , verließ er seinen

Posten; Wenn er nicht ginge, könnte sein Schützling sterben. Er machte einen weiteren Versuch, sie zu wecken, ergriff ein Blumenglas und bespritzte sie reichlich mit kaltem Wasser. Sie zuckte nicht einmal zusammen.

„Es hat keinen Sinn, damit herumzuspielen", murmelte Tucker; „Ich muss den Arzt holen, das ist alles."

Er verließ das Zimmer, stürzte hastig die Treppe hinunter und hatte bereits die Flurtür geöffnet, als ihm ein Gedanke kam und er wieder zurückkam. Chrissie schlief noch immer auf dem Stuhl, und mit einem Lächeln über die kluge Art und Weise, mit der er ein Problem gelöst hatte, bückte er sich, hob sie in seinen starken Armen hoch und trug sie aus dem Zimmer und nach unten. Dann kam es zu einem Zwischenfall. Der triumphale Fortschritt wurde durch das Verhalten der Flurtür getrübt, die sich trotz seiner Bemühungen weigerte, geöffnet zu werden, und da er mit seiner schönen Bürde belastet war, konnte er den Grund dafür einige Zeit nicht herausfinden. Dann entdeckte er voller Scham darüber, dass in einer so schönen und zerbrechlichen Behausung so viel Betrug lauern konnte, dass Miss Polsons Fuß fest dagegen drückte. Ihre Augen waren immer noch geschlossen und ihr Kopf war schwer, aber die Tatsache blieb bestehen, dass sich ein Fuß auf eine Weise verhielt, die voller Intelligenz und Arglist war, und als er ihn von der Tür wegnahm, trat der andere an seine Stelle. Durch ein plötzliches Manöver drehte der schlaue Tucker der Tür den Rücken zu und öffnete sie, und im selben Moment erwachte eine Hand wieder zum Leben und versetzte ihm einen stechenden Schlag ins Gesicht.

"Idiot!" sagte die empörte Chrissie, glitt aus seinen Armen und konfrontierte ihn. „Wie kannst du es wagen, dir so eine Freiheit zu nehmen?"

Der erstaunte Bootsmann betastete sein Gesicht und betrachtete sie mit offenem Mund.

„Wage es nie wieder, mit mir zu sprechen", sagte das beleidigte Mädchen und richtete sich mit tadelloser Würde auf. „Ich bin empört über Ihr Verhalten. Höchst unerträglich!"

„Ich habe dich zum Arzt getragen", sagte der Bootsmann. „Woher sollte ich wissen, dass du nur vortäuschst?"

„Betäuschung?" sagte Chrissie in einem Tonfall ungläubigen Entsetzens. „Ich habe geschlafen. Ich gehe oft nachmittags schlafen."

Der Bootsmann gab keine Antwort, außer einem verständnisvollen Grinsen, als er seinem Schützling wieder nach oben folgte. Er grinste ab und zu, bis Susan und Miss Polson zurückkamen, die später hereinkamen und versuchten, unbekümmert zu wirken. Offenbar litten sie beide unter Wut, besonders Susan. Inmitten der mitfühlenden Unterbrechungen dieser

Zuhörer erzählte Chrissie von ihren Erlebnissen, während der Bootsmann sich trotz seines besseren Verstandes wie der größte Schurke fühlte, der freigelassen wurde, ein Gefühl, das durch die Bemerkungen von Susan und die schaurigen Grüße von Miss Poison noch verstärkt wurde.

„Ich werde den Kapitän informieren", sagte Miss Polson zügellos. "Es ist meine Pflicht."

„Oh, ich werde es ihm sagen ", sagte Chrissie. „Ich werde es ihm sagen, sobald er zur Tür hereinkommt."

„Das werde ich auch", sagte Susan; „Die Idee, sich solche Freiheiten zu nehmen!"

Nachdem das Trio diese Breitseite abgefeuert hatte, beobachtete es den Feind aufmerksam und besorgt.

„Wenn ich etwas falsch gemacht habe, meine Damen", sagte der unglückliche Bootsmann, „dann tut es mir leid. Ich kann nichts Gerechteres sagen, und ich werde dem Kapitän selbst genau sagen, wie ich dazu gekommen bin, wenn er hereinkommt."

„ Pah ! verräterisch!" sagte Susan.

„Natürlich, wenn Sie zum Holen und Tragen hier sind", sagte Miss Polson mit vernichtender Betonung.

„Die Vorstellung, dass ein erwachsener Mann Geschichten erzählt ", sagte Chrissie verächtlich. "Baby!"

„Warum, gerade wolltet ihr es ihm alle selbst sagen", sagte der verwirrte Bootsmann.

Die beiden älteren Frauen standen auf und betrachteten ihn mit mitleidigen, verächtlichen Blicken. Miss Polsons Blick sagte: „Dummkopf!" deutlich; Susan, ein einfaches Kind der Natur, das dazu neigte, seine Gedanken frei auszudrücken, sagte „Dummkopf!" mit Überzeugung.

„Ich verstehe, wie es ist", sagte der Bootsmann, nachdem er tief nachgedacht hatte. „Nun, ich werde mich nicht trennen, meine Damen. Ich kann jetzt sehen, dass du voll drin warst, und es war eine kleine Aufgabe, mich aus dem Haus zu holen."

„Was für einen Kopf er hat", sagte die genervte Susan; „Ist es nicht wunderbar, wie er das alles denkt! Niemand würde denken, dass er so schlau war, ihn anzusehen."

„Stille Gewässer sind tief", sagte der Bootsmann, der allmählich eine hohe Meinung von sich selbst hatte.

„Und Stolz geht vor dem Fall", sagte Chrissie; „Denken Sie daran, Mr. Tucker."

Mr. Tucker grinste, erinnerte sich aber an die Fabel vom Krug und dem Brunnen und drängte an diesem Abend seinen Vorgesetzten, ihn von seinen Pflichten zu entbinden. Er erklärte, dass die Belastung langsam eine Konstitution untergräbt, die nicht so stark sei, wie es der Anschein rechtfertigen würde, und dass sein Wissen über die weibliche Natur in vielen wichtigen Punkten bedauerlicherweise mangelhaft sei. „Es geht Ihnen sehr gut", sagte der Kapitän, der nicht die Absicht hatte, noch mehr Dorcases zu besuchen , „wirklich sehr gut; Ich bin stolz auf dich."

„Das ist keine Männersache", wandte der Bootsmann ein. „Außerdem, wenn etwas passiert , gibst du mir die Schuld."

„Es kann nichts passieren", erklärte der Kapitän selbstbewusst. „In etwa vier Tagen werden wir anfangen. Du bist der einzige Mann, dem ich eine so schwierige Aufgabe anvertrauen kann, Tucker, und ich werde dich nicht vergessen."

„Sehr gut", sagte der andere niedergeschlagen. „Dann gehorche ich den Befehlen."

Der nächste Tag verlief ruhig, die Mitglieder des Haushalts machten großes Aufhebens um Tucker und erfüllten ihn dadurch mit Vorahnungen der schlimmsten Art. Am nächsten Tag, als der Kapitän, der in einer Nachbarstadt Geschäfte zu erledigen hatte , ihm die alleinige Verantwortung überließ, ließ sich sein Unbehagen nicht verbergen.

„Ich gehe spazieren", sagte Chrissie, während er allein saß und gefährliche Bewegungen und die besten Mittel, sie zu kontrollieren, austüftelte; „Möchtest du mitkommen, Tucker?"

„Ich wünschte, Sie würden es nicht so ausdrücken, Fräulein", sagte der Bootsmann und griff nach seinem Hut.

„Ich möchte Sport treiben", sagte Chrissie; „Ich war lange genug eingesperrt."

Sie machte sich in gutem Tempo auf den Weg die Hauptstraße hinauf, begleitet von ihrem treuen Gefolgsmann, durchquerte die kleinen Vororte und machte sich auf den Weg ins dahinterliegende Land. Nach vier Meilen erinnerte der Bootsmann, der kein Wanderer war, sie daran, dass sie umkehren müssten.

„Viel Zeit", sagte Chrissie, „wir haben den Tag vor uns." Ist es nicht herrlich? Erkennst du diesen Meilenstein, Tucker? Ich fahre mit dir dorthin; mitkommen."

Sie machte sich sofort auf den Weg, gefolgt von dem Bootsmann, der Verrat vermutete.

„Du KANNST rennen", keuchte sie nachdenklich, als sie Zweite wurde; „Wir werden gleich noch eins haben. Du weißt nicht, wie gut es für dich ist, Tucker."

Der Bootsmann grinste säuerlich und sah sie aus dem Augenwinkel an. Die nächsten drei Meilen vergingen wie ein schrecklicher Albtraum; Sein Schützling veranstaltete ein Rennen um jeden Meilenstein, bei dem der mühsame Bootsmann trotz seines Mangels an Übung als Sieger hervorging. Der vierte endete katastrophal, Chrissie hinkte die letzten zehn Meter und setzte sich mit sehr traurigem Gesicht auf den Stein.

„Das haben Sie sehr gut gemacht, Fräulein", sagte der Bootsmann, der glaubte, er könne es sich leisten, großzügig zu sein. „Du brauchst deswegen nicht beleidigt zu sein."

„Es ist mein Knöchel", sagte Chrissie mit einem kleinen Wimmern. "Oh! Ich habe es richtig herumgedreht."

Der Bootsmann stand da und betrachtete sie in stiller Bestürzung

„Es hat keinen Sinn, so auszusehen", sagte Chrissie scharf, „du tolles, tollpatschiges Ding." Wenn du nicht so hart gelaufen wärst, wäre es nicht passiert. Es ist alles deine Schuld."

„Wenn es Ihnen nichts ausmacht, sich ein wenig auf mich zu stützen", sagte Tucker, „könnten wir vielleicht miteinander auskommen."

Chrissie nahm seinen Arm gereizt, und sie machten sich auf den Rückweg, im Tempo von etwa vier Stunden pro Meile, mit kleinen Schreien und Keuchen auf jedem zweiten Meter.

„Es hat keinen Zweck", sagte Chrissie, als sie seinen Arm losließ, zum Straßenrand humpelte und sich setzte. Der Bootsmann spitzte hoffnungsvoll die Ohren, als er das Geräusch herannahender Räder hörte.

„Was ist mit der jungen Dame los?" fragte ein Stallknecht, der eine kleine Falle fuhr, als er vorfuhr und interessiert die Grimasse von außergewöhnlicher Intensität im Gesicht der jungen Dame betrachtete.

„Ich glaube, sie hat sich den Knöchel gebrochen", sagte der Bootsmann leichthin. „Wohin gehst du?"

„Nun, ich gehe nach Barborough ", sagte der Bräutigam; „Aber mein Gouverneur ist eher ein Geizhals ."

„Ich werde alles in Ordnung bringen", sagte der Bootsmann.

Der Bräutigam zögerte einen Moment und machte dann Platz für Chrissie, während der Bootsmann ihr half, neben ihm aufzustehen. dann kletterte Tucker mit einem zufriedenen Grinsen darüber, wieder Platz zu nehmen, hinter sie, und sie machten sich auf den Weg.

„Nimm einen Teppich, Kumpel", sagte der Bräutigam, gab Chrissie die Zügel und reichte sie weiter; „Legen Sie es um Ihre Knie und stecken Sie die Enden unter sich."

„Ja, ja, Kumpel", sagte der Bootsmann, als er den Anweisungen gehorchte.

„Sind Sie sicher, dass Sie sich ganz wohl fühlen?" sagte der Bräutigam liebevoll.

„ Ganz ", sagte der andere.

Der Stallknecht sagte nichts mehr, sondern legte in ruhiger, sachlicher Weise seine Hände auf den breiten Rücken des Seemanns und schoss ihn auf die Straße hinaus. Dann ergriff er die Zügel und galoppierte davon.

Ohne die geringste Hoffnung auf einen Sieg erhob sich Mr. Tucker, der trotz des äußeren Anscheins klar erkannte , dass er in eine Falle getappt war, nach einer hastigen Pause und startete an diesem Morgen zu seinem fünften Rennen. Der Preis war nur ein zweitklassiger Bräutigam mit plattierten Knöpfen, der ihm mit einem schmuddeligen Zylinder fröhlich zum Abschied zuwinkte; aber der Bootsmann hätte es lieber gehabt als ein silbernes Teeservice.

Er rannte, wie er noch nie zuvor in seinem Leben gerannt war , aber alles hatte keinen Zweck, denn die Falle hielt ein wenig weiter ruhig an, um einen anderen Passagier aufzunehmen, zu dessen Gunsten sich der Stallknecht auf den Rücksitz zurückzog; Dann, mit einer letzten Handbewegung, bogen sie nach links ab und fuhren schnell außer Sichtweite. Die Wache des Bootsmanns war zu Ende.

NIEDRIGES WASSER

Es WAR EIN RUHIGER, KLARER Abend im Spätsommer, als die Elizabeth Ann aus Pembray , die teure Hilfe eines Schleppers verschmähend, unter Segel den London River hinunterfuhr . Die Mannschaft war eifrig unterwegs, und der Kapitän und Miteigentümer – ein wählerischer kleiner Mann, der sich seiner eigenen Wichtigkeit und Klugheit bewusst war – saß am Steuer und unterhielt sich mit dem Maat. Während er auf einen Teil seiner Ladung wartete, hatte er die Woche zuvor recht angenehm bei einigen Verwandten in Exeter verbracht und empfing nun meisterhaft einen Bericht des Maaten.

„Da ist noch etwas anderes", sagte der Maat. „Ich denke, Sie haben bemerkt, wie nüchtern der alte Dick heute Abend ist."

„Ich habe ihn außer Gefecht gesetzt", sagte der Kapitän mit zufriedener Miene.

„ Das ist doch nicht schlimm ", sagte der Maat. „Es wird Sie freuen zu hören, dass die beiden anderen über „ Ich bin ein Sam" gesprochen haben und dass Ihre gesamte Mannschaft, mit Ausnahme des Kochs, der immer noch römisch-katholisch ist, der Heilsarmee beigetreten ist."

"Heilsarmee!" wiederholte der Kapitän benommen. „Ich will nichts von deinem Schinken, Bob."

„Das ist ganz richtig", sagte der andere. „Du kannst es mir nehmen. Wie es gemacht wurde, weiß ich nicht, aber was ich weiß ist, dass seit fünf Tagen keiner von ihnen den Licker berührt hat. Sie haben alle rote Trikots an, und ich höre, wie der alte Dick eine zauberhafte Predigt hält. Er ist glühend heiß darauf und die anderen folgen ihm, ich bin wie Schafe."

„Der Drink ist ihm ins Gehirn gedrungen", sagte der Kapitän weise, nachdem er reiflich darüber nachgedacht hatte. „Nun, es macht mir nichts aus, solange sie sich benehmen ."

Er schwieg, bis Woolwich passiert war und sie mit gesetzten Segeln weiterliefen, und dann, da seine Neugier etwas geweckt war, rief er den alten Dick zu sich, in der liebenswürdigen Absicht, ein wenig zu scherzen.

„Was habe ich gehört, dass du der Heilsarmee beigetreten bist ?" er hat gefragt.

„Das ist ganz wahr, Sir", sagte Dick. „Ich fühle mich so glücklich, man kann nicht denken – das tun wir alle."

"Ruhm!" sagte einer der anderen Männer mit begeisterter Bestätigung.

„Scheint wie die Masern", sagte der Kapitän scherzhaft. „Vier von euch sind gleichzeitig fertig!"

„Es ist wie bei den Masern, Sir", sagte der alte Mann eindrucksvoll, „und ich hoffe nur, dass Sie sich die Masern einfangen, schlimm."

"Halleluja!" schrie der andere Mann plötzlich. „Er wird es fangen."

„Halte den Lärm, du, Joe!" schrie der Kapitän streng. „Wie kannst du es wagen, diesen Lärm an Bord eines Schiffes zu machen?"

„Er ist aufgeregt, Sir", sagte Dick. „Es ist Liebe für dich in deinem Herzen."

„Er soll seine Liebe für sich behalten ", sagte der Kapitän mürrisch.

"Ah! „Das ist genau das, was wir nicht tun können", sagte Dick mit hoher Stimme, die der Kapitän zu Recht als seine Predigtstimme ansah. „Wir können es nicht tun – und warum können wir es nicht tun? Denn wir fühlen uns gut und wir möchten, dass es Ihnen auch gut geht. Wir möchten es mit Ihnen teilen. Oh, lieber Freund –"

„Das reicht", sagte der Kapitän der Elizabeth Ann scharf. „Sagen Sie nicht ‚Lieber Freund'. Gehen Sie vorwärts ! Gehen Sie sofort vorwärts !"

Mit einem melancholischen Kopfschütteln gehorchte der alte Mann, und der erschrockene Kapitän wandte sich an den Steuermann, der am Steuer saß, und äußerte seine feste Absicht, einem solchen Verhalten auf seinem Schiff sofort ein Ende zu setzen.

„Das geht nicht", sagte der Maat bestimmt.

„Können Sie es nicht?" fragte den Kapitän.

„Nicht ein bisschen davon", sagte der andere. „Es geht ihnen allen schlecht, und je mehr man auf sie losgeht , desto schlechter werden sie. Merken Sie sich meine Worte, am besten lassen Sie sie in Ruhe."

„Ich werde ein bisschen meine Hand halten und sie beobachten ", war die Antwort; „Aber ich war immer Kapitän auf meinem eigenen Schiff und werde es auch immer tun."

Während der nächsten vierundzwanzig Stunden behielt er seine Souveränität unbestritten, aber am Sonntagmorgen, nach dem Frühstück, als er am Steuer saß und die Besatzung unten, der Steuermann, der vorne gewesen war, mit einem seltsamen Grinsen, das um Entfaltung kämpfte, nach achtern kam an seinen Mundwinkeln.

"Was ist los?" fragte der Kapitän und betrachtete ihn mit einiger Abneigung .

„Sie sind alle unten in ihren roten Trikots“, antwortete der Maat, immer noch kämpfend, „und sie halten eine Art Beratung über das verlorene Lamm ab, und der beste Weg, dorthin zu gelangen, ist , ard ‘. Erde .“

„Verlorenes Lamm!“ wiederholte der Kapitän unbekümmert, vermied aber sorgfältig den Blick des anderen.

„Du bist das verlorene Lamm“, sagte der Maat, der immer direkt zur Sache kam.

„Das werde ich nicht haben“, sagte der Kapitän aufgeregt. „Wie können sie es wagen, so weiterzumachen? Geh und schick sie direkt hoch.“

Der Maat gehorchte fröhlich und pfiff, und die vier Männer, ordentlich in Scharlachrot gekleidet, kamen an Deck.

„Was soll denn dieser ganze Unsinn?“ forderte der erzürnte Mann. "Was willst du?"

„Wir wollen deine sündige Seele“, sagte Dick voller Ekstase.

„Ja, und wir werden es haben“, sagte Joe mit tiefer Überzeugung.

„ Das werden wir auch“, sagten die anderen beiden, schlossen die Augen und lächelten entzückt; "wir werden."

Der Kapitän war wider Willen über ihr Selbstvertrauen beunruhigt und wandte dem Steuermann ein erschrockenes Gesicht zu.

„Wenn Sie es jetzt sehen könnten“, fuhr Dick eindrucksvoll fort, „würden Sie sich davor fürchten. Wenn Sie könnten-"

„Gehen Sie zu Ihrem eigenen Ende des Schiffes“, stotterte der empörte Kapitän. „Komm, bevor ich dich dorthin trete!“

„Lass Sam es besser versuchen“, sagte einer der anderen Männer und ignorierte ruhig die Wut des Meisters; „Seine Bemühungen waren wunderbar gesegnet. Komm her, Sam.“

„Es gibt für alles seine Zeit“, sagte Sam vorsichtig. „Lasst uns vorangehen und untereinander für ihn tun, was wir können.“

Sie machten sich zögernd auf den Weg, und Dick warf dem Kapitän über seine Schultern hinweg so liebevolle Blicke zu, dass er vor Wut fast erstickte.

„Ich werde es nicht haben!“ sagte er heftig; „Ich werde ihnen den Garaus machen .“

„Das geht nicht“, sagte der Maat. „Heutzutage kann man Matrosen nicht mehr umhauen. Das Einzige, was Sie tun können, ist, sie loszuwerden .“

„Das will ich nicht machen", war die knurrende Antwort. „Sie sind schon lange bei mir und sie sind alle gute Männer. Warum versuchen sie es nicht mit dir, frage ich mich?"

"MICH?" sagte der Maat in empörter Überraschung. „Warum, ich bin ein Siebenten-Tags-Baptist! Sie wollen ihre Zeit nicht mit mir verschwenden. Es geht mir gut."

„Du bist ein hübscher Siebenten-Tags-Baptist, das bist du!" antwortete der Kapitän. „Fast, ich habe davon gehört."

„Sie verstehen solche Dinge nicht", sagte der Maat.

„Es muss eine sehr einfache Religion sein", fuhr der Kapitän fort.

„Ich mache kein großes Theater daraus, wenn du das meinst", entgegnete der andere herzlich. „Ich gehöre zu denen, die daran glauben, ihr Licht unter den Scheffel zu stellen ."

„Ein Pint Pot ist kein Problem", spottete der Kapitän. „Es liegt auch mehr in deinem Sinne."

„Wie dem auch sei, die Männer rekern es", sagte der Maat hochmütig. „Sie sitzen nicht in ihren roten Trikots da und halten Muttertreffen über mir ab."

„Ich werde ihnen die gesegneten Köpfe abschlagen!" knurrte der Kapitän. „Ich werde ihnen beibringen , mich zu beleidigen!"

„Es ist alles zu deinem eigenen Besten", sagte der andere. „Sie meinen es freundlich. Nun, ich wünsche ihnen Glück."

Mit diesen kühnen Worten zog er sich zurück und überließ es einem brodelnden Vulkan, auf dem Deck auf und ab zu gehen und über Mittel und Wege nachzudenken, wie er seine Mannschaft wieder auf den seiner Meinung nach angemessenen Zustand des Gehorsams und Respekts zurückführen könnte.

Der Höhepunkt wurde zur Teezeit erreicht, als eine anonyme Hand unter das Oberlicht geschoben wurde und ein vollmundiges Traktat wild herabflatterte und seinen Tee umkippte.

„Das ist der letzte Tropfen, der das Fass zum Überlaufen bringt!" brüllte er, fischte das Traktat heraus und warf es auf den Boden. „Ich werde ihnen eine Lektion vorlesen, die sie so schnell nicht vergessen werden, und gleichzeitig ein wenig Geld in meine Tasche stecken. Ich habe einen kleinen Plan in meiner Arbeit, der mir heute Nachmittag ganz plötzlich eingefallen ist. Komm an Deck, Bob."

Bob gehorchte grinsend, und der Kapitän nahm Sam das Steuer ab und schickte ihn zu den anderen.

„Hast du jemals erlebt, dass ich mein Wort gebrochen habe, Dick?" erkundigte er sich unvermittelt, als sie herbeischlurften.

„Niemals", sagte Dick.

„ Cap'n Bowers' Wort ist besser als der Eid eines anderen Mannes", beteuerte Joe.

„Nun", sagte Kapitän Bowers und zwinkerte dem Maat zu, „ich werde euch eine kleine Woche der Selbstverleugnung gönnen, ganz für euch allein." Wenn ihr alle bis zum Hafen von Keksen und Wasser lebt und nichts anderes anrührt, werde ich euch unterstützen und Salutist werden."

„Keks und Wasser", sagte Dick zweifelnd und kratzte sich am Bart, der stark genug war, um ihn zurückzukratzen.

„Es wäre nicht richtig, auf diese Weise mit unseren Constitooshuns zu spielen , Sir", wandte Joe ein und schüttelte den Kopf.

„Da haben Sie es", sagte Bowers und wandte sich mit einer Handbewegung an den Steuermann. „Sie machen sich große Sorgen um mich, solange es sich nur aufs Gerede und das Einwerfen von Tabletten in meinen Tee beschränkt, aber wenn es auf ihrer Seite zu einer kleinen Notlage kommt, schauen Sie, wie sie da rauskommen."

„Wir machen keinen Rückzieher", sagte Dick vorsichtig; „Aber wenn wir es tun, wie können wir sicher sein, dass Sie uns beistehen werden ?"

„Sie haben mein Wort dafür", sagte der andere, „und der Steuermann und der Koch sind Zeugen davon."

„Natürlich werden Sie der Armee endgültig beitreten , Sir", sagte Dick immer noch zweifelnd.

"Natürlich."

„Dann ist es ein Schnäppchen, Sir", sagte Dick strahlend; „ Nicht wahr , Jungs?"

„Ja, ja", sagten die anderen, strahlten aber nicht ganz so sehr. „Oh, was ist das für ein freudiger Tag!" sagte der alte Mann. „Eine Salvation-Crew und ein Salvation- Kapitän ! Als nächstes haben wir den Koch, so schlecht er auch ist."

„Sie bekommen Kekse und Wasser", sagte der Koch eisig, als sie weitergingen, „und sonst nichts, ich kümmere mich darum."

„Sie müssen eine ungewöhnliche Zuneigung zu mir haben", sagte der Kapitän nachdenklich.

„Ungewöhnlich gern, seinen eigenen Weg zu gehen", knurrte der Maat. „Schön, dass du dich darauf eingelassen hast."

„Ich weiß, worum es geht", war die selbstbewusste Antwort.

„Du wirst diese Idioten nicht eine Woche lang fasten lassen und dann dein Wort brechen?" sagte der Kumpel überrascht.

„Ganz sicher nicht", sagte der andere zornig; „Ich würde lieber drei Armeen zusammenbringen , als das zu tun, und das weißt du."

„Sie werden sich an die Maden halten, keine Angst", sagte der Maat. „Ich kann nicht verstehen, wie du das hinbekommst."

„Da kommt der Verstand ins Spiel", entgegnete der Kapitän etwas arrogant.

„Es ist das erste Mal, dass ich von ihnen höre ", murmelte der Maat leise; „Aber ich nehme an, du hast auch Pint-Töpfe benutzt."

Der Kapitän warf ihm einen verächtlichen Blick zu, aber da ihm keine Erwiderung geboten wurde, vermied er es zu antworten, ging wieder nach unten und mischte sich ein starkes Glas Grog und trank den Erfolg seines Plans.

Drei Tage vergingen, und die Männer blieben standhaft, und als sie merkten , dass sie die Überzeugungen des Kapitäns langsam untergruben, unternahmen sie keine Anstalten, ihn durch direkte Angriffe zu Fall zu bringen. Der Maat machte keinen Versuch, seine Meinung über die Gefahr seines Vorgesetzten zu verheimlichen, und bemühte sich in düsteren Worten, ihm den ganzen Schrecken seiner Lage vor Augen zu führen.

„Was Ihre Frau sagen wird, wenn sie Sie zum ersten Mal die Straße hinauf- und hinuntertänzeln sieht und auf einem Tamburin klopft, kann ich mir nicht vorstellen", sagte er.

„Ich werde kein Tamburin haben", sagte Kapitän Bowers fröhlich.

„Außerdem wird es für Sie schmerzhaft sein , vor der Kneipe Ihres Schwiegervaters zu stehen und zu versuchen, die Kunden davon abzuhalten, hineinzugehen", fuhr Bob fort. „Schöne Sache für eine ruhige Familie!"

Der Kapitän lächelte wissend, drehte eine Zigarre im Mund, lehnte sich in seinem Sitz zurück und richtete seinen Blick auf das Oberlicht.

„Mach dir keine Sorgen, mein Junge", sagte er; „Mach dir keine Sorgen. Ich bin in diesem Job und werde die Nase vorn haben. Wenn Männer vergessen, was ihren Vorgesetzten zusteht, und ihnen predigen , muss ihnen beigebracht werden, was was ist. Wenn der Wind günstig bleibt , sollten wir am Sonntagabend oder Montagmorgen zu Hause sein."

Der andere nickte.

„Jetzt halten Sie die Augen offen", sagte der Kapitän; und als er in seine Kabine ging, kam er mit drei Flaschen Rum und einem Korkenzieher zurück, die er mit einer Miene großen Geheimnisses auf den Tisch stellte und dann den Maat anlächelte. Auch der Kumpel lächelte.

"Was ist das?" fragte der Kapitän, zog den Korken und hielt dem anderen eine Flasche unter die Nase.

„Es riecht nach Rum", sagte der Maat und blickte sich um, möglicherweise auf der Suche nach einem Glas.

„Es ist für die Männer", sagte der Kapitän, „aber Sie dürfen einen Tropfen nehmen."

Der Steuermann nahm ein Glas herunter, bediente sich großzügig und brachte, nachdem er es sichergestellt hatte, mitfühlend, aber höflich seine feste Meinung zum Ausdruck, dass die Männer es unter keinen Umständen anrühren würden.

„Sie verstehen nicht ganz, wie fest sie sind", sagte er; „Du denkst, es sei nur eine neue Modeerscheinung bei ihnen , aber das ist nicht der Fall ."

„Sie werden es trinken", sagte der Kapitän und nahm zwei der Flaschen. „Bringen Sie den anderen für mich an Deck."

Der Maat gehorchte verwundert und stieg, beladen mit erstklassigem altem Jamaica, die Stufen hinauf.

"Was ist das?" fragte der Kapitän, ging zu Dick hinüber und hielt ihm eine Flasche hin.

„ Pison , Sir", sagte Dick prompt.

„Nehmen Sie einen Tropfen", sagte der Kapitän fröhlich.

„Nicht für zwanzig Pfund", sagte der alte Mann mit einem entsetzten Blick.

„Nicht für zwei Millionen Pfund", sagte Sam mit finanzieller Präzision.

„Wird jemand einen Tropfen haben?" fragte der Besitzer und wedelte mit der Flasche hin und her .

Während er sprach, schoss eine schmutzige Pfote hinter ihm hervor, und bevor er die Situation richtig erkannte , hatte der Koch die Einladung angenommen und nutzte sie hastig aus.

„Du nicht", knurrte der Kapitän und riss ihm die Flasche aus der Hand; „Ich meinte nicht dich. Nun, meine Jungs, wenn ihr es nicht sauber haben wollt, sollt ihr es bewässern lassen."

Absicht erraten konnte, ging er zum Wasserfass, nahm den Deckel ab und goss den Rum hinein. Inmitten tiefer Stille leerte er die drei Flaschen, drehte sich dann mit einem triumphierenden Lächeln um und stellte sich seiner erstaunten Mannschaft entgegen.

„Was ist in diesem Fass , Dick?" fragte er leise.

„Rum und Wasser", stöhnte Dick; „Aber das ist kein faires Spiel, Sir. Wir haben uns an unseren Teil der Vereinbarung gehalten , Sir, und Sie hätten sich an Ihren halten sollen .

„ Das habe ich", war die schnelle Antwort; „Das habe ich, und ich bleibe immer noch dabei. Seht ihr das nicht, meine Jungs? Wenn du anfängst, mit mir Possen zu spielen , spielst du ein Narrenspiel, und du wirst zwangsläufig eine Pleite sein. Manche Männer hätten länger gewartet, bevor sie ihr Spiel vermasselt hätten, aber ich denke, Sie haben genug gelitten. Jetzt gibt es ein Stück Rindfleisch und ein paar Tater, und du gehst besser hin und machst dir eine ordentliche Mahlzeit, und wenn du das nächste Mal die Religion von Leuten ändern willst, die es besser wissen als du, denk zweimal darüber nach."

„Wir wollen kein Rindfleisch, Sir; „Biskit wird für uns reichen", sagte Dick bestimmt.

„Also gut, machen Sie es sich gemütlich", sagte der Kapitän; „Aber denken Sie daran, kein Taschentuch zu machen, nicht zum Trinken zu kommen, wenn ich mich umgedreht habe; Dieses Fass wird beobachtet; Aber wenn Sie Ihre Meinung über das Rindfleisch ändern, können Sie dem Koch jederzeit sagen, dass er es für Sie holen soll."

Er warf die Flaschen über Bord und ging, ohne auf das Stöhnen und Kopfschütteln der Männer zu achten, davon und lauschte mit Begierde den respektvollen Huldigungen, die der Maat und der Koch seinem Genie zollten – Schmeicheleien, die dabei so zart und aufrichtig waren, dass er eine weitere öffnete Flasche.

„Es gibt nur eine Sache", sagte der Maat sofort; „Wird der Rum das Kochen nicht stark beeinflussen?"

„Daran habe ich nie gedacht“, gab der Kapitän zu; „Dennoch dürfen wir nicht erwarten, dass wir alles nach unseren Vorstellungen haben.“

„Nein, nein“, sagte der Maat ausdruckslos und bewunderte die Wahl der Pronomen des anderen.

Bis zum Freitagnachmittag ging der Kapitän mit einem Lächeln freundlicher Zufriedenheit umher; aber am Abend ließ es etwas nach, und am Samstagmorgen war es ganz verschwunden und wurde durch einen Ausdruck leeren Erstaunens und Besorgnis ersetzt, denn die Mannschaft mied das Wasserfass, als wäre es Gift, und schien dabei auch nicht die geringste Unannehmlichkeit zu erleiden. Wann immer sie den Kapitän ansahen, war auf ihren Gesichtern ein sichtbarer Ausdruck von Besitztum zu erkennen, und der jetzt verängstigte Mann beschimpfte den Steuermann heftig über die unangemessenen Bekehrungsmethoden einiger religiöser Körperschaften und die erschwerende Hartnäckigkeit einiger ihrer Anhänger.

„Es ist wunderbar, was Begeisterung für einen Mann bewirken kann“, sagte Bob nachdenklich; „Ich kannte einmal einen Mann –“

„Ich will nichts von deinen Lügen“, warf der andere grob ein.

„Und wenn es dazu kommt, will ich dir nicht die Schuld geben, Rum und Wasser“, sagte der Maat und feuerte sich an. „Wenn der Tee eines Mannes mit Rum zubereitet wird und sein Rindfleisch darin mit Galle gefüllt ist, beginnt er sich zu fragen, ob er mit einem Seemann oder einem – einem – verschifft wurde.“

"Ein Was?" schrie der Kapitän. "Sag es!"

„Mir fällt nichts ein, was dumm genug wäre“, war die offene Antwort. „Für dich ist es in Ordnung, weil es der letzte Leckerbissen ist, den du schmecken darfst, aber für mich und den Koch ist es hart.“

„Verdammt, du und der Koch“, sagte der Kapitän und ging an Deck, um zu sehen, ob den Männern die Zungen heraushingen.

Am Sonntagmorgen war er außer sich; Die Männer waren gesund und wohlauf, wenn auch vielleicht etwas dünn, und er begann mit dem Koch zu glauben, dass das Zeitalter der Wunder noch nicht vorbei war.

Es war ein glühend heißer Tag, und was sein Unbehagen noch verstärkte, lag der Maat, der von rasender Durst verzehrt wurde, keuchend im Schatten des Großsegels und tauschte mit dem Koch jedes Mal, wenn er ihn ansah, äußerst beleidigende Beileidsbekundungen aus Weg.

Den ganzen Morgen murrte er ununterbrochen, bis er schließlich aufstand und nach unten ging, als ihn ein unangenehmer Rumgeruch darauf aufmerksam machte, dass das Abendessen auf dem Tisch stand.

Am Fuß der Leiter hielt er abrupt inne, denn der Kapitän lehnte sich in seinem Sitz zurück und starrte fasziniert auf einen Gegenstand auf dem Tisch.

"Was ist los?" fragte der Maat alarmiert.

Der andere, der die Frage offenbar nicht hörte, gab keine Antwort, sondern starrte weiterhin auf höchst außergewöhnliche Weise auf eine Flasche, die in der Mitte des Tisches stand.

"Was ist es?" fragte der Maat und traute seinen Augen nicht. "WASSER? Wo ist es hergekommen?"

"Kochen!" brüllte der Kapitän und richtete einen blutunterlaufenen Blick auf den Würdigen, als sein blasses Gesicht hinter dem Steuermann sichtbar wurde. „Was ist das?“ Wenn du sagst, es sei Wasser, bringe ich dich um.“

„Ich weiß nicht, was es ist, Sir“, sagte der Koch vorsichtig; „Aber Dick hat es dir mit seinem besten Respekt geschickt, und ich muss sagen, da es noch viel mehr gibt, woher das kommt. Er ist ein gemeiner, unterwürfiger , betrügerischer alter Mann, Dick, Sir, und es scheint, als hätte er einen Vorrat an Wasser in Flaschen und dergleichen angelegt, bevor Sie das Fass manipuliert haben, und die Männer haben es dann verschließen lassen seitdem in ihrer Brust.“

„Dick ist ein sehr kluger alter Mann“, bemerkte der Maat, schenkte sich ein Glas ein und trank es mit unendlichem Genuss, „ nicht wahr , Kapitän ?“ Es wird ein Privileg sein, alles zu tun , womit dieser Mann zu tun hat, nicht wahr?“

Er wartete auf eine Antwort, aber es kam keine, denn der Kapitän blickte mit trüben Augen ausdruckslos in eine Zukunft, die so einsam und unfreundlich war, dass er die Fähigkeit zum Sprechen verloren hatte – sogar die Fähigkeit, die er bei anderen Krisen nie gehabt hatte konnte ihm keine Erleichterung verschaffen. Der Maat blickte ihn einen Moment lang neugierig an und verließ dann, dem Beispiel des Kochs folgend, die Kajüte.

IM MITTELATLANTIK

Nein , HERR", SAGTE DER Nachtwächter, als er auf einem Pfosten am Ende des Stegs Platz nahm und ein riesiges Stück Tabak in seine Wange steckte. „Nein, Mann und Junge, ich war vierzig Jahre auf See, bevor ich diesen Job annahm, aber ich kann nicht wie jemals zuvor sagen, dass ich einen echten, regelrechten Geist gesehen habe."

Das war enttäuschend, und das habe ich auch gesagt. Frühere Erfahrungen mit der Kraft von Bills Vision hatten mich dazu gebracht, etwas ganz anderes zu erwarten.

„Nicht, aber soweit ich weiß, passieren seltsame Dinge", sagte Bill, richtete seinen Blick auf die Surrey-Seite und geriet in eine Art Trance. „Seltsame Dinge."

Ich wartete geduldig; Nachdem Bill eine Zeit lang auf Surrey geruht hatte, begann Bills Blick langsam den Fluss zu überqueren, hielt auf halbem Weg in der berechtigten Hoffnung auf eine Kollision zwischen einem Schlepper mit seiner Flottille von Lastkähnen und einem Penny Steamer inne und kehrte dann zu mir zurück.

„Haben Sie gehört, dass der alte Kapitän Harris neulich davon erzählt hat, dass der Kapitän, den er kannte, eines Nachts eine Warnung erhalten hat, seinen Kurs zu ändern, und dabei fünf lebende Männer und drei tote Skelette in einem offenen Boot aufgegriffen hat?" er erkundigte sich.

Ich nickte.

„Das Garn in verschiedenen Formen ist alt", sagte ich.

„Alles basiert auf etwas, das ich ihm einmal erzählt habe", sagte Bill. „Ich möchte Kapitän Harris nicht vorwerfen , die wahre Geschichte eines anderen Mannes zu übernehmen und sie zu verfälschen; er hat ein schlechtes Gedächtnis, das ist alles. Vor allem vergisst er, dass er die Geschichte jemals gehört hat; Zweitens geht er hin und verdirbt es."

Ich murmelte mitfühlend. Harris war ein alter Mann, der so ehrlich war wie nie zuvor, aber seine Geschichten wurden durch diesen Umstand schrecklich eingeschränkt, während Bills Geschichten nur durch seine eigene Vorstellungskraft eingeschränkt waren.

„Es ist jetzt ungefähr fünfzehn Jahre her", begann Bill und steckte das Pfund in eine Nebenhöhle seiner Wange, wo es seine Aussage nicht behindern würde. „Ich war AB auf der Swallow, einer Bark , und handelte, wo immer wir Sachen auftreiben konnten." . Auf dieser Reise waren wir mit einer Stückgutladung von London nach Jamaika unterwegs.

„Der Beginn dieser Reise war ausgezeichnet. Wir wurden von den St. Katherine's Docks hierher zum Nore geschleppt , und der Schlepper überließ uns einer steifen Brise, die uns regelrecht den Kanal hinunter und hinaus in den Atlantik trieb. Alle sagten, was für eine tolle Zeit wir hatten und wie schnell wir fahren sollten, und der erste Steuermann war so gut gelaunt, dass man mit ihm fast alles machen konnte .

„Wir waren ungefähr zehn Tage unterwegs und schlitterten immer noch auf diese verdammte Art dahin, als sich plötzlich alles änderte. Ich saß eines Nachts mit dem zweiten Steuermann am Steuer, als der Kapitän, dessen Name Brown war, auf eine Art unruhige Weise von unten heraufkam und uns eine Zeit lang wortlos ansah. Dann entscheidet er sich endlich und stellt fest, dass er –

"'Herr. McMillan, ich hatte gerade ein äußerst bemerkenswertes Erlebnis und „ich weiß nicht, was ich dagegen tun soll."

"'Jawohl?' Ses Mr. McMillan.

„Heute Nacht wurde ich dreimal von etwas geweckt, das mir ins Ohr rief: ‚Steuern Sie nach Nord-Nordwest!'", sagt der Kapitän ganz feierlich: „„Steuern Sie nach Nord-Nordwest!' „Das ist alles, was es sagt." Das erste Mal dachte ich, es wäre jemand, der ausrastete, und ich griff sie mit einem Stock an, aber ich habe es dreimal gehört, und da war nichts.

„‚Es ist eine übernatürliche Warnung', sagt der Zweite Steuermann, der einst einen Großonkel hatte, der das zweite Gesicht hatte, und der unbeliebteste Mann seiner Familie war, weil er immer wusste, was ihn erwartete, und seine Pläne entsprechend auslegte.

„‚Das denke ich', sagt der Kapitän . „Es gibt ein paar arme schiffbrüchige Mitgeschöpfe in Not."

„‚Es ist eine sehr ernste Antwort ', sagt Mr. McMillan. ‚Ich sollte mir einfach den besten Kumpel holen .'

„‚Bill', sagt der Kapitän , ‚gehen Sie einfach nach unten und sagen Sie Mr. Salmon, dass ich gerne ein paar Worte mit ihm sprechen würde . '

„Nun, ich ging nach unten und rief den Ersten Offizier an, und sobald ich ihm erklärt hatte, wozu er gesucht wurde, bekam er sofort einen Anfall von unverschämter Schimpfworte und schlug mich. Er kam in Hosen und Socken direkt an Deck. Eine äußerst respektlose Art, zum Kapitän zu kommen , aber er war so heiß und aufgeregt, dass es ihm egal war, was er tat.

"'Herr. „Lachs", sagt der Kapitän ernst, „ich habe gerade eine äußerst ernste Warnung erhalten, und ich möchte –"

„‚Ich weiß', sagt der Maat schroff.

"'Was! Hast du es auch gehört?' überrascht den Kapitän . 'Drei Mal?' „Ich habe es von ihm gehört", sagt der Maat und zeigt auf mich. „Albtraum, Sir, Albtraum."

„Es war kein Albtraum, Sir', stellt der Kapitän sehr verärgert fest, ,und wenn ich es noch einmal höre, werde ich den Kurs dieses Schiffes ändern.'

„Nun, der erste Kumpel steckte in einem Loch. Er wollte den Skipper mit etwas bezeichnen, von dem er wusste, dass es keine Disziplin war. Ich wusste, was es war, und ich wusste, wenn der Kumpel nichts täte, würde er krank werden, er war so ein Mann, dem schoss ihm alles zu Kopf. Er ging weg und legte den Kopf eine Weile über die Seite, und als er schließlich zurückkam, war er vergleichsweise ruhig.

„,Sie dürfen diese Worte nicht noch einmal hören, Sir', sagt er; „Geh heute Nacht nicht wieder schlafen." Bleib wach, wir spielen Karten , und morgens nimmst du eine kräftige Portion Rhabarber . „Verderben Sie nicht eine unserer schönsten Reisen, die wir je hatten, nur für einen Penny Rhaobarber ", sagt er flehend.

"'Herr. „Lachs", sagt der Kapitän sehr wütend, „ich werde der Vorsehung auf keine solche Weise entgegentreten." „Ich werde wie immer schlafen, und was Ihren Rhoobarber betrifft ", sagt der Kapitän und steigert sich in eine Leidenschaft – „verdammt, Sir, ich werde – ich werde die ganze Mannschaft damit verabreichen, vom Ersten Offizier bis zum." Schiffsjunge, wenn ich eine Unverschämtheit habe.'

„Nun, Mr. Salmon, der sehr wütend wurde, stolziert nach unten, gefolgt vom Kapitän , und Mr. McMillan war so aufgeregt, dass er sogar anfing, mit mir darüber zu reden. Eine halbe Stunde später kommt der Kapitän wieder an Deck gerannt.

"'Herr. „McMillan", sagt er aufgeregt, „steuern Sie bis auf weitere Befehle nordnordwestlich." Ich habe es wieder gehört, und dieses Mal hat es mir fast das Trommelfell geplatzt.

„Der Kurs des Schiffes wurde geändert, und nachdem der alte Mann zufrieden war , ging er wieder zu Bett, und fast unmittelbar nach acht Glocken läutete ich, und ich war erleichtert. Ich war nicht an Deck, als der erste Maat auftauchte, aber die Leute sagten, er habe es sehr gelassen hingenommen. Er sagte kein Wort. Er setzte sich einfach auf die Hütte und blies sich die Wangen raus.

„Sobald es hell wurde, war der Kapitän mit seiner Brille an Deck. Er schickte Männer zum Masttopp, um gut Ausschau zu halten, und tanzte den ganzen Morgen über wie eine Katze auf heißen Ziegelsteinen.

„„Wie lange wird dieser Kurs noch dauern, Sir?' fragt Mr. Salmon gegen zehn Uhr morgens.

„„Ich habe mich noch nicht entschieden, Sir', sagt der Kapitän sehr stattlich; aber ich konnte sehen, dass er ein wenig albern aussah.

„Um zwölf Uhr bekam der erste Steuermann einen Husten, und jedes Mal, wenn er hustete, schien es auf den Kapitän einzuwirken und ihn immer wütender zu machen. Jetzt, da es heller Tag war, schien Mr. McMillan nicht mehr so gruselig zu sein wie in der Nacht zuvor, und ich konnte sehen, dass der Kapitän nur auf den geringsten Vorwand wartete, um wieder auf den richtigen Kurs zu kommen.

„„Das ist ein ganz schlimmer Husten von Ihnen, Mr. Salmon"', sagt er und beäugt den Kumpel eindringlich.

„„Ja, ein übler, lästiger Husten, Sir', sagt der andere; „Es macht mir große Sorgen." „Es ist das, was in meiner Kehle stecken bleibt", sagt er .

„Der Kapitän trank einen Schluck und ging weg, aber er kam gleich wieder zurück und merkte , dass er –"

"'Herr. Salmon, ich würde es für sehr bedauern, einen wertvollen Offizier wie Sie zu verlieren, selbst um anderen Gutes zu tun. Dieses Husten hat einen harten Klang, der mir nicht gefällt, und „Wenn Sie wirklich glauben, dass es so weit nach Norden geht, dann habe ich nichts dagegen, das Schiff wieder auf Kurs zu bringen."

„Nun, der Maat dankte ihm freundlich, und er wollte gerade die Befehle erteilen, als einer der Männer, die am Masttop standen, plötzlich rief:

"'Ahoi! Kleines Boot am Backbordbug!'

„Der Kapitän sprang auf, als wäre er erschossen worden, und rannte mit seiner Brille die Takelage hinauf. Er kam fast unvermittelt wieder herunter , und sein Gesicht strahlte vor Freude und Aufregung.

"'Herr. „Lachs", sagt er, „hier ist ein kleines Boot mit Stollensegel mitten im Atlantik, mit einem Porenmann, der auf dem Boden liegt." Was halten Sie jetzt von meiner Warnung?

„Der Maat sagte zunächst nichts, aber er nahm die Brille und warf einen Blick darauf, und als er zurückkam, konnte jeder sehen, dass seine Meinung über den Skipper meilenweit gestiegen war.

„„Es ist eine wundervolle Sache, Sir', sagt er, ,und eine, an die ich mich mein ganzes Leben lang erinnern werde. Es ist offensichtlich, dass Sie als Instrument ausgewählt wurden, um diese gute Arbeit zu leisten."

„Ich habe den ersten Maat noch nie so reden hören, außer einmal , als er über Bord fiel, als er voll war, und im Schlamm der Themse stecken blieb. Er sagte, es sei die Vorsehung; Da es jedoch laut Gezeitentabelle Niedrigwasser war, konnte ich selbst nicht erkennen, was die Vorsehung damit zu tun hatte. Er war genauso aufgeregt wie alle anderen, übernahm selbst das Steuer und richtete den Schiffskopf auf das Boot, und als es näher kam, wurde unser Boot herausgeschleudert, und ich, der Zweite Steuermann und drei andere Männer ließen sich hineinfallen, und gezogen, um den anderen zu treffen.

„'Kümmere dich nicht um das Boot; „Wir wollen nicht mit ihr belästigt werden“, ruft der Kapitän , als wir losfahren. „Retten Sie den Mann!“

„Ich sage das für Mr. McMillan, er hat das Boot wunderbar gesteuert, und wir sind so geschickt wie möglich nebeneinander hergelaufen. Zwei von uns holten unsere Ruder aus und hielten sie fest umklammert, und dann sahen wir, dass es nur ein gewöhnliches Boot war, teilweise geschmückt, mit dem Kopf und den Schultern eines Mannes, der in der Öffnung sichtbar war, fest schlief und wie Donner schnarchte.

„„ Puir kerl‘, sagt Mr. McMillan und steht auf. „Sehen Sie, wie erschöpft er ist.“

„Er packte den Mann am Kragen seines Mantels und am Gürtel, und da er ein sehr kräftiger Mann war, zog er ihn hoch und schwang ihn in unser Boot, das auf und ab schwankte und an der Seite scheuerte des anderen. Dann ließen wir los, und der Mann, den wir gerettet hatten, öffnete die Augen, als Mr. McMillan mit ihm über eine der Ruderbänke stolperte, und versuchte mit einem Stiergebrüll zurück in sein Boot zu springen.

„'Halte ihn!' schrie der Zweite Maat. „Halt ihn fest! Er ist verrückt, du dummer Kerl.‘

„So wie dieser Mann gekämpft und geschrien hat, dachten wir auch, dass der Kumpel Recht hatte. Er war ein kleiner, steifer Kerl, hart wie Eisen, und er biss, trat und fluchte, was er konnte, bis wir ihm schließlich ein Bein stellten, ihn auf den Boden des Bootes warfen und ihn dort mit hängendem Kopf festhielten zurück über eine Ruderbank.

„„Es ist alles in Ordnung, mein kleiner Kerl‘, sagt der Zweite Steuermann; „Ihr seid in guten Händen – ihr seid gerettet.“

„'Verdammt!' ses der Mann; „Was ist dein kleines Spiel?“ Wo ist mein Boot – was? Wo ist mein Boot?'

„Er zappelte ein wenig und hob den Kopf, und als er sah, wie es zwei- oder dreihundert Meter entfernt vorbeirollte, überwältigte ihn sein

Temperament, und er schwor, wenn Mr. McMillan nicht hinterherruderte, würde er würde ihn erdolchen.

„,Wir können uns nicht um das Boot kümmern', sagt der Steuermann. „Wir hatten genug Mühe, um dich zu retten."

„'Wer zum Teufel wollte, dass du mich rettest?' brüllte der Mann. „Dafür werde ich euch bezahlen lassen, ihr elenden Kerle." Wenn es in Amurrica ein Gesetz gibt , sollst du es haben!'

„Inzwischen hatten wir das Schiff erreicht, dessen Segel gekürzt waren, und der Kapitän stand an der Seite und blickte mit einem breiten, freundlichen Lächeln auf den Fremden herab, das ihn fast in den Wahnsinn trieb .

„,Willkommen an Bord, mein Junge', sagt er und streckt seine Hand aus, als der Kerl an der Bordwand hochsteigt.

„'Sind Sie der Urheber dieser Empörung?' attackiert den Mann heftig. „Ich verstehe dich nicht', sagt der Kapitän sehr würdevoll und richtet sich auf.

„,Hast du deine Jungs geschickt, um mich aus meinem Boot zu schmuggeln, während ich vierzig Mal zwinkerte?' brüllt der andere. „Verdammt! Das ist Englisch, nicht wahr ?'

„,Sicherlich', sagt der Kapitän , ,sicherlich wolltest du nicht in diesem kleinen Schiff umkommen. Ich hatte eine übernatürliche Warnung, diesen Kurs absichtlich zu steuern, um dich abzuholen, und das ist deine Dankbarkeit."

"'Schau hier!' ses der andere. „Mein Name ist Kapitän." Naskett , und ich mache eine Rekordfahrt von New York nach Liverpool mit dem kleinsten Boot, das jemals den Atlantik überquert hat, und du gehst und machst alles kaputt mit deiner verdammten Fleißigkeit. Wenn Sie glauben, dass ich entführt werde, nur um Ihre abscheulichen Warnungen zu erfüllen, haben Sie einen Fehler gemacht. Ich werde das Gesetz gegen dich haben, das werde ich tun. „Entführung ist eine strafbare Handlung."

„,Warum bist du denn hierhergekommen?' ses the cap'n .

"'Kommen!' heult Kapitän Naskett . 'Kommen! Ein Kerl schleicht sich neben mir her, mit einer Schiffsladung Straßenkehricht, der als Matrosen verkleidet ist, und schnappt mich, während ich schlafe, und du fragst mich, weshalb ich herkomme. Schau hier. Setzen Sie alle Segel, fangen Sie mein Boot und setzen Sie mich zurück, und ich gebe Schluss. Wenn Sie das nicht tun, werde ich eine Klage gegen Sie einreichen und Sie obendrein zum Gespött zweier Kontinente machen.'

„Nun, um das Beste aus einem schlechten Geschäft zu machen, segelte der Kapitän hinter dem verfluchten kleinen Boot her, und Mr. Salmon, der dachte, dass schon mehr als genug Zeit verloren gegangen wäre, geriet mit dem Kapitän in Konflikt Naskett . Sie waren beide gute Redner, und die Art und Weise, wie sie redeten, war eine Lehre für jeden Seemann auf dem Wasser. Jeder Mann an Bord kam so nah heran, wie er wagte, um ihnen zuzuhören; aber ich muss sagen, Cap'n Naskett hatte das Beste davon. Er war ein sarkastischer Mann und tat so, als ob er glaubte, das Schiff sei nur für die Aufnahme von Schiffbrüchigen ausgerüstet, und er tat auch so, als ob er glaubte, wir seien Schiffbrüchige, die dadurch gerettet worden seien. Er sagte, natürlich könne jeder auf den ersten Blick erkennen, dass wir keine Matrosen seien, und er nahm an, dass Mr. Salmon ein Metzger sei, der aufs Meer hinausgetragen worden sei, als er in Margate paddelte, um seine Knöchel zu stärken. Er sagte noch viel mehr von dieser Art, und die ganze Zeit über jagten wir sein elendes kleines Boot, und er bewunderte die Art und Weise, wie es segelte, während der erste Maat auf seine reflexartigen Ausrufe antwortete , und ich bin mir sicher, dass das nicht der Fall war Sogar unser Kapitän war erfreuter als Mr. Salmon, als wir es endlich fingen und ihn zurückschob. Er war bis zuletzt undankbar, und kurz bevor er das Schiff verließ, ging er tatsächlich zu Kapitän Brown und riet ihm, die Augen zu schließen und sich dreimal umzudrehen und zu fangen, was er konnte.

„Ich habe den Kapitän noch nie zuvor so verärgert gesehen, aber ich hörte ihn an jenem Abend zu Mr. McMillan sagen, dass er, wenn er sich je nach einem Boot noch einmal die Mühe machen würde, es nur herunterfahren würde. Die meisten Menschen schweigen über übernatürliche Dinge, die ihnen passieren, aber er war der Stillste, von dem ich je gehört habe, und darüber hinaus brachte er auch alle anderen dazu, darüber Stillschweigen zu bewahren. Selbst als er nach Nord-Nordwesten steuern musste, gefiel ihm das Geschäft nicht, und er war so ziemlich der grausamste enttäuschte Mann, den man je gesehen hat, als er hinterher diesen Kapitän hörte Naskett kam sicher nach Liverpool.“

NACH DER ANFRAGE

Es WAR EIN NOCH SCHÖNER Abend im Spätsommer in der Gemeinde Wapping . Die Arbeiter waren längst weg, und der Nachtwächter hatte sein Vertrauen zugunsten einer benachbarten Bar aufgegeben , und der Kai war verlassen.

Ein älterer Seemann kam zum Tor und blieb unschlüssig stehen, dann schlich er sich, als er sah, dass alles ruhig war, vorsichtig auf den Steg und blickte eine Weile neugierig auf das Deck des daneben liegenden Billy -Boy PSYCHE.

Mit Ausnahme des Steuermanns, der seit dem bedauerlichen Verschwinden seines verstorbenen Kapitäns und Eigners als Kapitän fungierte, war das Deck ebenso verlassen wie der Kai. Er rauchte gerade eine Abendpfeife im ganzen Stolz eines ersten Kommandos und ließ seinen Blick liebevoll vom stumpfen Bug und dem unordentlichen Deck seines Bootes bis zum ungeschickten Heck wandern, als ein leichtes Husten des Mannes über ihm seine Aufmerksamkeit erregte.

„Wie geht es, George?" sagte der Mann auf dem Steg etwas verlegen, als der andere aufsah.

Der Maat öffnete den Mund, und seine Pfeife fiel daraus und zersprang unbemerkt.

„Hat sie auf dieser Reise viel Zeug dabei?" fuhr der Mann fort, mit dem offensichtlichen Versuch, entspannt zu wirken.

„Der Maat schaute immer noch nach oben und ging langsam auf die andere Seite des Decks zurück, gab aber keine Antwort.

„Was ist los, Mann?" sagte der andere gereizt. „Du scheinst nicht besonders erfreut zu sein, mich zu sehen."

Während er sprach, beugte er sich vor, ergriff die Takelage und stieg zum Deck hinab, während der Steuermann in kurzen, berauschenden Atemzügen Luft holte.

„Hier bin ich, George", sagte der Eindringling, „ich bin wie ein schlechter Penny aufgetaucht und freue mich , dein hübsches Gesicht wiederzusehen, das kann ich dir sagen."

Als Antwort auf diese schmeichelhafte Bemerkung gurgelte George.

„Warum", sagte der andere mit einem unbehaglichen Lachen, „hast du gedacht, ich sei tot, George? Ha, ha! Fühl es!"

Er versetzte dem entsetzten Mann einen Schlag in den Rücken, der sogar sein Gurgeln zum Stillstand brachte.

„Das fühlt sich an wie ein toter Mann?" fragte der Schläger und hob erneut die Hand. "Fühlen"-

Der Maat zog hastig zurück. „Das reicht", sagte er grimmig; „Geist oder kein Geist, schlag mich nicht noch einmal so."

„Ja, richtig, George", sagte der andere, während er nachdenklich die steifen grauen Schnurrhaare befühlte, die sein rotes Gesicht umrahmten. "Was gibt es Neues?"

„Die Neuigkeit", sagte George, der von langsamen Gewohnheiten und Reden geprägt war, „ist, dass Sie letzte Dienstagwoche vor St. Katherine's Stairs gefunden wurden, Sie wurden an einem Freitag in der Woche im Wirtshaus Town of Ramsgate gesessen und begraben." am Montagnachmittag in Lowestoft ."

"Begraben?" keuchte der andere, „gesessen? Du hast getrunken, George."

„Ein hübscher Cent für die Beerdigungskosten, das kann ich Ihnen sagen " , fuhr der Kumpel fort. „Jetzt wird ein Grabstein gemacht – ‚Gelebt, beklagt und gestorben, respektiert‘, glaube ich, mit ‚Nicht verloren, aber vergangen‘ unten."

„Habe respektiert gelebt und sei beklagt gestorben, meinst du", knurrte der alte Mann; „Nun, das ist ein schönes Durcheinander, das ihr da gemacht habt. Es geht immer etwas schief, wenn ich nicht da bin, um mich um sie zu kümmern."

„Du bist also nicht tot?" sagte der Maat, ohne auf diese unvernünftige Bemerkung zu achten: „Wo warst du so lange?"

„Nicht mehr, als Sie der Herr dieses Schiffs sind", antwortete Mr. Harbolt grimmig. „Ich – ich hatte ein bisschen Magenbeschwerden, und ich habe etwas getrunken, um das zu korrigieren. Dummerweise habe ich das falsche Getränk getrunken, und es muss mir in den Sinn gekommen sein."

„Das ist das Schlimmste, wenn man nicht daran gewöhnt ist", sagte der Maat, ohne einen Muskel zu bewegen.

Der Kapitän musterte ihn ernst, doch der Steuermann blieb standhaft.

„Darüber hinaus", fuhr der Kapitän fort, der ihn immer noch misstrauisch beobachtete, „kann ich mich nicht mehr genau erinnern, bis ich heute Morgen auf einer Stufe am Poplar Way saß und zitterte , mit der Morgenzeitung und einer Menschenmenge um mich herum."

„Morgenzeitung!" wiederholte der verwirrte Kumpel. "Wofür war das?"

"Anstand. Ich war darin verwickelt", antwortete der Kapitän. „Woher ich kam oder wie ich dorthin kam, weiß ich nicht besser als Adam. Ich schätze, ich muss krank gewesen sein; Ich kann mich erinnern, ziemlich oft etwas aus einer Flasche genommen zu haben. Ein alter Herr aus der Menge nahm mich mit in ein Geschäft und kaufte mir diese Kleidung, und „hier bin ich." Meine eigenen Kleider und dreißig Pfund Frachtgeld, die ich in meiner Tasche hatte, sind alle weg."

„Nun, ich freue mich sehr, Sie wiederzusehen", sagte der Maat. „Auch für dich ist es eine ziemliche Heimkehr. Ihre Frau ist unten.

„Meine Frau? Warum zum Teufel ist sie an Bord?" knurrte der Kapitän, der seine natürliche Befriedigung über die Nachricht erfolgreich unterdrückte.

„Sie war auf den letzten beiden Fahrten bei uns", antwortete der Maat. „Sie musste sich in London geschäftlich niederlassen und hat zum Beispiel Ihre Schließfächer durchsucht, um aufzuräumen."

„Meine Schließfächer!" stöhnte der Kapitän. "Du lieber Himmel! In den Schließfächern sind Dinge, die ich ihr auf keinen Fall zeigen würde. Frauen sind so wählerisch und lieben es , aus Nichts etwas zu machen. Im oberen Stockwerk ist eine Porenfrau , die mir ein bisschen Liebesbriefe geschrieben hat, George."

„Drei Porenweibchen", sagte der richtige Gefährte; „Die Frau hat alle Briefe mit einem blauen Band zusammengebunden. Sie waren auch sehr weit weg, arme Kreter .

„George", sagte der Kapitän mit gebrochener Stimme, „ich bin ein ruinierter Mann. Das Ende werde ich nie erfahren . Ich schätze , ich werde vor dieser Reise schlafen gehen und mich verstecken. Passen Sie auf, dass Sie mir nicht anmerken, dass ich an Bord bin, und wenn sie wieder zu Hause ist, nehme ich das Schiff wieder und lasse das Ding nach und nach auslaufen. Sozusagen Stück für Stück zum Leben erwachen. Es würde nicht genügen, sie zu erschrecken, George, und in der Zwischenzeit werde ich versuchen, mir eine Erklärung auszudenken, um es ihr zu sagen. Das denken Sie vielleicht auch."

„Ich werde tun, was ich kann", sagte der Maat.

„Mach mir so viel Spaß wie möglich bei dem alten Mädchen. Sag ihr, dass ich an alle möglichen Leute geschrieben habe, wenn ich einen Tropfen Alkohol in mir hatte; Sagen Sie, wie rücksichtsvoll ich immer für sie war. Du könntest ihr von dem goldenen Medaillon erzählen, das ich für sie gekauft habe und das mir gestohlen wurde."

„Goldmedaillon?" sagte der Maat mit großer Überraschung. „Welches Goldmedaillon? Erst habe ich davon gehört."

„Irgendein goldenes Medaillon", sagte der Kapitän gereizt; „Alles, was Ihnen einfällt; Du musst nicht pertikler sein . Außerdem kannst du kleine Andeutungen darüber machen, dass Menschen aus Versehen mit anderen begraben werden, um sie ein wenig vorzubereiten – ich möchte ihr keine Angst machen."

„Überlassen Sie es mir", sagte der Maat.

„Ich werde jetzt abgeben, ich bin todmüde", sagte der Kapitän. „Ich nehme an, dass Joe und der Junge schlafen?"

George nickte und beobachtete nachdenklich den anderen, wie dieser das Vorderschiff zurückschob und es beim Abstieg hinter sich herzog. Dann kam dem Maat ein Gedanke, und er rannte hastig vorwärts und warf sich gerade rechtzeitig auf das Schiff, um die Bemühungen von Joe und dem Jungen zu vereiteln, die an Deck kamen, um ihm eine neue Geistergeschichte zu erzählen. Die Verwirrung unten war furchtbar, der Ruf des Kapitäns „Ich bin's nur, Joe" hatte nicht die beruhigende Wirkung, die er beabsichtigt hatte. Sie beruhigten sich schließlich, nachdem ihr Besucher sie davon überzeugt hatte, dass er wirklich aus Fleisch und Blut und Fäusten bestand, und nachdem die Aufmerksamkeit des Jungen auf einen kleinen Teppich in der Ecke des Foc's'le gelenkt worden war , nahm der Kapitän seine Koje und war bald schnell schlafend.

Er schlief so tief und fest, dass ihn der Lärm des anlaufenden Schiffes nicht wecken konnte, und als er erwachte, befand er sich weit draußen auf dem offenen Fluss, und nachdem er vorsichtig seinen Kopf durch die Luke gesteckt hatte, wagte er sich an Deck. Eine Zeit lang stand er da und schnüffelte eifrig die kühle, süße Luft, dann, nachdem er sich umgeschaut hatte, näherte er sich vorsichtig dem Steuermann, der am Ruder saß.

„Gib mir Halt", sagte er.

„Sie sollten besser wieder nach unten gehen, wenn Sie nicht wollen, dass die Missis Sie sehen", sagte der Maat. „Sie wird langsam wach – auch sie hat schlechte Laune."

Der Kapitän ging murrend vorwärts. „Schick mir ein gutes Frühstück, George", sagte er.

Zu seinem großen Unbehagen stieß der Maat plötzlich einen leisen Pfiff aus und betrachtete ihn mit einem Ausdruck leerer Bestürzung.

"Ach du meine Güte!" Er weinte: „Ich habe alles vergessen. Hier ist ein hübscher Kessel voller Fische – na ja.

„Was vergessen?" fragte der Kapitän unbehaglich.

sie fröhlicher ist , und sie bringt ihnen bei , ihr Essen richtig zu essen ."

Der Kapitän sah ihn entsetzt an. „Du musst mir etwas Essen schmuggeln", sagte er schließlich. „Ich werde für niemanden verhungern."

„Leichter gesagt als getan", sagte der Kumpel. „Die Frau hat Augen wie Nadeln; Trotzdem werde ich mein Bestes für dich tun. Achtung! Hier kommt sie."

Der Kapitän floh hastig und erklärte unten in Sicherheit der Besatzung, wie sie Teile ihres Frühstücks für ihn geheim halten sollte. Der Umfang der Erklärungen, die für eine so einfache Angelegenheit erforderlich waren, war bemerkenswert, und die Besatzung zeigte eine Dichte, die ihn fast über alle Maßen irritierte. Sie versprachen jedoch, ihr Bestes für ihn zu tun, kehrten triumphierend nach einer herzhaften Mahlzeit zurück und überreichten ihrem erzürnten Kommandanten ein paar fettige Krümel und den Schwanz eines Aufblähers.

In den nächsten zwei Tagen war der Wind gegen sie und sie kamen nur wenig voran. Mrs. Harbolt verbrachte die meiste Zeit an Deck und beschränkte ihren Mann so auf sein übelriechendes Quartier darunter. Die Situation verbesserte sich für ihn nicht dadurch, dass er die Besatzung behandelte, die sich über seine grobe Behandlung ärgerte und ihr Bestes tat, um ihn zur Höflichkeit auszuhungern. Die meiste Zeit blieb er in seiner Koje – oder vielmehr in Jemmys Koje – ein Opfer akuter Verzweiflung und Hungersnot und wagte sich nur nachts an Deck, um unruhig umherzustreifen und seinen Zustand zu beklagen.

In der dritten Nacht ging Mrs. Harbolt später als sonst zur Ruhe, und es war fast Mitternacht, als der Kapitän, der empört darauf gewartet hatte, dass sie ging, an Deck gehen und sich mit dem Steuermann beraten konnte.

„Ich habe für dich getan, was ich konnte", sagte dieser und fischte eine Kruste aus seiner Tasche, die Harbolt dankbar entgegennahm. „Ich habe ihr alles erzählt, was mir einfiel, über das Auftauchen von Menschen nach ihrer Beerdigung und dergleichen."

„Was hat sie gesagt ?" fragte der Kapitän zwischen seinen Bissen eifrig.

„Ich habe gesagt, ich soll nicht so reden", sagte der Steuermann. „sagte, es zeige einen Mangel an Vertrauen in die Vorsehung, solche Dinge anzudeuten. Dann erzählte ich ihr, was Sie mich wegen des Medaillons gefragt hatten, nur dass ich daraus ein Armband im Wert von zehn Pfund gemacht habe."

„Das hat ihr gefallen?" schlug der andere hoffentlich vor.

Der Maat schüttelte den Kopf. „Sie sagte, ich wäre ein geborener Narr, wenn ich annehmen würde, dass man Ihnen das Geld geraubt hat", antwortete er. „Sie sagte, Sie hätten es einem dieser Porenweibchen gegeben. Sie hat den ganzen Nachmittag fürchterlich darüber geredet und will von nichts anderem reden.

„Ich weiß nicht, was ich tun soll", stöhnte der Kapitän verzweifelt. „Ich werde tot sein, bevor wir den Backbord erreichen, dieser Wind hält. Geh runter und hol mir etwas zu essen, George; Ich bin am Verhungern."

„Alles ist verschlossen, wie ich dir schon gesagt habe", sagte der Maat.

„Als Kapitän dieses Schiffes", sagte der Kapitän und richtete sich auf, „befehle ich Ihnen, hinunterzugehen und mir etwas zu essen zu holen. Sie können der Frau sagen, dass es für Sie ist, wenn sie etwas sagt."

„Ich werde gehängt, wenn ich will", sagte der Maat mit fester Stimme. „Warum gehst du nicht runter und machst es wie ein Mann mit ihr? Sie kann dich nicht essen."

„Das werde ich nicht", sagte der andere knapp. „Ich bin ein zielstrebiger Mann, und wenn ich etwas sage, meine ich es ernst. Wie ich schon sagte, wird es langsam an sie herankommen; Ich möchte nicht, dass sie Angst hat, das arme Ding."

„Ich weiß, wer am meisten Angst haben würde", murmelte der Maat.

Der Kapitän blickte ihn grimmig an, setzte sich dann müde auf die Luken, die Hände zwischen den Knien, und erhob sich nach einer Weile, um die Schöpfkelle zu holen und reichlich aus dem Wasserfass zu trinken. Dann ersetzte er es durch einen Seufzer, wünschte dem Maat mürrisch eine gute Nacht und ging nach unten.

Als er morgens aufwachte, stellte er zu seiner Bestürzung fest, dass der schwache Wind, der noch vorhanden war, in der Nacht nachgelassen hatte und der kleine Junge nur noch träge auf dem Wasser auf und ab hüpfte, und zwar auf eine Art und Weise, die einem leeren Magen höchst unangenehm war. Es war der letzte Tropfen, der das Fass zum Überlaufen brachte, und er sorgte dafür, dass es unten so ungemütlich wurde, dass die Besatzung froh war, an Deck zu fliehen, sich im Bug niederzulassen und die Situation noch einmal Revue passieren zu lassen, die immer unerträglicher wurde.

„Ich habe genug davon, Joe", grummelte der Junge. „Ich habe am ganzen Körper Schmerzen, weil ich auf dem Boden schlafe, und der alte Mann wird immer wütender. Ich werde krank sein."

„ Was zum Teufel ?" fragte Joe dumpf.

„ Sagen Sie der Frau, dass ich unten krank bin. „Sagen Sie, Sie denken, ich sterbe", antwortete der kleine Machiavelli, „dann werden Sie etwas sehen, wenn Sie die Augen offen halten."

Er ging wieder nach unten, nicht ohne ein wenig Nervosität, kletterte in Joes Koje, drehte sich auf den Rücken und stieß ein tiefes Stöhnen aus.

"Was ist los mit dir!" knurrte der Kapitän, der in der anderen Koje lag und mit einer Pfeife den Hunger stillte.

„Mir geht es sehr schlecht – ich sterbe", sagte Jemmy mit einem weiteren Stöhnen.

„Dann bleiben Sie besser im Bett und lassen sich Ihr Frühstück hierher bringen", sagte der Kapitän freundlich.

„Ich möchte kein Frühstück", sagte Jem schwach.

„Das ist kein Grund, warum du es nicht herunterschicken lassen solltest, du gefühlloses kleines Tier", sagte der Kapitän empört. „Du sagst Joe, er soll dir einen großen Teller mit kaltem Fleisch und eingelegten Gurken und etwas Kaffee bringen; das ist, was du willst."

„In Ordnung, Sir", sagte Jemmy . „Ich hoffe, sie lassen die Frau nicht hierher kommen, für den Fall, dass es etwas Aufregendes gibt. Ich möchte nicht, dass es ihr schlecht geht."

„Äh?" sagte der Kapitän alarmiert. "Sicherlich nicht. Hier gehst du hinauf und stirbst an Deck. Beeil dich."

„Ich kann nicht; Ich bin zu schwach", sagte Jemmy .

„Du gehst sofort an Deck; hörst du mich?" zischte der Kapitän alarmiert.

„Ich kann nicht anders", schluchzte Jemmy , der die Situation unglaublich genoss. „Ich glaube , das Schlafen auf dem harten Boden hat etwas in mir gebrochen."

„Wenn du nicht gehst , nehme ich dich mit", sagte der Kapitän und wollte gerade aufstehen, um seine Drohung in die Tat umzusetzen, als ein Schatten über die Öffnung fiel und eine Stimme, die ihn bis ins Mark erschütterte, sagte leise: „ Jemmy !"

"Ja m?" sagte Jemmy träge, als der Skipper sich in seiner Koje flach machte und die Kleidung über sich zog.

"Wie fühlen Sie sich?" fragte Frau Harbolt .

„Überall schlecht", sagte Jemmy . „Oh, komm nicht runter, Mama – bitte nicht."

"Müll!" sagte Mrs. Harbolt scharf, als sie langsam und vorsichtig rückwärts herunterkam. „Was ist das für ein dunkles Loch, Jemmy . Kein Wunder, dass du krank bist. Streck deine Zunge raus."

Jemmy gehorchte.

„Ich kann hier nicht richtig sehen", murmelte die Dame, „aber es sieht sehr groß aus." Angenommen, du gehst in die andere Koje, Jemmy . Es ist ein gutes Stück höher, und man bekommt mehr Luft und fühlt sich insgesamt wohler."

„Joe würde es nicht mögen, Mama", sagte der Junge besorgt. Der letzte Blick, den er auf das Gesicht des Kapitäns geworfen hatte, löste in ihm keine Sehnsucht danach aus, sein Bett mit ihm zu teilen.

„Sachen und Unsinn!" sagte Mrs. Harbolt hitzig. „ Wer ist Joe, würde ich gerne wissen? Raus, du kommst."

„Ich kann mich nicht bewegen, Mama", sagte Jemmy bestimmt.

"Unsinn!" sagte die Dame. „Ich werde es einfach erst für dich klarstellen, dann geht es los."

„Nein, nicht, Mama", schrie Jemmy , jetzt völlig beunruhigt über den Erfolg seines Plans. „Da ist ein Herr in dieser Koje. Ein Gentleman, den wir aus London mitgebracht haben, um etwas Seeluft zu schnappen."

„Meine Güte!" rief die überraschte Mrs. Harbolt aus . "Ich habe nie getan. Warum, was hatte er zu essen?"

„Er – er – wollte nichts essen", sagte Jemmy mit einer kläglichen Missachtung der Tatsachen.

"Was ist mit ihm los?" fragte Frau Harbolt und beäugte neugierig die Koje. "Wie heißt er? Wer ist er?"

„Er ist schon lange verschwunden", sagte Jemmy , „und er hat vergessen, wer er ist – er ist ein älterer Mann mit einem roten Gesicht und einem kleinen weißen Schnurrbart rundherum – ein sehr gut aussehender Mann, meine ich", sagte er mischte sich hastig ein. „Ich glaube nicht, dass er mit seinem Kopf ganz klar ist, denn er sagt, er hätte beerdigt werden sollen und nicht jemand anderes. Oh!"

Das letzte Wort war fast ein Schrei, denn Mrs. Harbolt taumelte zurück und kniff ihn krampfhaft.

„ Jemmy !" Sie schnappte mit zitternder Stimme nach Luft, als ihr plötzlich bestimmte geheimnisvolle Hinweise einfielen, die ihr der Maat gemacht hatte. "Wer ist es?"

"Der Kapitän!" sagte Jemmy und löste sich aus ihrer Umklammerung, schlüpfte aus seinem Bett und huschte hastig an Deck, gerade als das blasse Gesicht seines Kommandanten durch die Decken brach und seine Frau besorgt anstrahlte.

Foc's'le beäugte , kamen Mrs. Harbolt und der Kapitän an Deck. Zum großen Erstaunen des Steuermanns waren die Augen der furchteinflößenden Frau leicht feucht, und ungeachtet der Anwesenheit der Männer klammerte sie sich liebevoll an ihren Mann, während sie langsam zur Kabine gingen. Bevor sie jedoch nach unten gingen, rief sie den grinsenden Jemmy zu sich und steckte zu seinem privaten Kummer und seiner öffentlichen Schande seinen Kopf unter ihren Arm und küsste ihn liebevoll.

IN LIMHOUSE-REICHWEITE

Es WAR die ganze Zeit die Angelegenheit des Kumpels. Er begann damit, das Ende einer Leine über dem Heck baumeln zu lassen, und der Propeller, obwohl er mit dieser Art von Arbeit nicht vertraut war, wickelte sie auf, bis nur noch wenige Faden übrig waren. Dann hörte es auf, und das Unheil wurde erst entdeckt, als der Kapitän dem Ingenieur alles zurief, was ihm und dem Steuermann sowie drei Männern und einem Jungen einfiel. Der Kapitän übernahm die Dolmetschung durch die Röhre, die das einzige Kommunikationsmittel zwischen dem Steuerrad und dem Maschinenraum darstellte, und der empörte Ingenieur übernahm das Zuhören.

Das Gem lag damals direkt an Limehouse und es war klar, dass sie dort bleiben würde. Der Kapitän brachte sie an Land und machte sie an einem geräumigen alten Schoner fest, der neben einem Kai lag. Dann war er in der Lage, dem wahren Täter ein wenig Aufmerksamkeit zu schenken, und der unglückliche Maat, der der erfinderischste von allen gewesen war, verstand das alte Sprichwort von den Flüchen, die nach Hause kommen, voll und ganz. Sie brachten auch einige Fremde mit.

„Ich gehe an Land", sagte der Kapitän schließlich. „Wir werden jetzt erst bei der nächsten Flut los. Bei Niedrigwasser muss man absteigen und die Leine durchtrennen. Auch eine neue Linie! Ich schäme mich für dich, Harry."

„Ich bin nicht überrascht", sagte der Ingenieur, der ein rachsüchtiger Mann war.

"Was meinst du damit?" forderte der Kumpel heftig.

„Wir wollen nichts von Ihrer schlechten Laune haben", warf der Kapitän streng ein. „KEINE schlechte Sprache. Die Männer können an Land gehen, und der Ingenieur auch, vorausgesetzt, er hält Dampf aufrecht. Aber seien Sie bereit für einen Start gegen fünf. Du musst auf das Schiff aufpassen."

Er schaute noch einmal über das Heck, schüttelte traurig den Kopf und kletterte nach einem Besuch in der Kajüte über die Bordwand des Schoners und ging an Land. Nachdem die Männer den Propeller betrachtet und den Kopf geschüttelt hatten, gingen sie ebenfalls an Land, und der Junge, nachdem er den Propeller betrachtet und sich bereit gemacht hatte, seinen zu schütteln, erregte den Blick des Steuermanns und ließ diesen Teil der Zeremonie aus, weil er plötzlich davon überzeugt war es war ungesund.

Allein gelassen, zündete der Steuermann, der ein sensibles Gemüt hatte, nach einem kurzen Nicken an Kapitän Jansell vom Schoner Aquila, der von der Katastrophe gehört hatte und mitfühlend und neugierig war, seine Pfeife an und begann launisch zu rauchen.

Als er das nächste Mal aufsah, war der alte Mann verschwunden, und ein Mädchen in einem bedruckten Kleid und einem großen Strohhut saß in einem Korbstuhl und las. Sie war ein so hübsches Mädchen, dass der Maat seine Sorgen sofort vergaß und, nachdem er sorgfältig seine Mütze aufgesetzt hatte, lässig das Deck auf und ab schlenderte.

Zu seiner Beschämung schien das Mädchen sich seiner Anwesenheit nicht bewusst zu sein und las ruhig, blickte gelegentlich auf und zwitscherte mit hinreißenden Lippen eine Amsel an, die in einem Korbkäfig am Hauptmast hing.

„Das ist ein schöner Vogel", sagte der Steuermann, lehnte sich an die Seite und warf ihm einen Blick großer Bewunderung zu.

„Ja", sagte das Mädchen, hob ein Paar dunkelblauer Augen zu den kräftigen braunen und erfasste ihn mit einem Blick.

„Singt es?" fragte der Maat mit großem Interesse.

„Das passiert manchmal, wenn wir alleine sind", war die Antwort.

„Ich hätte gedacht, dass die Seeluft seine Kehle beeinträchtigen würde", sagte der Steuermann und errötete. „Sind Sie oft im London River , Miss? Ich kann mich nicht erinnern, Ihr Handwerk schon einmal gesehen zu haben."

„Nicht oft", sagte das Mädchen.

„Sie haben hier einen schönen Schoner", sagte der Maat und beäugte ihn kritisch. „Ich für meinen Teil bevorzuge einen Segler gegenüber einem Dampfer."

„Ich glaube, das würdest du tun", sagte das Mädchen.

"Warum?" fragte der Maat zärtlich, erfreut über dieses Interesse.

„Kein Propeller", sagte das Mädchen leise, verließ ihren Sitz und verschwand unten, während der Maat schmerzhaft keuchend zurückblieb.

Sich selbst überlassen, wurde er melancholisch, als ihm klar wurde , dass die große Leidenschaft seines Lebens begonnen hatte und wahrscheinlich innerhalb weniger Stunden enden würde. Der Ingenieur kam an Bord, um nach den Bränden zu sehen, und da der Dampfer nun auf dem weichen Schlamm lag, ging er gutmütig hinab und half ihm, den Propeller zu befreien, bevor er wieder an Land ging. Dann war er wieder allein und blickte reumütig auf das kahle Deck der Aquila.

Erst nach zwei Uhr nachmittags tauchten dort außer der Amsel irgendwelche Lebenszeichen auf. Dann kam das Mädchen wieder an Deck, begleitet von einer beleibten Frau mittleren Alters und einem so liebenswürdigen Aussehen, dass der Maat sofort anfing.

„Schöner Tag", sagte er freundlich, als er vor ihnen auftauchte.

„Schönes Wetter", sagte die Mutter, machte es sich in ihrem Stuhl bequem und legte ihre Arbeit ab, bereit für ein Gespräch. „Ich hoffe, der Wind hält an; wir beginnen morgen früh mit der Flut. Ich schätze , du kommst heute Nachmittag frei .

„Ungefähr fünf Uhr", sagte der Maat.

„Ich möchte zur Abwechslung mal einen Dampfer ausprobieren", sagte die Mutter und wurde geschwätzig über Segelboote im Allgemeinen und ihr eigenes im Besonderen.

„Wir sind zu fünft da unten, mit meinem Mann und den beiden Jungen", sagte sie und deutete mit dem Daumen auf die Hütte. „Natürlich wird es ziemlich stickig."

Der Kumpel seufzte. Er dachte, dass es unter bestimmten Bedingungen schlimmere Dinge als stickige Hütten geben würde.

„Und Nancy ist so unzufrieden", sagte die Mutter und blickte das Mädchen an, das ruhig neben ihr las. „Sie mag weder Schiffe noch Seeleute. Beim Lesen dieser Penny-Romane wird ihr der Kopf verdreht."

„Du kümmerst dich um deinen eigenen Kopf", sagte Nancy elegant, ohne aufzusehen.

„Die Mädchen in diesen Romanen reden nicht so mit ihren Müttern", sagte die ältere Frau streng.

„Sie haben verschiedene Arten von Müttern", sagte Nancy und blätterte gelassen eine Seite um. „Ich hasse kleine, schäbige Schiffe und Matrosen, die nach Teer riechen. Ich habe noch nie einen Segler gesehen, den ich mochte."

Das Gesicht des Maaten verfinsterte sich. „Es gibt Matrosen und Matrosen", schlug er demütig vor.

„Es nützt nichts, mit ihr zu reden", sagte die Mutter mit einem Ausdruck fetter Resignation im Gesicht, „wir können sie nur ihren eigenen Weg gehen lassen; Wenn du gleich vierundzwanzig Stunden mit ihr reden würdest, würde es ihr nichts nützen."

„Ich würde es gerne versuchen", sagte der Maat und nahm Lebensgeist.

"Würdest du?" sagte das Mädchen, hob zum ersten Mal den Kopf und sah ihm direkt ins Gesicht. "Frechheit!"

„Vielleicht haben Sie nicht viele Schiffe gesehen", sagte der eindrucksvolle Maat, während sein Blick ihr Gesicht verschlang. „Möchten Sie vorbeikommen und sich unsere Hütte ansehen?"

"Nein danke!" sagte das Mädchen scharf. Dann lächelte sie boshaft. „Ich wage jedoch zu behaupten, dass Mutter das tun würde; Sie steckt gern ihre Nase in die Angelegenheiten anderer Leute."

Die Mutter betrachtete ihren respektlosen Sprössling einige Augenblicke lang starr. Der Kumpel warf dazwischen.

„Ich würde Sie sehr gerne vorbeiführen, Ma'am", sagte er höflich.

Die Mutter zögerte; Dann erhob sie sich, nahm die Hilfe des Steuermanns an, kletterte an die Seite des Dampfers, sprang, von seinen Armen gestützt, auf das Deck und folgte ihm nach unten.

„Sehr schön", sagte sie und nickte anerkennend, während der Maat die Honneurs machte . "Sehr schön."

„Es ist schön und geräumig für ein kleines Boot wie unseres", sagte der Maat, während er eine Steinflasche aus einem Spind holte und ein paar Gläser Stout einschenkte. „Probieren Sie ein wenig Bier, Ma'am."

„Was Sie von meinem Mädchen denken müssen, kann ich mir nicht vorstellen", murmelte die Dame und nahm einen bescheidenen Schluck.

„Die Jungen", sagte der Maat, der noch nicht ganz das fünfundzwanzigste Lebensjahr erreicht hatte, „sind oft so."

„Es verwöhnt sie", sagte ihre Mutter. „Sie ist auf ihre Art auch ein gutaussehendes Mädchen."

„Ich verstehe nicht, wie sie anders sein kann", sagte der Maat.

„Oh, entkommen Sie", sagte die Dame freundlich. „Sie wird genauso dick wie ich, wenn sie älter wird."

„Sie könnte es nicht besser machen", sagte der Maat zärtlich.

„Unsinn", sagte die Dame lächelnd.

„Du bist wie zwei Erbsen", beharrte der Kumpel. „Ich habe dafür gesorgt, dass ihr Schwestern seid, als ich euch zum ersten Mal sah."

„Du bist nicht der Erste, der das denkt", sagte der andere und lachte leise; „nicht viel."

„Ich sehe gerne Damen", sagte der Maat, der verzweifelt nach einer Gegeneinladung suchte. „Ich wünschte, du könntest immer dort sitzen. Du verschönerst die Kabine ganz schön."

„Sie sind ein Schmeichler", sagte seine Besucherin, als er ihr Glas nachschenkte, und zeigte so wenig Anstalten, etwas zu unternehmen, dass der Maat unter einem Vorwand, den Ingenieur zu sehen, an Deck eilte, um sich noch einmal die Flügel zu versengen.

"Liest noch?" sagte er leise, als er sich dem Mädchen näherte. „Alles dreht sich um Liebe, nehme ich an ."

„Hast du meine Mutter dort unten allein gelassen?" fragte das Mädchen unvermittelt.

„Einen Moment", sagte der Maat etwas niedergeschlagen. „Ich bin gerade heraufgekommen, um den Ingenieur zu sehen."

„Nun, er ist nicht hier", war die entmutigende Antwort.

Der Maat wartete ein oder zwei Minuten, während das Mädchen immer noch leise las, und ging dann zurück zur Kabine. Das Geräusch sanften, regelmäßigen Atmens drang an seine Ohren, und als er leise auftrat, stellte er zu seiner Freude fest, dass sein Besucher schlief.

„Sie schläft", sagte er und ging zurück, „und sie sieht so bequem aus, dass ich nicht glaube, dass ich sie wecken werde."

„Das würde ich dir nicht raten", sagte das Mädchen; „Sie wacht immer wütend auf."

„Wie seltsam, dass wir so gegeneinander antreten", sagte der Steuermann sentimental; „Es sieht aus wie Providence, nicht wahr?"

„Sieht nach Unachtsamkeit aus", sagte das Mädchen.

„Das ist mir egal", antwortete der Maat. „Ich bin froh, dass ich es übertrieben habe. Die beste Tagesarbeit, die ich je gemacht habe. Sonst hätte ich dich nicht sehen sollen."

„Und ich glaube nicht, dass du mich jemals wiedersehen wirst", sagte das Mädchen ruhig, „also verstehe ich nicht, was du selbst Gutes getan hast."

„Ich werde sowieso jedes Mal nach Limehouse laufen, wenn wir im Hafen sind", sagte der Steuermann. „Es wird seltsam sein, wenn ich dich manchmal nicht sehe. Ich gehe davon aus, dass unsere Schiffe manchmal aneinander vorbeikommen. Vielleicht in der Nacht", fügte er düster hinzu.

„Ich werde die ganze Nacht wach bleiben und auf Sie warten", erklärte Miss Jansell wahrheitswidrig.

Auf diese fröhliche Weise verlief das Gespräch, und das Mädchen, dem sein strahlendes, eifriges Gesicht und seine wohlgeformte Figur keineswegs egal waren, teilte ihre Zeit in drei Teile mit ihrem Buch und einen mit ihm auf. Für den Maat verging die Zeit viel zu schnell, als sie von einer Reihe heiserer, unverständlicher Brüllgeräusche aus der Kajüte des Schoners unterbrochen wurden.

„Das ist Vater", sagte Miss Jansell und erhob sich mit einer Geschwindigkeit, die gut für die auf der Aquila gewahrte Disziplin sprach; „Er möchte, dass ich seine Weste für ihn flicke."

Sie legte ihr Buch weg und ging, der Maat beobachtete sie, bis sie im Niedergang verschwand. Dann setzte er sich und wartete.

Eine nach der anderen kehrte die Besatzung zum Dampfer zurück, aber das Deck des Schoners zeigte keine Lebenszeichen. Dann kam der Kapitän, warf einen kritischen Blick über die Bordwand seines Schiffes und gab den Befehl, loszufahren.

„Wenn sie nur heraufgekommen wäre", sagte sich der unglückliche Kumpel, „würde ich es riskieren und fragen, ob ich ihr schreiben dürfte."

Diese Chance, eine vielversprechende Karriere zu gefährden , bestand jedoch nicht; Der Dampfer entfernte sich langsam vom Schoner, bahnte sich seinen Weg zwischen einer Reihe von Leichtern und dampfte langsam in klareres Wasser.

"Vollgas voraus!" brüllte der Kapitän durch die Röhre. Der Ingenieur antwortete, und der Maat blickte melancholisch auf das Wasser, das sich zwischen den beiden Schiffen schnell vergrößerte. Dann hellte sich sein Gesicht plötzlich auf, als das Mädchen an Deck rannte und mit der Hand winkte. Er konnte seinen Augen kaum trauen und winkte zurück. Das Mädchen gestikulierte heftig und zeigte bald auf den Dampfer, dann auf den Schoner.

„Bei Gott, das Mädchen hat Gefallen an dir gefunden", sagte der Kapitän. „Sie möchte, dass du zurückgehst."

Der Kumpel seufzte. „Scheint so", sagte er bescheiden.

Zu seinem Erstaunen gesellten sich zu dem Mädchen nun auch ihre Männer, die ihr ebenfalls herzlich zum Abschied zuwinkten, ihre Arme umherwarfen und zusammenhangsloses Geschrei riefen.

„Ich gebe Ihnen die Schuld, wenn sie nicht alle Gefallen an Ihnen gefunden haben", sagte der verwirrte Kapitän; „Der alte Mann hat jetzt die Sprechtrompete. Was sagt er?"

„Etwas über das Leben, denke ich", sagte der Maat.

„Sie ähneln eher Hampelmännern als alles andere“, sagte der Kapitän. „Schau sie dir einfach an .“

Der Maat blickte hin, und als die Entfernung größer wurde, sprang er zur Seite und winkte mit vor Rührung trüben Augen zärtlich zum Abschied. Wäre der Kapitän nicht anwesend gewesen – er legt großen Wert auf Anstand –, hätte er ihm die Hand geküsst.

Erst als er Gravesend passiert hatte und die Seitenlichter des Schiffes in der zunehmenden Dämmerung zu leuchten versuchten, erwachte er aus seiner zärtlichen Apathie. Es ist wahrscheinlich, dass es länger gedauert hätte, wenn nicht plötzlich ein Schrei der Angst und des Schreckens aus der Kabine gekommen wäre und in der noch warmen Luft widerhallte.

„Sakes lebendig!“ sagte der Kapitän und fuhr auf; "was ist das?"

Bevor der Steuermann antworten konnte, wurde der Begleiter zurückgedrängt und eine Frau mittleren Alters, die unter großer Aufregung litt , erschien an Deck.

„Du Bösewicht!“ sie schrie aufgeregt und stürmte auf den Maat zu. "Nimm mich zurück; Nimm mich zurück!"

„Was ist das alles, Harry?“ forderte der Kapitän streng.

„Er – er – er – bat mich, in die Kabine zu gehen“, schluchzte Mrs. Jansell , „und schickte mich in den Schlaf und nahm mich auch – auch – mit. Mein Mann wird mich töten; Ich weiß, dass er es tun wird. Nimm mich zurück."

„Wofür willst du zurückgebracht werden, um getötet zu werden?“ schaltete einer der Männer gerichtlich ein.

„Vielleicht wusste ich, was er meinte, als er sagte, ich hätte die Hütte verschönert“, sagte Mrs. Jansell ; „Und als er sagte, dachte er, ich und meine Tochter seien Schwestern. Er sagte, er möchte, dass ich immer dort sitze, der Elende!“

„Hast du das gesagt?“ fragte der Kapitän heftig.

„Nun, das habe ich“, sagte der elende Maat; „Aber ich wollte nicht, dass sie es so auffasst. Sie ist eingeschlafen und ich habe sie ganz vergessen.“

„Warum hast du denn so dumme Lügen gesagt?“ forderte der Kapitän.

Der Maat ließ den Kopf hängen.

„Alt genug, um auch deine Mutter zu sein“, sagte der Kapitän streng. „An Bord meines Schiffes ist etwas Schönes passiert, und auch vor dem Jungen!“

„Verdammt, der Junge!“ sagte der angestachelte Kumpel.

„Nimm mich zurück“, jammerte Frau Jansell ; „Sie wissen nicht, wie eifersüchtig mein Mann ist.“

„Er wird dir nichts tun“, sagte der Kapitän freundlich, „er wird in deinem Leben nicht eifersüchtig auf eine Frau sein; das heißt, nicht, wenn er einen Sinn hat. Jetzt müssen Sie mit uns bis nach Boston fahren. Ich habe schon zu viel Zeit verloren, um zurückzukehren.“

„Sie müssen mich zurücknehmen“, sagte Mrs. Jansell leidenschaftlich.

„Ich gehe für niemanden zurück“, sagte der Kapitän. „Aber Sie können sich ganz ruhig verhalten: An Bord meines Schiffes sind Sie so sicher, wie Sie allein auf einem Floß mitten im Atlantik wären; Und was den Kumpel betrifft, er hat dich nur geärgert. Warst du nicht, Harry?“

Der Steuermann gab eine Antwort, aber weder Frau Jansell , der Kapitän noch die Männer, die alle gespannt zuhörten, bekamen es mit, und sein unglückliches Opfer, das Unvermeidliche akzeptierend, ging zur Seite des Schiffes und blickte trostlos nach hinten.

Erst am nächsten Morgen sah sie der Maat, der den Befehl erhalten hatte, vorwärts zu gehen , und ohne die Tatsache zu ignorieren, dass alle ihre Arbeit unterbrachen, um zuzuhören, kam er auf sie zu und wünschte ihr einen guten Morgen.

„Harry“, sagte der Kapitän warnend.

„In Ordnung“, sagte der Maat knapp. „Ich möchte ganz besonders mit Ihnen sprechen“, sagte er nervös und führte seinen Zuhörer nach achtern, gefolgt von drei Besatzungsmitgliedern, die kamen, um die Messingarbeiten zu reinigen , und die rebellisch zuhörten, als ihnen befohlen wurde, ungewohnte Fleiße einer passenderen Aufgabe zu überlassen Zeit. Das Deck war klar, begann der Maat und machte sie in einer langen, weitschweifigen Erklärung, die Mrs. Jansell zunächst für Wahnsinn gehalten hatte, über den wahren Zustand seiner Gefühle bekannt.

"Ich habe nie getan!" sagte sie, als er fertig war. "Niemals! Du hattest sie erst gestern gesehen.“

„ Natürlich werde ich Sie mit dem Zug zurückbringen“, sagte der Maat, „und Ihrem Mann sagen, wie leid es mir tut.“

„Ich hätte etwas vermuten können, als du all diese netten Dinge zu mir gesagt hast“, sagte die besänftigte Dame. „Nun, du musst deine Chance nutzen, wie alle anderen auch. Sie kann nur noch einmal „Nein“ sagen. Es wird diese Angelegenheit besser erklären, das ist eine Sache; aber ich gehe davon aus, dass sie dich auslachen werden.“

„Das ist mir egal", sagte der Maat energisch. „Du bist auf meiner Seite, nicht wahr ?"

Mrs. Jansell lachte, und der Steuermann, dem es bei der Herstellung freundschaftlicher Beziehungen über alle Erwartungen hinaus gelungen war, ging seinen Pflichten mit leichtem Herzen nach.

Als sie Boston erreichten, war der Morgen schon weit fortgeschritten, und nachdem die Gem bequem angelegt hatte, holte er die Erlaubnis des Kapitäns ein, den schönen Passagier nach London zu begleiten, wobei er die lange Eisenbahnreise mit allen Mitteln, die ihm zur Verfügung standen, verspielte. Trotz seiner Bemühungen begann die Reise jedoch für seinen Begleiter zu schwächeln, und erst als es schon längst Abend war, fanden sie sich in den engen Gassen von Limehouse wieder.

„Wir werden zuerst sehen, wie das Land liegt", sagte er, als sie sich dem Kai näherten und vorsichtig zum Kai gingen.

Die Aquila lag immer noch längsseits, und das Herz des Steuermanns klopfte heftig, als er allein an Deck saß und die Ursache all der Probleme erkannte. Sie erschrak leicht, als ihre Mutter vorsichtig an Bord stieg, zu ihr lief, sie liebevoll küsste und sie auf die Luken setzte.

„Arme Mutter", sagte sie streichelnd. „Warum hast du diesen Verrückten mit zurückgebracht?"

„Er würde kommen", sagte Frau Jansell . "Stille! Hier kommt dein Vater."

Während sie sprach, kam der Kapitän der Aquila an Deck, ging langsam auf die Gruppe zu und betrachtete sie streng. Unter seinem Blick sang der Maat atemlos seine Geschichte herunter und bemerkte mit etwas gemischten Gefühlen das breitere Grinsen seines Zuhörers, während er fortfuhr.

„Nun, Sie sind ein lebhafter Mann", sagte der Kapitän, als er fertig war. „An einem Tag machen Sie Ihr eigenes Schiff fest, rennen mit meiner Frau davon und verlieren uns eine Flut. Bist du immer so?"

„Ich möchte, dass sich jemand um mich kümmert " , sagte der Maat mit einem Seitenblick auf Nancy.

„Nun, wir würden Sie für die Nacht unterbringen", sagte der Kapitän und legte den Arm um die Schultern seiner Frau. „Aber du bist so ein Kerl. Ich fürchte, Sie würden das Schiff niederbrennen oder so. Was denkst du, altes Mädchen?"

„Ich denke, wir werden es einmal mit ihm versuchen", sagte seine Frau. „Und jetzt gehe ich hinunter und kümmere mich um das Abendessen; Ich will es."

Das alte Paar ging nach unten, und das junge Paar blieb an Deck. Nancy ging und lehnte sich an die Seite; und da sie seine Anwesenheit ganz vergessen zu haben schien, gesellte sich der Steuermann nach einigem Zögern zu ihr.

„Wäre es nicht besser, nach unten zu gehen und etwas zu Abend zu essen?" Sie fragte.

„Ich würde lieber hier bleiben, wenn es Ihnen nichts ausmacht", sagte der Maat. „Ich mag es, zuzusehen, wie die Lichter auf- und abgehen; Ich könnte stundenlang hier bleiben."

„Dann werde ich dich verlassen", sagte das Mädchen; "Ich bin hungrig."

Sie stolperte sanft mit einem unterdrückten Lachen davon und ließ den ziemlich gefangenen Mann zurück, der empört auf die Lichter blickte, die ihn ins Verderben gelockt hatten.

Von unten hörte er das fröhliche Klappern des Geschirrs, begleitet von einem wohlriechenden Weihrauch, sowie Reden und Lachen. Er stellte sich vor, wie das Mädchen sich über seine sentimentalen Gründe lustig machte, warum er an Deck blieb; aber zu stolz, um ihren ironischen Blicken zu begegnen, blieb er hartnäckig, wo er war, und beschloss, morgens mit dem ersten Zug abzureisen. Durch eine leichte Berührung seines Arms wurde er aus seiner Düsternis gerissen, und als er sich scharf umdrehte, sah er das Mädchen an seiner Seite.

„Das Abendessen ist fertig", sagte sie nüchtern. „Und wenn Sie die Lichter wirklich bewundern möchten, kommen Sie vorbei und sehen Sie sie sich an, wenn ich es tue – nach dem Abendessen."

Eine aufwändige Flucht

Ich HATTE IMMER DEN leichten Verdacht, dass die folgende Erzählung nicht ganz wahr ist. Es wurde mir von einem alten Seemann erzählt, der neben anderen Ereignissen einer etwas abenteuerlichen Karriere behauptete, er habe in der Schlacht von Trafalgar Napoleons Schwert und bei Waterloo eine Wunde im Rücken erhalten. Ich erzähle es lieber auf meine eigene Art und Weise, da er so mit nautischen Begriffen und Schimpfwörtern garniert ist, dass er halb unverständlich und irgendwie erschreckend wirkt. Bei unserem Gespräch ging es um Liebe und Werbung, und nachdem er mir mehrere Tipps geschenkt hatte, die er selbst erfunden hatte und die seine Freunde für unschätzbar wertvoll hielten, erzählte er mir diese Geschichte von der Werbung um einen seiner Freunde als Beispiel für die großen Anstrengungen, die junge Menschen unternehmen Blutsverwandte waren zu seiner Zeit bereit zu gehen, um ihre Ziele zu erreichen.

Es war ein schöner, klarer Tag im Juni, als Hezekiah Lewis, Kapitän und Miteigentümer des Schoners Thames, der von London nach Aberdeen unterwegs war, vor der kleinen abgelegenen Stadt Orford in Suffolk ankerte. Neben anderen Antiquitäten besaß die Stadt Hiskias verwitwete Mutter, und wenn es keine große Eile gab – die Welt ging damals langsamer –, pflegte der pflichtbewusste Sohn im Boot des Schiffes an Land zu gehen, und nach einem kindlichen Klopfen am Fenster seiner Mutter Was die alte Frau oft sehr erschreckte, ging auf dem Weg zu einer jungen Dame, der er bereits fünfmal erfolglos einen Heiratsantrag gemacht hatte.

Der Steuermann und die Besatzung des Schoners, insgesamt sieben, bildeten einen kleinen Knoten, als der Kapitän in seiner Landgangskleidung an Deck erschien und ihn mit einer Miene grinsenden, geheimnisvollen Interesses betrachtete.

„Jetzt wissen Sie alle, was Sie tun müssen?" fragte den Kapitän.

„Ja, ja", antwortete die Mannschaft und grinste noch tiefer.

Hiskia betrachtete sie genau und befahl dann, das Boot zu senken, kletterte über die Seite und wurde schnell zum Ufer gezogen.

Ein scharfer Schrei und ein atemloses „ Lawk -a-mussy me!" Als er an das Fenster seiner Mutter klopfte, versicherte er ihm, dass die alte Dame gesund und munter sei, und er setzte seinen Weg fort, bis er an einem kleinen, aber hübschen Haus in der nächsten Straße ankam.

„Morgen, Mr. Rumbolt ", sagte er herzlich zu einem untersetzten Mann mit rotem Gesicht, der rauchend in der Tür saß.

„Morgen, Kapitän , Morgen", sagte der rotgesichtige Mann.

„Ist das Rheuma besser?" fragte Hiskia besorgt, als er die riesige Hand des anderen ergriff.

„So, so", sagte der andere. „Aber es ist nicht so sehr das Rheuma, was mich beunruhigt", fuhr er fort, senkte die Stimme und blickte sich vorsichtig um. „Es ist Kate."

"Was?" sagte der Kapitän.

„Haben Sie von einem Mann gehört, dem ein Pantoffel zugefügt wurde?" fuhr Mr. Rumbolt mit heiserer Zuversicht fort.

Der Kapitän nickte.

„Ich bin GEFICKT", murmelte der andere.

"Was?" fragte der erstaunte Seemann noch einmal.

„Vom Küken gepickt", wiederholte Mr. Rumbolt entschieden. „CHIK-PEKED. Verstehst du mich?"

Der Kapitän sagte, dass er es getan habe, und stand eine Weile still da, mit der Miene eines Mannes, der etwas sagen möchte, aber halb Angst davor hat. Schließlich beugte er sich mit einem verzweifelten Anschein von Entschlossenheit zum Ohr des alten Mannes.

„Das sind die Gehörlosen", sagte Mr. Rumbolt prompt.

Hiskia wechselte die Ohren und sprach zunächst langsam und unbeholfen, wurde aber flüssiger, je vertrauter er mit seinem Thema wurde. während sich der Gesichtsausdruck seines Zuhörers allmählich von ungläubiger Verwirrung zu einem Ausdruck unkontrollierbarer Heiterkeit veränderte. Er geriet so in Aufregung, dass er am liebsten den Kapitän von sich gestoßen hätte, sich in seinem Stuhl zurückgelehnt und würgend und gelacht hätte, bis er fast den Atem verloren hätte, woraufhin ein bemerkenswert hübsches Mädchen von der Rückseite des Hauses auftauchte und ihn tätschelte ihn mit herzlichem Wohlwollen.

„Das reicht, meine Liebe", sagte der würgende Mr. Rumbolt . „Hier ist Kapitän Lewis."

„Ich kann ihn sehen", sagte seine Tochter ruhig. „Warum steht er auf einem Bein?"

Der Kapitän, der wirklich in einer etwas gefesselten Haltung dastand, errötete heftig und stellte beide Füße fest auf den Boden.

„Da ich kurz davor war, Miss Rumbolt vorbeizukommen ", sagte er, „und an Land ging, um Mutter zu sehen" –

Zum Unbehagen des Kapitäns tauchten Anzeichen eines weiteren Angriffs seitens Herrn Rumbolt auf, die jedoch von der Tochter umgehend unterdrückt wurden.

"Mutter?" wiederholte sie ermutigend,

„Ich dachte, ich komme vorbei und bitte Sie, der Themse eine Art Stippvisite abzustatten. " „Danke, ich fühle mich wohl genug, wo ich bin", sagte das Mädchen.

sie vielleicht gerne sehen würden. " „Nun, ich weiß es nicht", sagte das Mädchen flatternd. „Ist es ein großer Bär?"

„Haben Sie jemals einen Elefanten gesehen?" fragte Hiskia vorsichtig.

„Nur auf Bildern", antwortete das Mädchen.

„Nun, es ist fast so groß", sagte er.

Die Versuchung war unwiderstehlich, und Miss Rumbolt verschwand auf der Suche nach ihrem Hut und ihrer Jacke im Haus, nachdem sie ihrem Vater gesagt hatte, sie solle nicht lange bleiben, und zehn Minuten später blickten die muskulösen Ruderer ihr tief in die blauen Augen, als sie dasaß im Heck des Bootes und forderte Lewis auf, sich zu benehmen.

Bis zum Schoner war es nur ein kurzer Ausflug, und Miss Rumbolt war bald an Deck, überschüttete den Affen mit Zärtlichkeiten und stieß den Bären energisch mit einem Handspieß an, um ihn zum Knurren zu bringen. Der Lärm des beleidigten Tieres, als es versuchte, durch die Gitterstäbe seines Käfigs zu gelangen, war furchtbar, und das Mädchen war in vollem Genuss darüber, als sie ein noch lauteres Geräusch wahrnahm und, als sie sich umdrehte, die Seeleute ankommen sah die Ankerwinde.

„Warum, was machen sie?" sie fragte: „Anker aufstehen?"

"Ahoi!" schrie Hiskia streng. „Was machst du mit dieser Ankerwinde?"

Während er sprach, lugte der Anker über die Kante des Bugs, und einer der an ihnen vorbeilaufenden Seeleute übernahm das Ruder.

„Nun denn", rief der Kerl, „stehen Sie bereit. Sehen Sie dort lebendig aus mit den Segeln."

Einer leichten Berührung des Ruders folgend, schwang sich der Bugspriet des Schoners langsam vom Land weg, und die Mannschaft begann, kräftig an den Tauen ziehend, die Segel zu hissen.

„Was zum Teufel hast du vor?" donnerte der Kapitän. „Seid ihr alle verrückt geworden? Was soll das alles heißen?"

„Das bedeutet", sagte einer der Seeleute, dessen dickes, liebenswürdiges Gesicht von einem ängstlichen Blick verzerrt war, „dass wir einen neuen Kapitän haben."

„Mein Gott, eine Meuterei!" rief der Kapitän, begann melodramatisch gegen den Käfig zu stoßen und lief hastig wieder davon. „Wo ist der Kumpel?"

„Er ist bei uns", sagte ein anderer Seemann, schwang sein Taschenmesser und blickte ängstlich finster. „Er ist unser neuer Kapitän."

Zur Bestätigung erschien nun der Steuermann mit einer Axt in der Hand von unten, näherte sich seinem Kapitän und befahl ihm grob, nach unten zu gehen.

„Ich werde diese Dame mit meinem Leben verteidigen", rief Hiskia, nahm Kate den Handspieß ab und hob ihn über seinen Kopf.

„Niemand wird ihrem schönen Kopf auch nur ein Haar krümmen", sagte der Maat mit einem zärtlichen Lächeln.

„Dann gebe ich nach", sagte der Kapitän, richtete sich auf und streckte den Handspieß mit der Miene eines besiegten Admirals aus, der sein Schwert ausstreckt.

„Gut", sagte der Maat kurz, als einer der Männer es entgegennahm.

"Was!" fragte Miss Rumbolt aufgeregt, „wollen Sie nicht gegen sie kämpfen? Hier, gib mir den Handspieß."

Bevor der Maat eingreifen konnte, übergab der Matrose es in gedankenlosem Gehorsam, und Miss Rumbolt versuchte sofort, ihn über den Kopf zu schlagen. Da ihr Plan von dem fliegenden Mann vereitelt wurde, verlor sie völlig die Beherrschung und raste wie ein Hurrikan auf die verbleibenden Besatzungsmitglieder zu, die sich gerade näherten.

Sie zerstreuten sich sofort und rannten wie Katzen die Takelage hinauf, und für einige Augenblicke hielt das Mädchen das Deck fest; Dann schlich sich der Maat hinter sie und drückte sie mit der Miene eines Mannes, dessen Aufgabe genau zu ihm passte, fest um die Taille, während einer der Seeleute sie entwaffnete.

„Sie müssen beide nach unten gehen, bis wir geklärt haben, was mit Ihnen geschehen soll", sagte der Maat und ließ sie widerwillig los.

Mit einem wehmütigen Blick auf die Handspitze ging das Mädchen zur Kabine, langsam gefolgt vom Kapitän.

„Das ist eine schlechte Sache", sagte dieser und schüttelte feierlich den Kopf, als die empörte Miss Rumbolt Platz nahm.

„Sprich nicht mit mir, du Feigling!“ sagte das Mädchen energisch.

Der Kapitän begann.

„Ich habe drei von ihnen zum Laufen gebracht“, sagte Miss Rumbolt , „und Sie haben nichts getan. Sie blieben einfach stehen und ließen sie das Schiff übernehmen. Ich schäme mich für dich.“

Verteidigung des Kapitäns wurde von einer heiseren Stimme unterbrochen, die ihnen zurief, sie sollten an Deck kommen, wo sie die meuternde Besatzung achtern um den Steuermann versammelt vorfanden. Das Mädchen warf einen Blick auf das Ufer, das jetzt düster und undeutlich war, und wurde etwas blass, als ihr die ernste Natur ihrer Lage aufdrängte.

„Lewis“, sagte der Maat.

„Nun“, knurrte der Kapitän.

„Dieses Schiff ist im Spitzen- und Branntweinhandel unterwegs, und wenn Sie so vernünftig sind, können Sie es als Steuermann mitnehmen, verstehen Sie ?“

„Und wenn ich das tue ; Was ist mit der Dame?“ fragte der Kapitän.

„Sie und die Dame müssen zusammenkommen“, sagte der Maat streng. „Dann werden keine Geschichten erzählt. Eine schottische Ehe ist so gut wie jede andere, und wir entlassen dich einfach und bringen dich an Land, und du kannst für neun Pence gefesselt werden.“

„So einen Feigling heiraten?“ forderte Miss Rumbolt mit Elan; „Nicht, wenn ich es weiß. Ich würde lieber diesen alten Mann am Steuer heiraten.“

„Der alte Bill hat meines Wissens nach schon drei Frauen “, sagte einer der Matrosen. „Die Dame muss Käpt’n Lewis heiraten, also machen wir kein großes Aufhebens darum.“

„Das werde ich nicht“, sagte die Dame und stampfte heftig auf.

Die Meuterer schienen in einem Dilemma zu stecken und kratzten sich, dem Beispiel des Steuermanns folgend, nachdenklich am Kopf.

„Wir dachten, er gefiele Ihnen“, sagte der Maat schließlich schwach.

„Sie hatten nichts zu denken“, sagte Miss Rumbolt . „Ihr seid böse Männer, und ihr werdet alle gehängt, jeder einzelne von euch; Ich werde kommen und es mir ansehen.“ „Der Kapitän ist mir willkommen“, flüsterte der Steuermann mit heiserer Stimme dem Mann neben ihm zu. „Die Füchsin!“

„Sehr gut", sagte der Kumpel. „Wenn du es nicht tust, wirst du es nicht tun. Dieses Ende des Schiffes wird gehöre dir nach acht Uhr einer Nacht. Lewis, du musst mit den Männern vorangehen .

„Und was machst du danach mit mir?" fragte der schöne Gefangene.

Die sieben Männer zuckten hilflos mit den Schultern, und Hiskia, der deprimiert wirkte, zündete seine Pfeife an, ging und beugte sich über die Bordwand.

Der Tag verlief ruhig. Der Steuermann erteilte die Befehle, und Hiskia schlenderte launisch umher, ein Gefangener auf freiem Fuß. Um acht Uhr erhielt Miss Rumbolt den Schlüssel zur Kabine, und die Männer, die nicht Wache hielten, gingen nach unten.

Der Morgen brach schön und klar an, mit einer leichten Brise, die gegen Mittag ganz nachließ, und der Schoner lag träge schaukelnd auf einem Meer aus glasiger Glätte. Die Sonne brannte heftig, ließ die frische Farbe an der Heckreling in Blasen aufsteigen und stellte die Gemüter der Männer, die an Deck Gelegenheitsarbeiten verrichteten, auf eine harte Probe.

In der Kajüte, in die sich die beiden Opfer einer meuternden Besatzung zurückgezogen hatten, um sich abzukühlen, wurde es immer stickiger, bis schließlich sogar das glühend heiße Deck vorzuziehen schien und das Mädchen, mit der leisen Hoffnung, eine schattige Ecke zu finden, träge die Kabine hinaufging Begleiter-Leiter.

einige Zeit allein da und grübelte düster über die Lage, während er seine kurze Pfeife rauchte. Er wurde schließlich aus seiner Apathie gerissen, als er hörte, wie der Begleiter geräuschvoll geschlossen wurde, während laute, ängstliche Schreie und eilige Schritte an Deck ankündigten, dass etwas Außergewöhnliches geschah. Als er aufstand, wurde er von Kate Rumbolt konfrontiert , die keuchend und aufgeregt einen großen Schlüssel vor sich hin und her schwenkte.

„Ich habe es geschafft", rief sie mit funkelnden Augen.

„Was getan?" schrie der verwirrte Kapitän.

„Lass den Bären los", sagte das Mädchen. „Ha, ha! Du hättest sie laufen sehen sollen. Du hättest den dicken Matrosen sehen sollen!"

„Lass die – puh – lass die – Himmel! Hier ist ein hübscher Kessel voll Fisch!" er würgte.

„Hören Sie, wie sie schreien", rief die jubelnde Kate und klatschte in die Hände. "Einfach zuhören."

„Diese Rufe kommen von oben", sagte Hiskia streng, „wo du und ich sein sollten."

„Ich habe den Begleiter geschlossen", sagte das Mädchen beruhigend.

„Den Begleiter geschlossen!" wiederholte Hiskia, während er sein Messer zog. „Er kann es wie Pappe zerschlagen, wenn es ihm passt. Geh hier rein."

Er öffnete die Tür seiner Kabine.

„Nicht!" sagte Miss Rumbolt höflich.

„Gehen Sie sofort rein!" rief der Kapitän. „Schnell mit dir."

„Sha-", begann Miss Rumbolt erneut. Dann fing sie seinen Blick auf und ging hinein wie ein Lamm. „Du kommst auch", sagte sie hübsch.

„Ich muss auf mein Schiff und meine Männer aufpassen", sagte der Kapitän. „Ich nehme an, Sie dachten, das Schiff würde sich selbst steuern, nicht wahr?"

„Meuterer verdienen es, gefressen zu werden", wimmerte Miss Rumbolt fromm, etwas verblüfft über das Verhalten des Kapitäns .

Hiskia sah sie an.

„Das sind keine Meuterer, Kate", sagte er leise. „Es war nur ein Stück verrückter Torheit von mir. Sie sind die ehrlichsten alten Seebären, die es je gab, und ich hoffe nur, dass sie oben alle in Sicherheit sind. Ich werde dich einsperren; Aber fürchte dich nicht, es wird dir nicht schaden."

Auf ihren Protest hin schlug er die Tür zu, schloss sie ab, steckte den Käfigschlüssel in die Tasche, packte sein Messer fest und rannte die Stufen hinauf, um das Deck zu erreichen. Dann atmete er freier, denn dem Steuermann, der etwas weiter oben an der Takelage stand, war es gelungen, dem Bären, nachdem er ihn mit dem Fuß gelockt hatte, eine Schlinge über den Kopf zu werfen. Das Tier machte einen wütenden Versuch, sich zu befreien, aber die Männer eilten mit anderen Linien herab, und nach kurzer Zeit hatte der Bär fast das gleiche Aussehen wie der Löwe in Äsops Fabeln und wurde gezerrt und gestoßen, ein hitziger und empörter Zustand Fellmasse zurück in seinen Käfig.

Nachdem er eine Gefangene eingesperrt hatte, ging der Kapitän nach unten und ließ die andere frei, die schnell von einem etwas hysterischen Zustand in einen so hochmütigen Zustand überging, dass der Kapitän völlig eingeschüchtert war und demütig beiseite trat, um sie passieren zu lassen.

Der dicke Seemann stand vor dem Käfig, als sie ihn erreichte, und betrachtete den Bären mit großer Befriedigung, bis Kate sich an ihn heranschlich und ihn als persönlichen Gefallen anflehte , in den Käfig zu gehen und ihn zu öffnen.

"Mache es Rückgängig! Warum er mich töten würde!" keuchte der dicke Seemann, entsetzt über diese Einfachheit.

„Ich glaube nicht, dass er das tun würde", sagte sein Peiniger mit einem bezaubernden Lächeln; „Und wenn du das tust, werde ich mein ganzes Leben lang eine Locke deiner Haare tragen. Aber du solltest es mir besser geben, bevor du hineingehst."

„Ich gehe nicht rein", sagte der dicke Matrose knapp.

"Nicht für mich?" fragte Kate schelmisch.

„Nicht für fünfzig wie Sie", antwortete der alte Mann bestimmt. „Er hätte mich fast erwischt, als er locker war. Ich kann mir nicht vorstellen, wie er da rausgekommen ist."

„Nun, ich habe ihn rausgelassen", sagte Miss Rumbolt leichthin. „Nur für einen kleinen Lauf. Wie würde es dir gefallen, den ganzen Tag verschlossen zu sein?"

Der Matrose wollte es ihr gerade mit mehr Geläufigkeit als Höflichkeit sagen, als er unterbrochen wurde. „Das reicht", sagte der Kapitän, der hinter ihnen hergekommen war. „Geh nach vorne , du. Von diesem Narren hat es genug gegeben; Die Dame dachte, Sie hätten das Schiff genommen. Thompson, ich übernehme das Ruder; Es kommt ein wenig Wind auf. Bleiben Sie da."

Er ging nach achtern und löste den Steuermann ab, obwohl ihm peinlich bewusst war, dass sich die Männer immer mehr für die Situation interessierten und auch, dass Kate einige ihrer Bemerkungen hören konnte. Als er über das Thema nachdachte und versuchte, einen Ausweg zu finden, kam der Verursacher aller Schwierigkeiten und stand ihm zur Seite.

„Wusste mein Vater davon?" sie erkundigte sich.

„Ich weiß nicht genau, ob er es getan hat", sagte der Kapitän unbehaglich. „Ich habe ihm nur gesagt, er soll dich in dieser Nacht nicht zurückerwarten."

"Und was hat er gesagt?" sagte sie.

„Er sagte, er würde sich nicht aufsetzen", sagte der Kapitän und grinste wider Willen.

Kate holte tief Luft, deren Länge für ihre Eltern nichts Gutes verhieß, und schaute über die Bordwand.

„Ich hatte Angst vor diesem Reisenden aus Ipswich", sagte Hezekiah nach einer Pause. „Dein Vater hat mir erzählt, dass er wieder bei dir herumhängt, also dachte ich, ich – nun ja, ich wäre sowieso ein Idiot, dem die Schuld gegeben wird."

„Sehen Sie, wie lächerlich Sie mich vor all diesen Männern aussehen lassen", sagte das Mädchen wütend.

„Sie sind seit Jahren bei mir", sagte Hezekiah entschuldigend, „und der Maat sagte, es sei eine großartige Idee. Er war ganz begeistert davon, das tat er. Bei manchen Crews hätte ich es nicht getan, aber wir hatten einige schmutzige Zeiten zusammen und sie haben mir gut zur Seite gestanden. Aber das hat natürlich nichts mit dir zu tun. Es war ein Abenteuer, das mir sehr, sehr leid tut."

„Ein ziemlich sicheres Abenteuer für DICH", sagte das Mädchen verächtlich. „DU hast nicht viel riskiert. Schau mal, ich mag mutige Männer. Wenn du in den Käfig gehst und den Bären loslässt, werde ich dich heiraten. Das nenne ich ein Abenteuer."

„Smith", rief der Kapitän leise, „kommen Sie und übernehmen Sie ein wenig das Ruder."

Der Seemann gehorchte, und Lewis ging in Begleitung des Mädchens vorwärts.

Am Käfig des Bären blieb er stehen, kramte in seiner Tasche nach dem Schlüssel und betrachtete das Tier, das da lag, mit den Zähnen knirschte und vergeblich versuchte, die Seile zu beißen, mit denen es gefesselt war.

„Du hast Angst", sagte das Mädchen spöttisch; „Du bist ganz weiß."

Der Kapitän gab keine Antwort, sondern musterte sie so fest, dass ihr Blick sank. Er zog den Schlüssel aus seiner Tasche, steckte ihn in das riesige Schloss und drehte ihn gerade um, als ein sanfter Arm durch seinen gezogen wurde und eine sanfte Stimme süß in sein Ohr murmelte: „Mach dir keine Sorgen um den alten Bären."

Und es machte ihm nichts aus.

DER KOCH DES „GANNET"

„Alles BEREIT ZUR SEE und kein Koch", sagte der Maat des Schoners Gannet düster. „Was aus all den Köchen geworden ist, kann ich mir nicht vorstellen."

„Die meisten von ihnen sind jetzt als Kumpel unterwegs", sagte der Kapitän grinsend. „Aber darüber brauchen Sie sich keine Sorgen zu machen; Heute Abend kommt einer an Bord. Ich versuche ein neues Experiment, George."

„Ich kannte einmal einen Chemiker, der es ausprobierte", sagte George, „und es hat ihn umgehauen; aber ich habe noch nie von Schiffsführern gehört, die es mit ihnen versucht hätten .

„Es gibt alle möglichen Experimente", erwiderte der andere, „Was sagst du zu einer Köchin, George?"

"EIN WAS?" fragte der Maat mit einem Ton starker Verwunderung. „Was, an Bord eines Schoners?"

"Warum nicht?" fragte der Kapitän herzlich; "Warum nicht? An Land sind viele von ihnen – warum nicht an Bord eines Schiffes?"

„' Zum einen ist das nicht richtig", sagte der Maat tugendhaft.

„Ich hätte nicht erwartet, dass du daran gedacht hast", sagte der andere unfreundlich. „Außerdem gibt es auf großen Schiffen Stewardessen, und was ist der Unterschied? Sie ist auch eine Art Verwandte von mir – die Cousine meiner Frau, eine breitere Frau und in einem vernünftigen Alter, und da der Arzt ihr gesagt hat, sie solle zum Wohle ihres Kindes eine Seereise machen , kommt sie war sechs Monate lang bei mir als Koch tätig. Sie wird ihre Mahlzeiten mit uns einnehmen; aber natürlich dürfen die Männer nichts von der Beziehung wissen."

„Was ist mit Schlafgelegenheiten?" fragte der Maat mit der Miene eines Mannes, der einen Poser macht.

„Darüber habe ich nachgedacht", antwortete der andere; „Es ist alles arrangiert."

Der Maat wartete mit kompromissloser Miene auf Informationen.

„Sie – sie soll Ihren Liegeplatz haben, George", fuhr der Kapitän fort, ohne ihn anzusehen. „Sie können diesen schönen, großen, luftigen Spind haben."

„Eines, was der Keks und die Zwiebeln darin behalten ?" fragte George.

Der Kapitän nickte.

„Ich denke, wenn es Ihnen egal ist", sagte der Maat mit bemühter Höflichkeit, „werde ich warten, bis das Butterfass leer ist, und mich hineindrängen."

„Es nützt nichts , wenn Sie sich deswegen unwohl fühlen", sagte der Kapitän, „kein bisschen. Die Vorbereitungen sind jetzt getroffen, und hier kommt sie."

Der Maat folgte seinem Blick und blickte auf, als eine stämmige, gutaussehende Frau mittleren Alters über den Steg kam, gefolgt vom Wächter, der unter einer Kiste von enormen Ausmaßen taumelte.

„Jim!" rief die Dame.

„ Hallo !" rief der Kapitän und zuckte unruhig zusammen, als er den Titel hörte. „Wir haben Sie schon seit einiger Zeit erwartet."

„Es gibt Streit mit dem Taxifahrer", sagte die Dame ruhig. „Dieser dumme alte Mann" – der Wächter schnaubte heftig – „ hat die Kiste durch das Fenster gehen lassen und sie vom Dach abgehoben, und der Taxifahrer will, dass ICH bezahle." Er ist da draußen und benutzt die Sprache, und er nennt mich immer wieder Oma – ich möchte, dass du ihn einsperrst."

„Komm jetzt runter", sagte der Kapitän; „Wir werden uns um das Taxi kümmern. Mrs. Blossom – meine Freundin. George, geh und schick das Taxi weg."

Mrs. Blossom nahm die Einführung kurz zur Kenntnis und folgte dem Kapitän zur Kabine, während der Maat mit leisem Knurren hinausging, um an einem verbalen Wettstreit teilzunehmen, bei dem er vom ersten Moment an hoffnungslos unterlegen war.

Die neue Köchin, die von der Reise etwas ermüdet war, zog sich zu früher Stunde zurück, und als sie am nächsten Morgen an Deck erschien, war die Sonne schon hoch im Himmel. Die Kais und Lagerhäuser der Nacht zuvor waren verschwunden, und der Schoner fuhr gerade unter einer schönen Plane aus Segeltuch an Tilbury vorbei.

„Es gibt eine Sache, der ich ein Ende setzen muss", sagte der Kapitän, als er und der Maat nach einem bewundernswert zubereiteten Frühstück zusammenstanden und sich unterhielten. „Die Männer scheinen zu viel in der Kombüse herumzuhängen."

„Was können Sie erwarten?" forderte der Kumpel. „Sie haben auch alle ihre Sonntagskleidung an, ihr Lieben."

„Hallo, du Bill!" rief der Kapitän. "Was machst du da?"

„Leihen Sie dem Koch mit den Kochtöpfen zur Hand, Sir", sagte Bill, ein sechzigjähriger Mann mit Eichenbärtchen.

„Es gibt überhaupt keinen Grund, dass ich hierherkomme, Sir", rief ein anderer Seemann und steckte seinen Kopf aus der Kombüse. „Ich und die Köchin heben sie wunderbar hoch."

„Kommt raus, ihr beide, oder ich starte euch mit einem Seil!" brüllte der genervte Kommandant.

"Was ist los?" fragte Frau Blossom. „Sie richten keinen Schaden an."

sie dort nicht haben ", sagte der Kapitän schroff. „Sie haben andere Dinge zu tun."

„Ich brauche Hilfe bei dem Boiler und den Kochtöpfen", sagte Mrs. Blossom entschieden, „also mische dich nicht in Dinge ein, die dich nichts angehen, Jimmy."

„Das ist Meuterei", flüsterte der entsetzte Maat. „Reine, üble Meuterei."

„Sie weiß es nicht besser", flüsterte die andere zurück. „Cook, du darfst nicht so mit dem Kapitän reden – was ich und der Maat dir sagen, musst du tun. Du verstehst es noch nicht, aber mit der Zeit wird es einfacher."

„Wird es", forderte Frau Blossom laut; "Wird es? Ich glaube nicht, dass das so sein wird. Wie kannst du es wagen, so mit mir zu reden, Jim Harris? Du solltest dich schämen!"

„Mein Name ist Cap'n Harris", sagte der Kapitän steif.

„Nun, KAPITÄN Harris", sagte Mrs. Blossom verächtlich; „Und was passiert, wenn ich nicht tue, was du und dieser andere beschämt aussehende Mann mir sagen?"

„Wir hoffen, dass es nicht dazu kommt", sagte Harris mit ruhiger Würde, während er vor dem Begleiter stehen blieb. „Aber im Moment hat der Maat das Sagen, und ich warne Sie, er ist ein sehr strenger Mann. Duldest keinen Unsinn, George."

Mit diesen mutigen Worten verschwand der Kapitän unten, und der Steuermann ging, nachdem er nur einen Blick auf die unerschrockene und imposante Haltung von Mrs. Blossom geworfen hatte, zur Seite und vertiefte sich in einen vorbeifahrenden Dampfer. Die Besatzung ertönte ein Summen staunender Bewunderung, und die Köchin, vollkommen zufrieden mit ihrem Sieg, kehrte zum Schauplatz ihrer Arbeit zurück .

Während der nächsten vierundzwanzig Stunden hatte Frau Blossom die Oberhand und kümmerte sich, unterstützt von fünf betreuenden Seeleuten, um die Zubereitung des Schiffes. Das Wetter war schön und der Wind schwach, und die beiden Beamten waren mit der Suche nach Jobs für die Männer am Ende.

„Warum geben Sie nicht Gas", grummelte der Maat, während aus der Richtung der Kombüse fröhliches Gelächter ertönte. „Die Vorstellung, dass Männer an Bord eines Schiffes so lachen; Sie machen so weiter, als ob wir nicht hier wären ."

"Wirst du mir beistehen?" forderte der Kapitän, blass, aber entschlossen.

„ Natürlich werde ich das tun", sagte der andere empört.

„Nun, meine Jungs", sagte Harris und trat vor, „ich kann euch nicht den ganzen Tag in der Kombüse herumhängen lassen; Du stehst der Köchin im Weg und behinderst sie. Holen Sie einfach Ihre Messer raus; Ich werde die Masten abkratzen lassen."

„Bleiben Sie einfach, wo Sie sind", sagte Frau Blossom. „Wenn sie mir im Weg stehen, werde ich es ihnen bald sagen."

"Hast du gehört was ich sagte?" donnerte der Kapitän, während die Männer zögerten.

„Aye, aye, Sir", murmelte die Mannschaft und ging davon.

„Wie kannst du es wagen, mich zu stören?" sagte Mrs. Blossom hitzig, als sie die Niederlage erkannte . „Seitdem ich auf diesem Schiff bin, hast du versucht, mich zu ärgern. Ich frage mich, ob die Männer dich nicht schlagen, du fieser, rotbärtiger kleiner Mann."

„Machen Sie weiter mit Ihrer Arbeit", sagte der Kapitän und streichelte liebevoll den bösartigen Schnurrbart.

„Sprich nicht mit mir, Jim Harris", sagte Mrs. Blossom und zitterte vor Zorn. „Gib MIR bloß nicht deine Allüren. Wer hat mir kurz vor seinem Tod fünf Pfund von meinem armen toten Mann geliehen und es nie zurückgezahlt?"

„Fahren Sie mit Ihrer Arbeit fort", wiederholte der Kapitän mit blassen Lippen.

„Wessen Onkel Benjamin hatte drei Wochen Zeit?" forderte Mrs. Blossom düster. „Wessen Onkel JOSEPH musste ins Ausland gehen, ohne anzuhalten, um zu packen?"

Der Kapitän gab keine Antwort, aber die Sorge der Mannschaft, diese lebenswichtigen Probleme gelöst zu bekommen, war so offensichtlich, dass er der Virago den Rücken zuwandte und auf den Steuermann zuging, der in diesem Moment hastig untertauchte, um einem nassen Tellerschlag zu entgehen. Die beiden Männer sahen einander an, bleich vor Angst.

„Jetzt gehen Sie einfach weg", sagte Mrs. Blossom und schüttelte ihnen einen weiteren Schlag. „Ich werde dich nicht in meiner Kombüse herumhängen lassen. Bleiben Sie an Ihrem eigenen Ende des Schiffes.

Der Kapitän richtete sich hochmütig auf, aber die Wirkung wurde durch ein Auge etwas getrübt, das beharrlich auf der Schlagkraft verweilte, und nach einem kurzen inneren Kampf machte er sich in Begleitung des Steuermanns auf den Weg. Wellington selbst wäre von einem nassen Tuch in den Händen einer furchtlosen Frau verblüfft gewesen.

„Sie muss einfach ihren Willen durchsetzen, bis wir in Llanelly ankommen ", sagte der empörte Kapitän, „und dann schicke ich sie mit dem Zug nach Hause und schicke einen anderen Koch. Ich wusste, dass sie jähzornig war, aber ich wusste nicht, dass es so war. Sie ist die letzte Frau, die mein Schiff betritt – das ist alles, was sie für ihr Geschlecht getan hat."

In glücklicher Unwissenheit über ihr drohendes Schicksal ging Mrs. Blossom fröhlich ihren Pflichten nach, unterstützt von einer Mannschaft, deren Bewunderung für sie sprunghaft zunahm; und das Einzige, was sie zu behindern wagte, war eine starke Atlantikwelle, der sie begegneten, als sie Land's End umrundeten.

Die erste Ahnung, die Mrs. Blossom davon bekam, war das Herunterfallen kleiner Utensilien in der Kombüse. Nachdem sie sie mehrmals aufgehoben und wieder zurückgelegt hatte, machte sie sich auf die Suche und stellte fest, dass der Schoner seinen Bug in große grüne Wellen senkte und unter viel Anstrengung und Knarren von einer Seite zur anderen rollte. Ein feiner Sprühnebel, der über den Bug brach und über das Schiff flog, trieb sie zurück in die Kombüse, in der es plötzlich unerklärlich stickig wurde; Doch obwohl die Mannschaft einem Mann riet, sie solle sich hinlegen und eine Tasse Tee trinken, wehrte sie sie mit Verachtung ab und klebte mit blassem Gesicht und zusammengepressten Lippen an ihrem Posten.

Zwei Tage später machten sie am Kai von Llanelly fest , und eine halbe Stunde später rief der Kapitän den Steuermann in die Kajüte, überreichte ihm etwas Geld und forderte ihn auf, den Koch zu bezahlen und einen anderen zu verschiffen. Der Kumpel lehnte ab.

„Du gehorchst den Befehlen", sagte der Kapitän grimmig, „sonst streiten wir uns ."

„Ich habe eine Frau und eine Familie", drängte der Steuermann.

„Puh!" sagte der Kapitän. "Müll!"

„Und Onkel", fügte der Maat rebellisch hinzu.

„Sehr gut", sagte der Kapitän mit finsterem Blick. „Wir schicken zuerst den anderen Koch weg und lassen ihn die Sache regeln. Schließlich verstehe ich nicht, warum wir seine Schlachten für ihn ausfechten sollten."

Der Steuermann war einverstanden und ging sofort los; und als Mrs. Blossom nach einem kleinen Einkauf an Land zur Gannet zurückkehrte, fand sie die Kombüse im Besitz eines der fettesten Köche, die jemals Schiffskekse gebrochen hatten.

„Hallo!" sagte sie und erkannte die Situation auf einen Blick. „Was machst du hier?"

„Kochen", sagte der andere schroff. Als er dann seinen Fragesteller erblickte, lächelte er verliebt und zwinkerte ihr zu.

„Zwinkern Sie mir nicht zu", sagte Mrs. Blossom zornig. „Komm aus der Kombüse."

„Für beides ist Platz", sagte der neue Koch überzeugend. „Kommen Sie herein und legen Sie mir Ihr Ed auf die Schulter."

Völlig unvorbereitet auf diese Art des Angriffs verlor Mrs. Blossom die Nerven und zog sich, anstatt die Galeere zu stürmen, wie sie es eigentlich beabsichtigt hatte, zurück und zog sich in die Kajüte zurück, wo sie eine kurze Nachricht des Kapitäns vorfand, der ihren Lohn beifügte und forderte sie auf, mit dem Zug nach Hause zu fahren. Nachdem sie dies gelesen hatte, ging sie wieder an Land und kehrte bald mit einem großen Bündel zurück, das sie vor Harris und dem Maat, der gerade mit dem Tee begonnen hatte, auf den Kabinentisch legte.

„Ich fahre nicht mit dem Zug nach Hause", sagte sie und öffnete das Bündel, das einen Spirituskessel und Proviant enthielt. „Ich gehe mit dir zurück; aber ich werde Ihnen für nichts verpflichtet sein – ich werde selbst an Bord gehen."

Nach dieser Erklärung machte sie sich Tee und setzte sich. Das Essen verlief schweigend, obwohl sie ihre Begleiter gelegentlich mit kleinen, geheimnisvollen Lachern in Erstaunen versetzte, was ihnen leichte Unruhe bereitete. Da sie jedoch keine feindseligen Demonstrationen machte, beruhigten sie sich und gratulierten sich zum Erfolg ihres Manövers .

„Wie lange wird es Ihrer Meinung nach dauern, bis wir wieder in London sind?" fragte Frau Blossom schließlich.

„Wir werden wahrscheinlich am Dienstagabend auslaufen, und es kann sechs oder mehr Tage dauern", antwortete der Kapitän. „Wenn dieser Wind anhält, wird es wahrscheinlich aufwärts gehen."

Zu seiner großen Besorgnis legte Mrs. Blossom ihr Taschentuch über ihr Gesicht, erhob sich zitternd vor unterdrücktem Lachen vom Tisch und verließ die Kabine.

Das Paar blickte sich verwundert an.

„Habe ich irgendetwas Witzigeres gesagt , George?" fragte der Kapitän nach einiger Überlegung.

„Das kam mir nicht so vor", sagte der Maat nachlässig; „Ich gehe davon aus, dass sie sich noch etwas überlegt hat, was sie über Ihre Familie sagen könnte. Sie wäre nicht umsonst so gut gelaunt. Ich bin neugierig , was es ist."

„Wenn Sie sich mehr um Ihr eigenes Geschäft kümmern würden", sagte der Kapitän mit immer cholerischer Stimme, „kämen Sie besser zurecht. Ein Matrose, der ein guter Seemann war, hätte einen Koch nicht so machen lassen – das ist keine Disziplin."

Er machte sich aufgeregt auf den Weg, und eine Kühle breitete sich zwischen ihnen aus, die bis zum Aufbruch in den frühen Morgenstunden des Mittwochs anhielt.

Einmal unterwegs, verlief der Tag ereignislos, der Schoner kroch träge die Küste von Wales entlang, und als der Kapitän in dieser Nacht ankam, war er mit der angenehmen Überzeugung, dass Mrs. Blossom ihren letzten Bolzen abgefeuert hatte, und wie eine vernünftige Frau Sie würde ihre Niederlage akzeptieren. Aus dieser erfreulichen Idee wurde er plötzlich durch das heftige Stampfen der Wache auf das Deck über ihm geweckt.

"Was ist los?" schrie der Kapitän und stürmte die Begleitleiter hinauf, vom Maat angerempelt.

„Ich weiß nicht ", sagte Bill, der am Steuer saß, zitternd. "Frau. Blossom ist vor einiger Zeit an Deck aufgetaucht, und seitdem hat es drei oder vier heftige Spritzer gegeben."

„Sie kann nicht über Bord gegangen sein", sagte der Kapitän in einem Tonfall, dem er mannhaft den Anschein von Besorgnis zu verleihen versuchte. „Nein, hier ist sie. Stimmt etwas nicht, Frau Blossom?"

„Für mich nicht", antwortete die Dame, ging an ihm vorbei und ging nach unten.

„Du hast geträumt, Bill", sagte der Kapitän scharf.

„ Das bin ich nicht ", sagte Bill energisch. „Ich sage dir, ich habe Spritzer gehört. Ich glaube, sie hat den Koch überredet, an Deck zu kommen, und ihn dann über Bord gestoßen. Eine Frau könnte mit einem Mann wie diesem Koch alles machen."

„Das werde ich bald sehen", sagte der Maat, ging vorwärts, senkte den Kopf ins Vorderschiff und rief nach dem Koch.

„Aye, aye, Sir", antwortete eine schläfrige Stimme, während die anderen Männer in ihren Kojen aufstiegen. "Willst du mich?"

„Bill glaubt, dass jemand übertrieben hat", sagte der Maat. „Seid ihr alle hier?"

Als Antwort darauf standen die verblüfften Männer alle auf und kamen gähnend und sich die Augen reibend an Deck, während der Steuermann die Situation erklärte. Noch bevor er fertig war, huschte der Koch plötzlich in die Kombüse, und im nächsten Moment ertönte der verzweifelte Schrei einer trauernden Seele an ihren erschrockenen Ohren.

"Was ist es?" rief der Kumpel.

"Komm her!" rief der Koch, „schau dir das an!"

Er zündete ein Streichholz an und hielt es mit seinen zitternden Fingern in die Höhe, und die Männer, die bis zu großer Aufregung aufgeregt waren und erwarteten, etwas Grausiges zu sehen, nachdem sie eine Zeit lang vergeblich angestarrt hatten, forderten ihn profan auf, sich deutlicher zu äußern .

„Sie hat alle Töpfe und Dinge über Bord geworfen", sagte die Köchin mit verzweifelter Ruhe. „Dieser Deckel eines Teekessels ist alles, was mir noch zum Kochen bleibt."

Sechs Tage später erreichte die Gannet, bemannt mit sieben von der Hungersnot geplagten Frauenfeinden, London. Der Kapitän weigerte sich hartnäckig, einen Zwischenhafen anzulaufen, um seinen Vorrat an Ausrüstung aufzufüllen. Er würde höchstens zustimmen, von einem vorbeifahrenden Schiff etwas zu borgen, aber das unziemliche Verhalten des Briggkapitäns, der zwei Stunden durch die Bemühungen verloren hatte, einen Topf mit ihm zu bekommen, entmutigte jeden weiteren Versuch in dieser Hinsicht völlig Richtung, und sie richteten sich auf eine Diät aus Keksen und Wasser und auf dem Herd angebratenem Pökelfleisch ein.

Mrs. Blossom, die vielleicht nicht bereit war, ihre Leiden mitzuerleben, blieb unten, und als sie London erreichten, stimmte sie nur der Landung unter der Aufsicht einer Ehrengarde zu , die sich aus allen arbeitsfähigen Männern am Kai zusammensetzte.

EINE VORTEILE-LEISTUNG

Ich BIN VORNE KLEIN Im Salon Nr. 3, Mermaid Passage, Sunset Bay, saß Jackson Pepper, ehemaliger Pilot, in einem Zustand empörten Zusammenbruchs und betastete zärtlich eine Wange, auf der noch immer der Abdruck hastiger Finger zu sehen war.

Der Raum, der in ausgezeichnetem Zustand war, zeigte keine Anzeichen des Tornados, der durch ihn hindurchgezogen war, und Jackson Pepper, der sich vage umsah, erinnerte sich schwach an die tropischen Hurrikane, von denen er gelesen hatte und die nur die Objekte im Weg treffen würden. und alle anderen ungestört lassen.

In diesem Fall war er das Objekt gewesen, und nachdem der Tornado ihn ausgelöscht hatte, war er die kleine Treppe hinaufgegangen, die aus dem Zimmer führte, und ließ ihn ängstlich dem fernen Gemurmel lauschen.

Zu seinem großen Unbehagen zeigte der Sturm Anzeichen dafür, dass er wieder aufziehen würde, und er hatte kaum Zeit, den Anschein leichter Unbekümmertheit zu erwecken , der nur schlecht zu der oben erwähnten Röte passte, als eine große, rotgesichtige Frau schwerfällig die Treppe herunterkam und platzte in das Zimmer.

„Du hast mich wieder krank gemacht", sagte sie streng, „und jetzt hoffe ich, dass du mit deiner Arbeit zufrieden bist. Du wirst mich töten, bevor du mit mir fertig bist!"

Der Ex-Pilot rutschte auf seinem Stuhl hin und her.

„Sie sind nicht geeignet, eine Frau zu haben", fuhr Mrs. Pepper fort, „was sie verärgert und verärgert!" Jede andere Frau hätte dich längst verlassen!"

„Wir sind erst seit drei Monaten verheiratet", erinnerte Pepper sie.

„Sprich nicht mit mir!" sagte seine Frau; „Es kommt mir eher wie ein ganzes Leben vor!"

„MIR kommt es wie eine lange Zeit vor", sagte der Ex-Pilot und nahm dabei ein wenig Mut zusammen.

"Das ist richtig!" sagte seine Frau und schritt zu ihm hinüber. „ Sagen Sie , Sie haben genug von mir; Sag, du wünschst, du hättest mich nicht geheiratet! Du Feigling! Ah! Wenn mein armer erster Ehemann nur noch am Leben wäre und anstelle von dir auf diesem Stuhl sitzen würde, wie glücklich wäre ich!"

„Wenn er Lust hat, vorbeizukommen und es mitzunehmen , ist er herzlich willkommen!" sagte Pepper; „Es ist mein Stuhl, und vor mir gehörte er meinem Vater, aber es gibt keinen lebenden Menschen, dem ich ihn lieber geben würde als deinen ersten." Ah! Er wusste, was er wollte, als der Delphin unterging, das wusste er. Ich mache ihm jedoch keine Vorwürfe."

"Wie meinst du das?" forderte seine Frau.

„Ich glaube, dass er nicht mit ihr untergegangen ist", sagte Pepper, ging zur Treppe und blieb mit der Hand auf der Tür stehen.

„Ist nicht mit ihr untergegangen?" wiederholte seine Frau verächtlich. „Was ist dann aus ihm geworden? Wo war er diese dreißig Jahre ?"

„Versteckt!" sagte Pepper gehässig und ging hastig nach oben.

Der Raum darüber war voller Erinnerungen an die Verstorbenen. Sein Porträt in Öl hing über dem Kaminsims, kleinere Porträts – Beispiele für den Mangel an Kunst des Fotografen – waren im Raum verstreut, während verschiedene persönliche Gegenstände, darunter ein riesiges Paar Seestiefel, in einer Ecke standen. Bei all diesen Artikeln blickte Jackson Pepper mit einem Ausdruck verhaltenen Bedauerns.

„Es wäre ein Scherz, wenn er doch noch auftaucht", sagte er leise zu sich selbst, während er sich auf die Bettkante setzte. „Ich habe von solchen Dingen in Büchern gehört. Ich glaube, sie wäre enttäuscht, wenn sie ihn jetzt sehen würde. Dreißig Jahre machen bei einem Mann einen kleinen Unterschied."

"Jackson!" rief seine Frau von unten: „Ich gehe raus. Wenn Sie etwas zu Abend essen möchten , können Sie es bekommen; Wenn nicht, können Sie darauf verzichten!"

Die Haustür schlug heftig zu, und Jackson, der vorsichtig zum Fenster ging, sah die Gestalt seiner Frau majestätisch den Flur hinaufsegeln. Dann setzte er sich wieder hin und nahm seine Meditationen wieder auf.

„Wenn ich nicht mein gesamtes Eigentum verlassen hätte, würde ich gehen", sagte er düster. „Von Gemütlichkeit gibt es hier nichts! Nörgel, Nörgler, Nörgler, von morgens bis abends! Ah, Kapitän Budd, Sie haben mich zu einer schönen Sache hereingelassen, als Sie mit Ihrem Boot untergingen. Kommen Sie zurück und füllen Sie die Stiefel wieder auf; Sie sind zu groß für mich."

Er stand plötzlich auf und stand mit offenem Mund in der Mitte des Raumes, während sich in seinem Gehirn eine verrückte, verschwommene Idee zu bilden begann. Seine Augen blinzelten und sein Gesicht wurde weiß vor Aufregung. Er stieß das kleine Gitterfenster auf und blickte geistesabwesend den Gang entlang auf die dahinter liegende Bucht. Dann setzte er seinen Hut auf und ging nachdenklich hinaus.

Er dachte immer noch tief nach, als er am nächsten Morgen den Zug nach London bestieg und vom Fenster aus die Sunset Bay beobachtete, bis sie hinter der Kurve verschwand. Die Veränderungen, die sich über sein Gesicht abspielten, waren so zahlreich und vielfältig, dass eine alte Dame, deren Platz er eingenommen hatte, ihre Absicht aufgab, ihn darüber in Kenntnis zu setzen, und sich stattdessen einem erbitterten Gespräch mit ihrer Tochter hingab, von dem der irrende Pepper erzählte war das unbewusste Objekt.

Ebenso gedankenverloren stieg er in einen Bayswater -Omnibus und wartete geduldig darauf, dass er Poplar erreichte. Seltsame Veränderungen in der Landschaft, die nicht allein auf den Zeitablauf zurückzuführen waren, führten zu Erklärungen, und der Dirigent – ein humaner Mann, der sagte, er hätte einen dummen Jungen zu Hause – legte persönlich die Linien seiner Tour fest. Zwei Stunden später stand er vor einem kleinen, in vielen Farben gestrichenen Haus , klingelte und erkundigte sich nach Cap'n Crippen.

Als Antwort auf seine Frage erschien ein großer Mann mit hellblauen Augen und einem langen grauen Bart, und als er seinen Besucher mit einem überraschten Grunzen erkannte , zog er ihn herzlich in den Flur und stieß ihn in den Salon . Dann schüttelte er ihm die Hand, klopfte ihm auf die Schulter und heulte lautstark nach dem kleinen Jungen, der die Tür geöffnet hatte.

„Ein Glas Stout, eine Flasche Gin und zwei lange Pfeifen", sagte er, als der Junge zur Tür kam und den Ex-Piloten neugierig beäugte.

Bei all diesen ehrlichen Vorbereitungen für seinen Empfang wurde Jacksons Herz schwach.

„Nun, ich finde es gut von Ihnen, den ganzen Weg zu mir zu kommen", sagte der Kapitän, nachdem der Junge verschwunden war; „Aber du warst immer warmherzig, Pepper. Und wie geht es der Frau?"

"Schockierend!" sagte Pepper mit einem Stöhnen.

"Krank?" fragte der Kapitän.

„Schlecht gelaunt", sagte Pepper. „Tatsächlich, Kapitän , es macht mir nichts aus, es dir zu sagen, sie bringt mich um – und zwar langsam!"

„Puh!" sagte Crippen. "Unsinn! Du weißt nicht, wie du mit ihr umgehen sollst!"

„Ich dachte, du könntest mir vielleicht einen Rat geben", sagte der schlaue Pepper. „Ich habe mir gestern gesagt: ‚Pepper, geh und besuche Cap'n Crippen.' Was er nicht über Wimmen und deren Management weiß , ist nicht wissenswert! Wenn es jemanden gibt, der dich aus einem Loch herausholen kann, dann er. Er hat die Macht und darüber hinaus den Willen!'"

„Was verursacht das Temperament?" fragte der Kapitän mit äußerst richterlicher Miene, während er seinem Boten den Schnaps abnahm und vorsichtig ein paar Gläser füllte.

"Es ist natürlich!" sagte sein Freund reumütig. „Sie nennt es, selbst gute Laune zu haben. Und sie ist so großzügig. Sie hat eine verheiratete Nichte, die dort lebt, und wenn dieses Mädchen vorbeikommt und die Sachen – meine Sachen – bewundert, schenkt sie sie ihr ! Sie hat ihr neulich ein Sofa geschenkt, und außerdem hat sie mich gebeten, dem Mädchen dabei zu helfen, es nach Hause zu tragen!"

„Haben Sie versucht, sarkastisch zu sein?" fragte der Kapitän nachdenklich.

„Das habe ich", sagte Pepper schaudernd. „Neulich sagte ich sehr böse: ‚Möchtest du sonst noch etwas, meine Liebe?' aber sie hat es nicht verstanden."

"NEIN?" sagte der Kapitän.

„Nein", sagte Pepper. „ Sie sagte, ich wäre sehr nett und sie hätte gerne die Uhr; und außerdem hatte sie es auch! Rothaariges Luder!"

Der Kapitän schenkte etwas Gin ein und trank ihn langsam. Es war offensichtlich, dass er tief nachdachte und dass ihn die Probleme seines Freundes sehr berührten.

„Für mich gibt es nur einen Weg, klarzukommen", sagte Pepper, als er eine spannende Aufzählung seiner Fehler beendete, „und das ist, Käpt'n Budd zu finden, ihren ersten."

„Warum, er ist tot!" sagte Crippen und starrte ihn eindringlich an. „Verschwenden Sie nicht Ihre Zeit damit, nach ihm zu suchen!"

„Das werde ich nicht", sagte Pepper; „Aber hier ist sein Porträt. Er war ein großer Mann wie du; Er hatte blaue Augen und eine gerade, hübsche Nase, genau wie du. Wenn er bis jetzt gelebt hätte , wäre er fast in deinem Alter und höchstwahrscheinlich dir ähnlicher als je zuvor. Er war ein Seemann; Du warst Seemann."

Der Kapitän starrte ihn verwirrt an.

„Er hatte einen wunderbaren Umgang mit Frauen ", fuhr Jackson hastig fort; „Du hast einen wunderbaren Umgang mit Wimmen . Darüber hinaus haben Sie die großartigste schauspielerische Begabung, die ich je gesehen habe. Seit der Zeit, als Sie in dieser Scheune in Bristol gespielt haben , habe ich noch nie einen Schauspieler gesehen, von dem ich ehrlich sagen kann, dass er mir gefallen hat – noch nie! Schauen Sie, wie Sie Katzen nachahmen können – besser als Henry Irving selbst!"

„Da ich mein Leben lang auf See war, hatte ich nie große Chancen", sagte Crippen bescheiden.

„Du hast die Gabe", sagte Pepper eindrucksvoll. „Es wurde in dir geboren und du wirst bis zum Tag deines Todes nie mit der Schauspielerei aufhören. Du könntest es nicht, wenn du es versuchen würdest – du weißt, dass du es nicht könntest!"

Der Kapitän lächelte abfällig.

„Jetzt möchte ich, dass Sie zu meinen Gunsten einen Auftritt machen", fuhr Pepper fort. „Ich möchte, dass Sie Cap'n Budd spielen , was vor dreißig Jahren im Dolphin verloren ging. Es gibt nur einen Mann in England, dem ich diese Rolle anvertrauen würde, und das sind Sie."

„Stellen Sie sich vor, Käpt'n Budd!" keuchte der erstaunte Crippen, stellte sein Glas ab und starrte seinen Freund an.

„Der Teil ist hier geschrieben", sagte der Ex-Pilot, holte ein Notizbuch aus seiner Brusttasche hervor und hielt es seinem Freund hin. „Ich habe Tag für Tag ein Protokoll über alles geführt, was sie über ihn gesagt hat, in der Hoffnung, sie beim Stolpern zu erwischen, aber das habe ich nie getan. Es gibt Notizen über seine Familie, seine Schiffe und viele alberne Dinge, die er immer gesagt hat, die sie lustig findet."

„Ich konnte es nicht!" sagte der Kapitän ernst, als er das Buch entgegennahm.

„Du könntest es tun, wenn du möchtest", sagte Pepper. „Außerdem denken Sie darüber nach, was für ein Spaß das für Sie sein wird. Lernen Sie es auswendig, dann kommen Sie herunter und holen Sie sich sie. Ihr Name ist Martha."

„Was nützt es dir , wenn ich es täte?" fragte der Kapitän. „Sie würde es bald herausfinden!"

„Du kommst nach Sunset Bay", sagte Pepper und betonte seine Bemerkungen mit seinem Zeigefinger; „Du beanspruchst deine Frau; Sie spielen sorgfältig auf die in diesem Buch dargelegten Dinge an; Ich gebe euch Martha zurück und segne euch beide. Dann"-

"Dann was?" fragte Crippen besorgt.

"Du verschwindest!" schloss Pepper triumphierend; „Und natürlich muss sie mich verlassen, weil sie glaubt, dass ihr erster Ehemann noch lebt. Sie ist eine ganz besondere Frau; und außerdem würde ich darauf achten, die Nachbarn darüber zu informieren . Ich bin glücklich, du bist glücklich, und wenn sie nicht glücklich ist, dann hat sie es nicht verdient."

„Ich werde darüber nachdenken", sagte Crippen, „und es Ihnen schreiben und Ihnen Bescheid geben."

„Entscheiden Sie sich jetzt", drängte Pepper, streckte die Hand aus und klopfte ihm aufmunternd auf die Schulter. „Wenn du versprichst, es zu tun, ist die Sache so gut wie erledigt. Herr! Ich glaube, ich sehe dich jetzt, wie du durch diese Tür hereinkommst und sie überrascht. Sprechen Sie über die Schauspielerei!"

„Ist sie das, was man eine gutaussehende Frau nennen würde?" fragte Crippen.

"Sehr hübsch!" sagte Pepper und schaute aus dem Fenster.

„Ich konnte es nicht!" sagte der Kapitän. „Es wäre ihr gegenüber weder richtig noch fair."

„Das sehe ich nicht!" sagte Pepper. „Ich hätte sie nie heiraten sollen, ohne sicher zu sein, dass sie tot war. Es ist nicht richtig, Crippen; Sag, was du willst, das ist nicht richtig!"

„Wenn Sie es so ausdrücken", sagte der Kapitän zögernd.

„Trinken Sie noch etwas Gin", sagte der geschickte Pilot.

Der Kapitän trank noch mehr, und mit Schmeicheleien und Gin, verbunden mit den Bitten seines Freundes, begann er, die Angelegenheit wohlwollender zu betrachten . Pepper hielt an seinen Waffen fest und setzte sie so gut ein, dass er, als der Kapitän ihn an diesem Abend verabschiedete, fest verpflichtet war, am folgenden Donnerstag nach Sunset Bay zu kommen und die Rolle des verstorbenen Kapitäns Budd zu übernehmen.

Der Ex-Pilot verbrachte die dazwischen liegenden Tage in einer Art Trance, aus der er nur herauskam, um Nahrung zu sich zu nehmen oder auf die Scheltworte seiner Frau zu antworten. An dem ereignisreichen Donnerstag änderte sich jedoch seine Stimmung und er ging in einem Zustand so unterdrückter Aufregung umher, dass er kaum stillhalten konnte.

„Gott segne mich!" schnappte Mrs. Pepper, als er an diesem Nachmittag langsam durch den Salon schlenderte . „Was fehlt dem Mann? Kannst du nicht fünf Minuten still bleiben?"

Der ehemalige Pilot blieb stehen und musterte sie ernst, aber bevor er antworten konnte, machte sein Herz einen großen Satz, denn hinter den Geranien, die das Fenster füllten, sah er das Gesicht von Kapitän Crippen, der sich langsam hob und vorsichtig in den Raum spähte . Bevor seine Frau der Blickrichtung ihres Mannes folgen konnte, war es verschwunden.

„Jemand schaut durch das Fenster", antwortete Pepper mit gezwungener Ruhe auf die Augenbrauen seiner Frau.

„Wie ihre Unverschämtheit!" sagte die bewusstlose Frau und strickte weiter, während ihr Mann vergeblich auf den Eintritt des Kapitäns wartete.

Er wartete einige Zeit, setzte sich dann, halb tot vor Aufregung, hin und zündete sich mit zitternden Fingern seine Pfeife an. Als er aufsah, kam die stämmige Gestalt des Kapitäns am Fenster vorbei. In den nächsten zwanzig Minuten verging es siebenmal, und Pepper kam zu dem nicht unnatürlichen Schluss, dass sein Freund vorhatte, den Nachmittag auf die gleiche ungünstige Weise zu verbringen, und beschloss, ihn zum Handeln zu zwingen.

„Muss ein Landstreicher sein", sagte er laut.

"WHO?" fragte seine Frau. „Der Mann schaut ständig zum Fenster rein", sagte Pepper verzweifelt. „Schaut so lange hinein, bis er mir in die Augen sieht, dann verschwindet er. Sieht aus wie ein alter Kapitän zur See, so etwas."

„Alter Kapitän?" sagte seine Frau, legte ihre Arbeit nieder und drehte sich um. In ihrer Stimme lag ein seltsam zögernder Unterton. Sie schaute zum Fenster, und im selben Augenblick erschien der Kopf des Kapitäns wieder über den Geranien und verschwand, ihrem Blick begegnend, hastig. Martha Pepper saß einen Moment still da, dann erhob sie sich langsam und benommen, ging zur Tür und öffnete sie. Die Meerjungfrauenpassage war leer!

„Sehen Sie jemanden?" zitterte Pepper.

Seine Frau schüttelte den Kopf, aber auf seltsame Weise ruhig, setzte sich und begann wieder mit dem Stricken.

Eine Zeit lang waren nur das Klicken der Zeiger und das Ticken der Uhr zu hören, und der ehemalige Pilot war gerade zu dem Schluss gekommen, dass sein Freund ihn seinem Schicksal überlassen hatte, als es leise an der Tür klopfte .

"Komm herein!" rief Pepper und erschrak.

Die Tür öffnete sich langsam, und die große Gestalt von Kapitän Crippen trat ein und stand da und musterte sie nervös. Eine hübsche kleine Rede, die er vorbereitet hatte, scheiterte im entscheidenden Moment. Er lehnte sich an die Wand, senkte ungeschickt und beschämt den Blick und stammelte nur das eine Wort : „ Martha!"

Bei diesem Wort stand Mrs. Pepper auf, stand mit geöffneten Lippen da und beäugte ihn wild.

„Jem!" Sie keuchte, „Jem!"

„Martha!" krächzte der Kapitän erneut.

Mit einem erstickten Schrei rannte Mrs. Pepper auf ihn zu und warf zur großen Befriedigung ihres rechtmäßigen Gatten ihre Arme um seinen Hals und küsste ihn heftig.

„Jem", rief sie atemlos, „bist du es wirklich? Ich kann es kaum glauben. Wo warst du so lange? Wo bist du gewesen?"

„Viele Orte", sagte der Kapitän, der nicht bereit war, eine solche Frage ohne weiteres zu beantworten; „Aber wo auch immer ich war" – er hob theatralisch die Hand – „ das Bild meiner lieben, verlorenen Frau war immer vor mir."

„Ich habe dich sofort erkannt, Jem", sagte Mrs. Pepper liebevoll und strich sich die Haare aus der Stirn. „Habe ich mich stark verändert?"

„Kein bisschen", sagte Crippen, hielt sie auf Armeslänge von sich und musterte sie aufmerksam. „Du siehst genauso aus wie beim ersten Mal, als ich dich sah."

"Wo bist du gewesen?" jammerte Martha Pepper und legte ihren Kopf auf seine Schulter.

„Als der Delphin unter mir wegging und ich mit den Wellen um mein Leben und Martha kämpfen musste, wurde ich auf einer einsamen Insel an Land geworfen", begann Crippen fließend. „Dort blieb ich fast drei Jahre, bis ich von einer Bark auf dem Weg nach New South Wales gerettet wurde. Dort traf ich einen Mann aus Poole, der mir sagte, dass du tot seist. Da ich mich nicht mehr für das Land meiner Geburt interessierte, segelte ich viele Jahre lang in australischen Gewässern, und erst kürzlich hörte ich, wie grausam ich getäuscht worden war und dass meine kleine Blume immer noch blühte."

Der Kopf der kleinen Blume lag wieder tief auf seiner Schulter und der berühmte Schauspieler tauschte Blicke mit der anbetenden Pepper.

„Wenn du nur früher gekommen wärest, Jem", sagte Mrs. Pepper. "Wer war er? Was war sein Name?"

„Smith", sagte der vorsichtige Kapitän.

„Wenn du nur vorher gekommen wärst, Jem", sagte Mrs. Pepper mit erstickter Stimme, „wäre es besser gewesen. Erst vor drei Monaten habe ich dieses Objekt dort drüben geheiratet."

Der Kapitän versuchte einen melodramatischen Start mit solchem Erfolg, dass er fast das Gleichgewicht verlor, da er das Gewicht seiner schönen Braut etwas unterschätzt hatte.

„Es lässt sich wohl nicht ändern", sagte er vorwurfsvoll, „aber du hättest vielleicht noch etwas länger warten können, Martha."

„Nun, ich bin jedenfalls deine Frau", sagte Martha, „und ich werde dafür sorgen, dass ich dich nie wieder verliere. Du wirst mir nie wieder aus den Augen verschwinden, bis du stirbst. Niemals."

„Unsinn, mein Liebling", sagte der Kapitän und wechselte unruhige Blicke mit dem Ex-Piloten. "Unsinn."

„Das ist kein Unsinn, Jem", sagte die Dame, als sie ihn auf das Sofa zog und sich mit ihren Armen um seinen Hals setzte. „Vielleicht stimmt alles, was Sie mir erzählt haben, vielleicht aber auch nicht. Soweit ich weiß, waren Sie vielleicht mit einer anderen Frau verheiratet; Aber jetzt habe ich dich und ich habe vor, dich zu behalten."

„Na, da", sagte der Kapitän so beruhigend, wie es ihm eine seltsame Verzweiflung im Herzen erlaubte.

„Was diesen anderen kleinen Mann betrifft, ich habe ihn nur geheiratet, weil er mir solche Sorgen bereitet hat", sagte Mrs. Pepper unter Tränen. „Ich habe ihn nie geliebt, aber er ist mir immer gefolgt und hat mir einen Heiratsantrag gemacht. Hast du mir zwölf oder dreizehn Mal einen Heiratsantrag gemacht, Pepper?"

„Das habe ich vergessen", sagte der Ex-Pilot knapp.

„Aber ich habe ihn nie geliebt", fuhr sie fort. „Ich habe dich nie ein bisschen geliebt, oder, Pepper?"

„Kein bisschen", sagte Pepper herzlich. „Kein Mann könnte jemals eine härtere oder gefühllosere Frau haben als Sie . Ich werde das gerne für Sie sagen."

Als er dieses Zeugnis von der Treue seiner Frau ablegte, klopfte es an der Tür, und als er sie öffnete, trat die Tochter des Pfarrers, eine Dame ungewissen Alters, ein und betrachtete voller Erstaunen die verzweifelten, aber erfolglosen Bemühungen von Kapitän Crippen sich aus einer ebenso unangenehmen wie lächerlichen Position befreien.

"Frau. Pfeffer!" sagte die Dame entsetzt. „Oh, Frau Pepper!"

„Es ist alles in Ordnung, Miss Winthrop", sagte die angesprochene Dame ruhig, während sie das gerötete Gesicht des Kapitäns wieder auf ihre breite Schulter presste; „Es ist mein erster Ehemann, Jem Budd."

"Ach du meine Güte!" sagte Miss Winthrop und zuckte zusammen. „Enoch Arden im Fleisch!"

"WHO?" fragte Pepper mit einem Zeichen höflichen Interesses.

„Enoch Arden", sagte Miss Winthrop. „Einer unserer großen Dichter schrieb ein edles Gedicht über einen Seemann, der nach Hause kam und feststellte, dass seine Frau wieder geheiratet hatte; aber im GEDICHT ging der erste Ehemann weg, ohne sich zu erkennen zu geben, und starb an gebrochenem Herzen."

Sie sah Kapitän Crippen an, als hätte er ihre Erwartungen nicht ganz erfüllt.

„Und jetzt", sagte Pepper mit großer Fröhlichkeit, „mache ich es mit dem gebrochenen Herzen." Gut gut."

„Es ist ein äußerst interessanter Fall", rief Miss Winthrop; „Und wenn Sie warten, bis ich meine Kamera hole, werde ich Ihr Porträt so aufnehmen, wie Sie sind."

„Tu es", sagte Mrs. Pepper herzlich.

„Ich werde mich nicht porträtieren lassen", sagte der Kapitän mit großer Schärfe.

„Nicht, wenn ich es wünsche, Liebes?" fragte Frau Pepper zärtlich.

„Nicht, wenn du es dir dein ganzes Leben lang wünschst", antwortete der Kapitän mürrisch und unternahm einen weiteren Versuch, seinen Kopf von ihrer Schulter zu lösen.

„Finden Sie nicht, dass sie sich jetzt porträtieren lassen sollten?" fragte Miss Winthrop und wandte sich an den Ex-Piloten.

„Ich sehe keinen Arm darin", sagte Pepper gedankenlos.

„Sie hören, was Mr. Pepper sagt", sagte die Dame und wandte sich wieder an den Kapitän. „Wenn es ihm nichts ausmacht, solltest du es doch sicher nicht tun."

„Ich werde nach und nach mit ihm reden", sagte der Kapitän sehr grimmig.

„ Vielleicht wäre es besser, wenn wir diese Angelegenheit vorerst für uns behalten würden", sagte der ehemalige Pilot, beunruhigt über das Verhalten seines Freundes.

„Nun, ich werde Sie nicht länger stören", sagte Miss Winthrop. "Oh! Schau da! Wie unhöflich von ihnen!"

Die anderen drehten sich hastig um und sahen gerade rechtzeitig, wie mehrere Köpfe aus dem Fenster verschwanden. Kapitän Crippen war der erste, der sprach.

„Jem!" sagte Mrs. Pepper streng, bevor er fertig war.

„Captain Budd!" sagte Miss Winthrop und errötete.

Der erzürnte Kapitän stand auf und ging im Raum auf und ab. Er sah den Ex-Piloten an und dieser kleine Intrigant schauderte.

„Das ist ganz einfach, Kapitän ", murmelte er mit einem Augenzwinkern, das er trösten wollte.

„Ich gehe ein Stück hinaus", sagte der Kapitän, nachdem die Tochter des Pfarrers gegangen war. „Nur um meinen Kopf abzukühlen."

Mrs. Pepper nahm ihre Haube vom Haken hinter der Tür, beäugte sich selbst im Glas und band sie unter ihrem Kinn fest.

„Allein", sagte Crippen nervös. „Ich möchte ein wenig nachdenken."

„Nie wieder, Jem", sagte Mrs. Pepper bestimmt. „Mein Platz ist an deiner Seite. Wenn Sie sich dafür schämen, dass die Leute Sie ansehen, dann schäme ich mich nicht. Ich bin stolz auf dich. Mitkommen. Kommen Sie und zeigen Sie sich und sagen Sie ihnen, wer Sie sind. Solange ich lebe, wirst du mir nie wieder aus den Augen verschwinden. Niemals."

Sie begann zu wimmern.

„Was ist zu tun?" fragte Crippen und wandte sich verzweifelt dem verwirrten Piloten zu.

„Was hat das mit ihm zu tun?" forderte Mrs. Pepper scharf.

denke , er muss ein wenig in Betracht gezogen werden ", sagte der Kapitän und verstellte sich. „Außerdem glaube ich, dass ich es besser so machen sollte wie der Mann im Gedicht. Lass mich gehen und an gebrochenem Herzen sterben. Vielleicht ist es das Beste."

Mrs. Pepper sah ihn mit leuchtenden Augen an.

„Lass mich gehen und an gebrochenem Herzen sterben", wiederholte der Kapitän mit echtem Gefühl. „Ich würde es lieber tun. Das würde ich in der Tat tun."

Mrs. Pepper brach in wütenden Tränen aus, warf erneut die Arme um seinen Hals und schluchzte an seiner Schulter. Der Pilot gehorchte den hektischen Befehlen des Auges seines Freundes und ließ die Jalousie herunter.

„Draußen ist eine ziemliche Menschenmenge", bemerkte er.

„Es macht mir nichts aus", sagte seine Frau freundlich. „Sie werden bald wissen, wer er ist."

Sie stand da, hielt die Hand des Kapitäns und streichelte sie, und wann immer seine Gefühle zu viel für sie wurden, legte sie ihren Kopf auf seine Weste. In solchen Momenten warf der Kapitän dem ehemaligen Piloten einen bösen Blick zu, der aufgrund seiner schwachen Natur trotz seiner Ängste nicht in der Lage war, seinen lächerlichen Fähigkeiten die Kontrolle zu geben, die die Feierlichkeit des Anlasses erforderte.

Der Nachmittag verging langsam. Miss Winthrop, die Skandale nicht mochte, hatte etwas von der Affäre ans Licht kommen lassen, und mehrere Besucher, darunter ein Lokalreporter, riefen an, wurden aber auf den nächsten Tag verschoben, mit der nicht unnatürlichen Bitte, dass das lange getrennte Paar sich etwas wünschte Privatsphäre. Die drei saßen schweigend da, der ehemalige Pilot mit gerunzelter Stirn und bemühte sich angestrengt, die Lippensprache zu entschlüsseln, mit der der Kapitän ihn ansprach, wann immer er Gelegenheit dazu hatte, konnte aber nur vage erraten, was es bedeutete, als der Kapitän seine riesige Faust hineindrückte auch der Service.

Mrs. Pepper stand endlich auf und ging ins Hinterzimmer, um Tee zuzubereiten. Als sie jedoch die Tür offen ließ und die Kapitänsmütze mitnahm, hoffte er nicht auf ihre Abwesenheit, sondern wandte sich wütend an den Ex-Piloten.

„Was ist zu tun?" erkundigte er sich mit grimmigem Flüstern. „So kann es nicht weitergehen."

„Das wird sein", flüsterte der andere.

„Sehen Sie mal", sagte Crippen drohend, „ich gehe in die Küche, um eine saubere Brust daraus zu machen." Es tut mir leid für dich, aber ich habe mein Bestes gegeben. Kommen Sie und helfen Sie mir, es zu erklären.

Er wandte sich der Küche zu, aber der andere packte ihn mit der Kraft der Verzweiflung am Ärmel und hielt ihn zurück.

„Sie wird mich töten", flüsterte er atemlos.

„Ich kann nicht anders", sagte Crippen und schüttelte ihn ab. "Geschieht dir recht."

„Und sie wird es den Leuten draußen erzählen und sie werden dich töten", fuhr Pepper fort.

Der Kapitän setzte sich wieder und konfrontierte ihn mit einem Gesicht, das so bleich war wie sein eigenes.

„Der letzte Zug fährt um acht", flüsterte der Pilot hastig. „Es ist verzweifelt, aber es ist das Einzige, was man tun kann. Machen Sie mit ihr einen Spaziergang durch die Felder in der Nähe des Bahnhofs. Man kann den einfahrenden Zug aus einer Entfernung von fast einer Meile sehen. Planen Sie die Zeit sorgfältig ein und machen Sie einen Riegel dafür. Sie kann nicht rennen."

Der Auftritt ihres Opfers mit dem Teetablett unterbrach das Gespräch; aber der Kapitän nickte hinter ihrem Rücken zustimmend und setzte sich dann mit gezwungener Fröhlichkeit zum Tee.

Zum ersten Mal seit seinem erfolgreichen Auftritt wurde er redselig und sprach so freimütig über Vorkommnisse im Leben des Mannes, den er verkörperte, dass der Ex-Pilot in höchstem Fieber saß, um zu verhindern, dass er einen Fehler machte. Als die Mahlzeit beendet war, schlug er einen Spaziergang vor, und als die ahnungslose Mrs. Pepper ihre Haube aufsetzte, schlug er ihm aufs Bein und zwinkerte seinem Mitverschwörer zuversichtlich zu.

„Ich bin kein großer Wanderer", sagte die unschuldige Mrs. Pepper, „also müssen Sie langsam gehen."

Der Kapitän nickte und ging auf Peppers Vorschlag hin durch den Hintereingang, um den Blicken der Neugierigen zu entgehen.

Nachdem sie gegangen waren, saß Pepper noch einige Zeit rauchend da, sein ängstliches Gesicht der Uhr zugewandt, bis er sich schließlich, unfähig, die Anstrengung länger zu ertragen , und nicht ohne die sportliche Vorstellung, beim Sterben dabei zu sein, auf den Weg machte Bahnhof und stellte sich hinter einen bequemen Kohlenwagen.

Er wartete ungeduldig, den Blick auf die Straße gerichtet, auf der er den Kapitän erwartete. Er schaute auf seine Uhr. Fünf Minuten vor acht und immer noch kein Kapitän. Die Plattform begann sich zu füllen, ein Träger ergriff die große Glocke und läutete kräftig damit; In der Ferne war ein Fleck weißen Rauchs zu sehen. Gerade als der Beobachter alle Hoffnung aufgegeben hatte, kam die Gestalt des Kapitäns in Sicht. Er schwankte hin und her, hielt seinen Hut in der Hand, raste aber beharrlich mit dem Zug zum Bahnhof.

„Er wird es nie tun!" stöhnte der Pilot. Dann hielt er den Atem an, während Mrs. Pepper drei- oder vierhundert Meter hinter dem Kapitän die Verfolgung aufnahm.

Der Zug rollte in den Bahnhof ein; Passagiere stiegen ein und aus; Die Türen wurden zugeschlagen, und der Wachmann hatte die Trillerpfeife bereits in den Mund genommen, als Kapitän Crippen mit röchelndem Atem blindlings auf den Bahnsteig stolperte und in einen Abteil der dritten Klasse gezerrt wurde .

„Das ist knapp, Sir", sagte der Bahnhofsvorsteher, als er die Tür schloss.

Der Kapitän ließ sich in seinem Sitz zurückfallen, rang nach Atem, drehte den Kopf und blickte ein letztes Mal triumphierend die Straße hinauf.

„In Ordnung, Sir", sagte der Bahnhofsvorsteher freundlich, als er der Blickrichtung des anderen folgte und Mrs. Pepper erblickte. „Wir werden auf Ihre Dame warten."

Jackson Pepper kam hinter dem Kohlenlastwagen hervor und beobachtete, wie der Zug außer Sichtweite war, und fragte sich dumpf und vage, wie das Gespräch wohl aussah. Er blieb so lange stehen, dass ein sanftmütiger Träger, der die Nachricht gehört hatte, den Mut ergriff, auf ihn zuzukommen und ihm freundlich die Hand auf die Schulter zu legen.

„Sie werden sie nie wieder sehen, Mr. Pepper", sagte er mitfühlend.

Der Ex-Pilot drehte sich um und musterte ihn starr, und während er sprach, blitzte in seinem Gesicht das letzte Fünkchen Mut auf, das er jemals gezeigt hatte.

„Du bist ein beschuldigter Idiot!" sagte er grob.

Ein Fall von Fahnenflucht

Die SONNE GING GERADE AUF, als der kleine wannenartige Dampfer, oder genauer gesagt der Dampfkahn, die Bulldog, mit gut sechs Knoten pro Stunde an der schlafenden Stadt Gravesend vorbeidampfte.

Unterwegs hatte es eine kleine Diskussion zwischen ihrer Mannschaft und dem Ingenieur gegeben, der sich unten in seinem schmutzigen kleinen Maschinenraum selbst um die Beheizung und alles andere Notwendige kümmerte. Die Mannschaft, bestehend aus Kapitän, Steuermann und Junge, die ihre erste Fahrt auf einem Dampfer unternahm, war im letzten Moment von ihrem Segelkahn „The Witch" versetzt worden und stellte zu ihrem Unbehagen fest, dass der Ingenieur, der nicht damit gerechnet hatte so früh zu segeln, war furchtbar und betrunken. In jeder Minute, die er von seinen Maschinen entbehren konnte, schob er den Oberkörper durch die kleine Luke und ruderte mit seinem Kommandanten.

„Ahoi, Kahn !" „" schrie er und tauchte nach einer kurzen Pause der Feindseligkeiten wie ein Springteufel auf.

„Nehmen Sie keine Notiz von mir ", sagte der Maat. „ E hat da unten eine Flasche Brandy und ist fast verrückt."

ihm auf den Kopf schlagen ."

„Aber das tust du nicht", sagte der Maat, „und ich auch nicht, also solltest du lieber den Mund halten."

„Du denkst, du bist ein toller Kerl", fuhr der Ingenieur fort, „während du da oben stehst und mit dem kleinen Rad spielst. Du denkst, du machst die ganze Arbeit. Was macht der Junge? Schicken Sie ihn zum Schüren runter."

„Geh runter", sagte der Kapitän und grinste vor Wut, und der Junge gehorchte widerstrebend.

„Sie denken", sagte der Ingenieur mitleiderregend, nachdem er dem Jungen eine Handschelle an den Kopf gelegt und ihn am Genick nach unten fallen ließ, „Sie denken, weil ich ein schwarzes Gesicht habe , bin ich kein Mann." Es gibt viele heilige Gesichter, die eine gute Kunst darstellen."

„Ich denke mir nichts dabei", grunzte der Kapitän; „Du machst deine Arbeit, und ich mache meine."

„Geben Sie mir bloß keine Ihrer Antworten", brüllte der Ingenieur, „denn ich will sie nicht haben . "

Der Kapitän zuckte mit den Schultern und tauschte Blicke mit seinem mitfühlenden Kameraden. „Warte, bis ich an Land bin", murmelte er.

„Der Behälter ist abgenutzt", sagte der Ingenieur, der nach einem hastigen Tauchgang wieder auftauchte. „Es kann jeden Moment platzen."

Wie zur Bestätigung seiner Worte waren von unten furchteinflößende Geräusche zu hören.

„Es ist nur der Junge", sagte der Maat, „er hat Angst – natürlich."

„Ich dachte, es wäre die Galle ", sagte der Kapitän mit einem erleichterten Seufzer. „Es war laut genug."

Während er sprach, steckte der Junge seinen Kopf aus der Luke und kämpfte sich, vor Angst verzweifelt, an dem Ingenieur vorbei und erreichte das Deck.

„Sehr gut", sagte der Ingenieur, als er ihm an Deck folgte und zur Seite taumelte. „Ich habe genug von euch."

„Wäre es nicht besser, zu den Motoren zu gehen?" schrie der Kapitän.

„Bin ich dein SKLAVE?" forderte der Ingenieur unter Tränen. " Erzähl es mir. Bin ich dein Sklave?"

„Geh runter und erledige deine Arbeit wie ein vernünftiger Mann", war die Antwort.

Bei diesen Worten empörte sich der Ingenieur sofort, zog mit böser Miene seine fettige Jacke aus und warf seine Mütze auf das Deck. Dann trank er den Brandy aus, den er mitgebracht hatte, und blickte eulenhaft auf die Küste von Kent.

„Ich werde mich waschen", sagte er laut, setzte sich und zog seine Stiefel aus.

„Gehen Sie zuerst zu den Maschinen", sagte der Kapitän, „und ich schicke Ihnen den Jungen mit einem Eimer und etwas Seife."

"Eimer!" antwortete der Ingenieur verächtlich, als er zur Seite trat. „Ich werde mich mal richtig waschen."

"Halte ihn!" brüllte der Kapitän plötzlich. "Halte ihn!"

Der Maat, der die Situation erkannte , beeilte sich, ihn zu packen, aber der Ingenieur legte mit einem wahnsinnigen Lachen seine Hände auf die Seite und sprang ins Wasser. Als er aufstand, war der Dampfer zwanzig Meter voraus.

„Geh astarn !" schrie der Kumpel.

„Wie kann ich achtern , wenn niemand an den Motoren ist?" schrie der Kapitän, während er sich am Steuerrad festhielt und den Bootskopf scharf herumdrehte. „Halten Sie eine Leitung bereit."

Der Steuermann stürzte mit einer Seilrolle in der Hand zur Seite, aber seine wohlwollenden Bemühungen wurden vom Ingenieur zunichte gemacht, der, als er sah, wie sich das Boot gerade auf ihn zubewegte, ihm durch einen günstigen Sturzflug das Leben rettete. Der Dampfer raste vorbei.

„Dreh dich um !" schrie der Kumpel.

Der Kapitän tat dies bereits, und in bemerkenswert kurzer Zeit machte sich das Boot, das einen vollständigen Kreis beschrieben hatte, wieder auf den Weg zum Ingenieur.

„Achten Sie auf die Linie!" schrie der Maat warnend.

„Ich will deine Leitung nicht", schrie der Ingenieur. „Ich gehe an Land."

"Komm an Bord!" rief der Kapitän flehend, als sie wieder vorbeisausten. „Wir kommen mit den Motoren nicht zurecht."

„Legen Sie sie wieder um", sagte der Maat. „Ich werde ihn mit dem Boot holen. Zieh sie rein, Junge."

Das Boot, das nach hinten schleppte, wurde herangezogen, und der Steuermann stürzte in das Boot, gefolgt von dem Jungen, gerade als sich der Kapitän in der Mitte eines anderen Kreises befand – zur großen Empörung einer Menge großer und kleinerer Schiffe. das versuchte durchzukommen.

"Ahoi!" schrie der Kapitän eines Schleppers, der ein großes Schiff schleppte. „Nehmen Sie den Dampfkreisverkehr aus dem Weg. Was zum Teufel machst du?"

„Ich hole meinen Ingenieur ab", antwortete der Kapitän, während er direkt vor den Bug des anderen dampfte und beinahe einen Segelkahn überrollte, dessen Kapitän, ein Mann der Heilsarmee, edel mit seinen Gefühlen kämpfte.

„Warum hörst du nicht auf?" er schrie.

„Weil ich nicht kann", jammerte der Kapitän der „Bulldog", als er sich zwischen einem riesigen Dampfer und einem Schoner hindurchschlängelte, die, als sie ihm auswichen, selbst in eine kleine Kollision gerieten.

„Ahoi, Bulldogge! Ahoi!" rief den Kumpel. „Stehen Sie bereit, um uns abzuholen. Wir haben ihn."

Der Kapitän lächelte gequält, als er vorbeischoss, verfolgt von seinem Boot. Das Gefühl an Bord der anderen Boote, als sie der „Bulldog" aus dem Weg gingen und beinahe ihr Boot hinuntergerannt wären, und dann, als sie das vermieden hatten, beinahe etwas anderes überrannt hätten, lässt sich nicht in einfaches Englisch fassen, aber mehrere Kapitäne wagten es die Domänen des Ornamentalen mit großem Erfolg.

„Dampf abstellen!" schrie der Ingenieur, als der Bulldog wieder vorbeifuhr. „Dann zünde das Feuer."

„Wer lenkt, während ich es tue?" brüllte der Kapitän, als er für ein paar Sekunden das Steuerrad verließ, um zu versuchen, eine Leine zu finden, mit der er sie werfen konnte.

Zu diesem Zeitpunkt war die Aufregung im Fluss fürchterlich, und die Steuerung des Kapitäns, als er wieder seine Runde machte, war etwas Wunderbares . Ein seltsamer Mangel an Mitgefühl seitens der Kapitänsbrüder verschlimmerte seine Probleme. Jedes Fahrzeug, an dem er vorbeikam, hatte ihm etwas zu sagen, so beschäftigt es auch war, und die Bemerkungen waren ebenso eintönig wie beleidigend. Schließlich, als er gerade beschloss, sein Boot flussabwärts zu steuern, bis es aus Dampfmangel zum Stillstand kam, fing der Steuermann das Tau auf, das er warf, und die Bulldog ging mit am Heck festgemachtem Boot flussabwärts .

„Komm an Bord, du – du Verrückter!" er schrie.

„Nicht bevor ich weiß, wo ich stehe", sagte der Ingenieur, der jetzt wunderbar nüchtern war und über einen einigermaßen scharfen Verstand verfügte.

"Wie meinst du das?" forderte der Kapitän.

„Ich komme nicht an Bord", schrie der Ingenieur, „bis Sie, der Steuermann und der Kumpel alle schwören, nichts über dieses kleine Spiel zu sagen."

„Ich melde mich, sobald ich an Land bin", brüllte der Kapitän. „Ich übertrage Ihnen die Verantwortung für Desertion. Krank"-

Mit einer souveränen Geste bereitete sich der Ingenieur zum Abtauchen vor, doch der wachsame Maat fiel ihm um den Hals und stolperte über einen Sitz.

"Komm an Bord!" rief der Kapitän, entsetzt über diese Entschlossenheit. „Komm an Bord und ich werde dich ablecken, wenn wir stattdessen an Land kommen."

„ Ehre hell?" fragte der Ingenieur.

„ Hohe Ehre", riefen die drei im Chor.

Der Ingenieur mit allen Ehren des Krieges kam an Bord, und nachdem er bemerkt hatte, dass ihm beim Baden auf leerem Magen kalt wurde, ging er hinunter und begann zu schüren. Im Verlauf der Reise sagte er, dass es sich lohnte, sich so lächerlich zu machen, und sei es nur, um die schöne Steuerung des Kapitäns zu sehen, und versicherte wärmstens, dass es keinen anderen Mann auf dem Fluss gab, der das hätte tun können. Angesichts dieser heimtückischen Schmeichelei schmolz der Zorn des Kapitäns wie Schnee vor der Sonne, und als sie den Hafen erreichten, hätte er am liebsten daran gedacht, seinen eigenen Vater als seinen sanftzüngigen Ingenieur zu schlagen.

AUSGELEGT

Es WAR EIN BEDEUTSAMER Anlass. Die beiden Kapitäne saßen in der privaten Bar des „Old Ship" in der High Street in Wapping , nippten feierlich an kaltem Gin und rauchten Zigarren, deren einziger Vorzug darin bestand, dass sie geschmuggelt worden waren. Dass dies ihren Geschmack erheblich verbessert, ist an allen Ufern bekannt .

„Alles klar zeichnen?" fragte Kapitän Berrow – ein kleiner, dicker Mann ohne Ideen, der frohlockend ein Bündel davon besaß.

„Wunderschön", antwortete Kapitän Tucker, der gerade mit der kleinen Klinge seines Taschenmessers einen Ausflug in das Innere seines Hauses gemacht hatte. „Warum behalten Sie solche Zigaretten nicht bei, Vermieter?"

„Das kann er nicht", kicherte Kapitän Berrow albern. „Sie dürfen nicht verkauft werden – mit Geld kann man sie nicht kaufen ."

Der Vermieter grunzte. „Warum entscheiden Sie sich nicht für Ihr Rennen, dann sind Sie damit fertig", rief er und wischte seinen Tresen ab. „Scheint mir, Käpt'n Tuckers hängendes Feuer."

„Ich bin bereit, wenn er es ist", sagte Tucker etwas kurz.

„Es kostet Ihr Geld", sagte Berrow langsam; „Die Distel kann der guten Absicht nicht das Wasser reichen, und das wissen Sie. Oft hat mein kleiner Schoner mit einem Dampfer mitgehalten."

„ Wohin? Aber das wärst du gewesen, wenn das Abschleppseil gerissen wäre?" sagte der Wirt des Distels und zwinkerte dem Wirt zu.

Bei dieser Bemerkung geriet Kapitän Berrow in Flammen und wehrte, während seine Wut sich schnell in Fieberhitze steigerte, wütend die skorbutartigen Anspielungen in der Sprache ab, die die respektvolle Aufmerksamkeit aller anderen Gäste und das hastige Eingreifen des Wirts erzwangen.

„Legen Sie den Einsatz hoch", schrie er ungeduldig. „Erhöhen Sie den Einsatz und machen Sie sich nicht so viele Gedanken darüber."

„Hier ist meiner", sagte Berrow und überreichte ihm energisch einen fettigen Fünfer. „Jetzt, Cap'n Tucker, decken Sie das ab."

„Kommen Sie", sagte der Wirt aufmunternd; „Lass nicht zu, dass er dir so den Wind aus den Segeln nimmt."

Tucker überreichte fünf Sovereigns.

„Um 12.13 Uhr ist Hochwasser " , sagte der Wirt und steckte die Einsätze ein. „Sie verstehen die Bedingungen? – Jeder von Ihnen tut nach elf sein Bestes , und derjenige, der zuerst nach Poole kommt, bekommt die zehn Pfund. Verstehen?"

Beide Spieler atmeten schwer und bestellten noch etwas Gin, da sie sich der Verzweiflung des Unternehmens bewusst waren , auf das sie sich eingelassen hatten. Eine langjährige Rivalität um die Verdienste ihrer jeweiligen Schoner hatte dazu geführt, dass sie den Grundbesitzer zur Schlichtung anriefen, und das war das Ergebnis. Berrow , der vage das Gefühl hatte, dass es ratsam sei, mit dem Interessenten gute Beziehungen zu pflegen, bot ihm eine der berühmten Zigarren an. Der Interessenvertreter, der darauf bedacht war, mit seinem Magen im Reinen zu bleiben, lehnte ab.

nehme an, Sie haben beide Ihre Liegeplätze eingerichtet ?" er erkundigte sich.

„Ich habe sie heute Abend aufgestanden", antwortete Tucker. „Wir haben jetzt nur einen auf jeder Seite des Delphins festgemacht."

„Der Wind ist schwach, aber er kommt aus der richtigen Richtung", sagte Kapitän Berrow , „und ich hoffe nur, dass das beste Schiff gewinnt." Ich würde gerne gewinnen, aber wenn nicht, kann ich nur sagen, da es keinen Mann gibt, der atmet , hätte ich mich lieber geleckt als Käpt'n Tucker. Er ist ein so kluger Seemann wie nie zuvor auf dem London River , und er hat einen Schoner, auf den die Engel stolz sein würden."

„Gläser mit Gin rund", sagte Tucker prompt. „ Kapitän Berrow , hier ist Ihre sehr gute Gesundheit, ein faires Feld und kein Gefallen ."

Mit diesen lobenswerten Gefühlen trank der Herr der Distel seinen Schnaps aus, wischte sich den Mund mit dem Handrücken ab, nickte den beiden zum Abschied zu und ging. Sobald er die High Street erreicht hatte, ging er langsam, als wäre er tief in Gedanken versunken, dann bog er mit plötzlicher Entschlossenheit in die Nightingale Lane ein und steuerte auf eine kleine, unappetitliche Durchgangsstraße zu, die vom Ratcliff Highway abführte. Eine Viertelstunde später betrat er wieder die berühmte Durchgangsstraße, lächelte zusammenhangslos, ging wieder zurück zum Ufer, sprang in ein Boot und wurde zu seinem Schiff gebracht.

„Kommt heute Abend los, Joe", sagte er, als er zur Hütte hinabstieg, „und es kostet dich fast ein Pfund, wenn das alte Mädchen gewinnt. "

„Was ist die Wette ?" fragte der Maat und blickte von seiner Aufgabe, Tabak zu zerkleinern, auf.

„Fünf Pfund", antwortete der Kapitän.

„Nun, wir sollten es tun", sagte der Maat langsam; „Es wäre nicht meine
Schuld, wenn wir es nicht tun."

„Meins auch nicht", sagte der Kapitän. „Tatsächlich , Joe, ich glaube , ich
habe es so gut wie sichergestellt. In der Liebe, im Krieg und im Rennsport
ist alles in Ordnung, Joe."

„Ja, ja", sagte der Maat langsamer als zuvor, während er diesen Zusatz
zum Sprichwort drehte.

„Ich bin einfach herumgeschlichen und habe einen Typen namens Dibbs
gesehen, den ich früher kannte", sagte der Kapitän. „Unterhält eine Pension
für Seeleute. Er ist ein wunderbarer, scharfsinniger kleiner Kerl. Nadeln
bedeuten ihm nichts. Es gibt haufenweise Nadeln, aber nur einen Dibbs. Er
wird die Kerle des alten Berrow genauso betrunken machen wie Lords."

„Kennt er sie ? " fragte der Kumpel.

„Er weiß, wo sie zu finden sind ", sagte der andere. „Ich habe ihm gesagt,
dass sie entweder im ‚Duke's Head‘ oder in der ‚Town o‘ Berwick sein
würden." Aber er würde sie finden, wo auch immer sie waren . Ach, selbst
wenn sie in einer Kaffeetonne wären , glaube ich , dass der Mann sie finden
würde ."

„Das sind treue Kerle", wandte der Maat ein, aber auf eine schwache Art
und Weise, da er von dieser Hommage an Mr. Dibbs' bemerkenswerte
Kräfte etwas verblüfft war.

„Mein Junge", sagte der Kapitän, „es ist Dibbs‘ Aufgabe, den Schnaps der
Seeleute zu mischen, damit sie nicht wissen, ob sie auf dem Kopf oder auf
den Fersen stehen." Er ist der wunderbarste Mixer der Christenheit; ist sehr
stolz darauf. So mancher Seemann ist auf die Bordwand eines Schiffes
gestiegen, weil er dachte, es sei eine Treppe, und ist durch ihn hindurch um
die halbe Welt geflogen, anstatt zu Bett zu gehen."

„Dann haben wir es leicht ", sagte der Maat. „Ich glaube allerdings, dass
wir es auch ohne das geschafft hätten. „ Das ist doch nicht ganz das, was
man als Sport bezeichnen würde, oder?"

„Es gibt nichts Schöneres, als sich einer Sache zu vergewissern", sagte der
Kapitän gelassen. „Wann kommen unsere Jungs an Bord?"

„Spätestens elf Uhr dreißig", antwortete der Maat. „Der alte Sam ist bei
ihnen , also wird es ihnen gut gehen."

„Ich werde für ein paar Stunden anlegen", sagte der Kapitän und ging zu
seinem Liegeplatz. "Herr! Ich würde etwas dafür geben, das Gesicht des alten
Berrow zu sehen , wenn seine Jungs an der Seite heraufkommen."

„ Vielleicht kommen sie nicht so weit", bemerkte der Maat.

„Oh ja, das werden sie", sagte der Kapitän. „Dibbs wird dafür sorgen. Ich möchte keine Chance haben, dass das Rennen gestrichen wird. Bringen Sie mich in ein paar Stunden raus."

Er schloss die Tür hinter sich, und der Steuermann, der seinen Ton mit dem groben Tabak gefüllt hatte, holte ein rosafarbenes Briefpapier mit Wellenkanten aus seiner Schublade, legte das Papier auf seine rechte Seite und straffte seine Schultern, um damit zu beginnen private Korrespondenz.

Eine Zeit lang rauchte und schrieb er schweigend, bis die zunehmende Dunkelheit ihn aufforderte, seine Aufgabe zu Ende zu bringen. Er unterschrieb den Brief, nachdem er unter seiner Unterschrift ein paar zärtliche Zeichen angebracht hatte, versiegelte er ihn versandfertig und saß mit halb geschlossenen Augen da und rauchte seine Pfeife aus. Dann nickte sein Kopf, legte seine Arme auf den Tisch und schlief ebenfalls ein.

Es schien erst eine Minute her zu sein, seit er die Augen geschlossen hatte, als er durch das Eintreten des Kapitäns geweckt wurde, der laut und nervös aus seiner Kabine in die Dunkelheit gestolpert kam.

"Ay Ay!" sagte Joe und fuhr auf.

„Wo sind die Lichter?" sagte der Kapitän. "Wie viel Uhr ist es? Ich habe geträumt, ich hätte verschlafen. Wie viel Uhr ist es?"

„Viel Zeit", sagte der Maat vage und unterdrückte ein Gähnen.

„Ha'-nach zehn", sagte der Kapitän, während er ein Streichholz anzündete, „Sie haben geschlafen", fügte er streng hinzu.

„Das tue ich nicht ", sagte der Maat energisch, als er dem anderen an Deck folgte. "Ich habe mir überlegt. Ich denke besser im Dunkeln."

„Es ist an der Zeit, dass unsere Jungs an Bord sind ", sagte der Kapitän, während er sich auf dem verlassenen Deck umsah. „Ich hoffe, dass sie nicht zu spät kommen."

„Sam ist bei ihnen ", sagte der Maat zuversichtlich, als er zur Seite ging; „ An Bord der Good Intent finden auch keine Feierlichkeiten statt."

„Das wird es geben", sagte sein würdiger Kapitän mit einem Grinsen, als er über die dazwischenliegende Brigg hinweg auf das konkurrierende Boot blickte; "es wird sein."

Er ging um das Deck herum, um sich zu vergewissern, dass alles fest und in Schiffsform war, und kehrte gerade zum Steuermann zurück, als von der benachbarten Treppe ein überraschend seltsames Heulen zu hören war.

„Ich bin überrascht , dass Berrow seinen Männern erlaubt hat, diesen Lärm zu machen“, sagte der Kapitän scherzhaft. „Unsere Jungs sind auch da, glaube ich. Ich kann Sams Stimme hören.“

„Das kann ich auch“, sagte der Maat mit Nachdruck.

„Scheint ziemlich laut zu reden“, sagte der Meister der Distel und runzelte die Brauen.

„Hört sich an, als würde er versuchen zu singen“, sagte der Maat, als nach einiger Verzögerung ein schwer beladenes Boot von der Treppe abfuhr und langsam auf sie zusteuerte. „Nein, ist er nicht ; er schreit.“

Daran bestand kein Zweifel mehr. Der respektable und sehr vertrauenswürdige Sam stieß eine Reihe wilder Schreie aus, die einem geizigen Zulu alle Ehre gemacht hätten, und war offensichtlich wegen irgendetwas völlig außer sich.

„Ahoi, Thistle! Ahoi!" brüllte der Wassermann, als er sich dem Schoner näherte. „Wirf uns ein Seil vor? – schnell!“

Der Maat warf ihm einen zu, und das Boot kam längsseits. Dann sah man, dass ein anderer Wassermann Sam mit ungeduldiger und beklagenswerter Sprache gewaltsam im Boot festhielt.

„Was hat er getan? Was ist los?“ forderte der Kumpel.

"Erledigt?" sagte der Wassermann angewidert. "Erledigt? Er hat sich eine kleine Zitrone gegönnt, und sie ist in seinen albernen alten Kopf geraten. Er macht so viel Aufhebens, weil er die Kneipe in Brand stecken wollte, und sie ließen es nicht zu. Der Mann an Land sagte uns, dass sie der Guten Absicht angehörten, aber ich weiß, dass es deine Männer sind.“

"Sam!" brüllte der Kapitän mit sinkendem Herzen, als sein Blick auf die liegenden Gestalten im Boot fiel; „Komm sofort an Bord, du betrunkene Schande! Hörst du ?

„Ich kann ihn nicht verlassen“, sagte Sam wimmernd.

„Wen verlassen?“ knurrte der Kapitän.

„Ihn“, sagte Sam und legte seine Arme um den Hals des Wassermanns. „Er und ich sind wie Brüder.“

„Steh auf, du alter Verrückter !“ knurrte der Wassermann, befreite sich nur mit Mühe und zwang den anderen zur Seite. „Jetzt geht's hoch!“

Unterstützt von den Schultern des Wassermanns und den Händen seiner Vorgesetzten stieg Sam hinauf, und dann wandte der Wassermann seine

Aufmerksamkeit den übrigen Fahrgästen zu, die zufrieden am Boden des Bootes schnarchten.

"Nun dann!" er weinte; „Sieh mit dir lebendig aus! Hörst du ? Aufwachen! Aufwachen! Tritt sie um , Bill!"

„Ich kann nicht treten " , grummelte der andere Wassermann.

„Was zum Teufel ist mit ihnen los ?" stürmte der Kapitän der Thistle: „Scheiß einen Eimer Wasser darüber , Joe!"

Joe gehorchte mit Begeisterung; und da er nie viel Gespür für Details hatte, überließ er den Großteil davon den Wassermännern. Während des darauffolgenden Streits schnarchte die Besatzung der Thistle friedlich und wurde schließlich wie Kartoffelsäcke über die Bordwände gereicht, und die empörten Wasserleute zogen sich zur Treppe zurück.

„Hier ist eine nette Crew, mit der man ein Rennen gewinnen kann!" jammerte der Kapitän und weinte fast vor Wut. „Wirf das Wasser über sie hinweg , Joe! Schütte das Wasser über sie !"

Joe gehorchte bereitwillig, bis sich schließlich zur großen Erleichterung des Kapitäns ein Mann regte und, auf dem Deck sitzend, schläfrig seine feste Überzeugung zum Ausdruck brachte, dass es regnete. Einen Moment lang hegten sie beide Hoffnungen auf ihn, aber als Joe zur Seite ging, um einen weiteren Eimer voll zu holen, kam er offensichtlich zu dem Schluss, dass er geträumt hatte, und legte sich wieder hin und hielt sein Nickerchen fort. Während er das tat, donnerte der erste Schlag des Big Ben den Fluss hinunter.

"Elf Uhr!" rief der aufgeregte Kapitän.

Es war zu wahr. Bevor Big Ben fertig war, begannen die benachbarten Kirchenuhren mit fieberhafter Eile zu schlagen, und vom Deck der GOOD INTENT waren eilige Schritte und heisere Schreie zu hören.

„Löst die Segel!" schrie der wütende Tucker. „Löst die Segel! Verdammt, wir machen uns alleine auf den Weg!"

Er rannte vorwärts und hisste, unterstützt vom Steuermann, die Fockkeilen. Dann rannte er zurück, legte von der Brigg ab und begann, das Großsegel zu hissen. Als sie sich von der Reihe lösten, war gerade noch genug Segel vorhanden, um gegen den Strom vorzurücken; Während vor ihnen die „Gute Absicht" ein Segel nach dem anderen ausbreitete und kühn am Flussufer stand.

„So war es", sagte Sam, als er am nächsten Morgen um sechs Uhr vor dem grimmigen Tucker stand, umgeben von seinen Freunden. „Er kam in die ‚Stadt von Berwick‘, wo wir waren , ein so netter, sprechender kleiner

Kerl, wie man ihn sich nur wünschen kann.“ Er sagte, er hätte sich die
GOOD INTENT angeschaut, und er fand, es sei das hübscheste kleine
Handwerk, das es je gab, und das genaue Abbild eines seiner lieben Brüder,
der ein Missionar war, und er würde es tun möchte jedem Mann ihrer Crew
einen Drink anbieten. Natürlich sagten wir alle direkt , dass wir die Crew
seien , und alles, woran ich mich danach erinnern kann, sind zwei Polizisten
und ein kleiner Junge, der versuchte, mir den Froschmarsch zu geben , und
jemand, der Eimer Wasser über mich schüttete. Es ist Quatsch , auf diese
Weise ein Rennen zu verlieren, von dem wir nichts wussten ; Aber es war
nicht unsere Schuld? – Das war es tatsächlich nicht. Ich glaube, dass der
kleine Mann selbst eine Art Missionar war und uns bekehren wollte, und das
war seine Art, seine Arbeit zu beginnen. Es ist ja schön und gut, wenn der
Kumpel Hochstimmung hat ; Aber es ist ganz wahr, jedes Wort davon, und
wenn du in der Kneipe nachfragst, werden sie dir dasselbe sagen.“

VERBUNDEN

Der SCHONER FALCON war bereit zur See. Der letzte Ballen Stückgut war gerade verschifft worden, und ein paar haarige, ungepflegte Seeleute waren damit beschäftigt, unter der gekonnten Obszönität des Maaten die Luken zu öffnen.

"Alles klar?" fragte der Meister, ein kleiner, rotgesichtiger Mann von etwa fünfunddreißig Jahren. „Leinen los!"

„ Wirst du dann nicht auf die Passagiere warten?" fragte der Kumpel.

„Nein, nein", antwortete der Kapitän, dessen Gesichtszüge vor Aufregung arbeiteten. „Sie werden jetzt nicht kommen, da bin ich mir sicher. Wir werden die Flut verlieren, wenn wir nicht scharfsichtig vorgehen."

Er drehte sich zur Seite, um einen Befehl zu erteilen, als eine dralle junge Frau, begleitet von einem lüsternen Jungen, einer Bandschachtel und mehreren anderen Bündeln, auf den Steg geeilt kam.

„Nun, hier sind wir, Kapitän Evans", sagte das Mädchen und sprang leichtfüßig auf das Deck. „Ich dachte, wir sollten nie hierher kommen; der Taxifahrer schien den Weg nicht zu kennen; aber ich wusste, dass du nicht ohne uns gehen würdest."

„Hier bist du", sagte der Kapitän mit versuchter Fröhlichkeit, während er dem Mädchen seine rechte Hand reichte, während seine linke vage in Richtung des Ohrs des Jungen wanderte, das ihm kalt vorenthalten blieb. „Gehen Sie nach unten, und der Maat zeigt Ihnen Ihre Kabine. Bill, das sind Miss Cooper, eine Freundin von mir, und ihr Bruder."

Der Maat nahm die Einführung zur Kenntnis und ging voran zur Kajüte, wo sie so lange blieben, dass der Schoner, als sie wieder an Deck kamen, schon vor Limehouse war und bei leichtem Wind gut vorankam.

„Wie gefällt Ihnen die Kabine?" fragte der Kapitän, der am Steuer saß.

„Ziemlich fair", antwortete Miss Cooper. „Es ist doch ein großer Name dafür, nicht wahr? Oh, was für ein großes Schiff!"

Sie rannte zur Seite, um einen Blick auf ein großes Linienschiff zu werfen, und bis Gravesend belagerte sie den Kapitän und den Steuermann mit Fragen zu den verschiedenen Fahrzeugen. Auf Vorschlag des Steuermanns tranken sie Tee an Deck, wobei William Henry Cooper seinem Gastgeber durch seine bemerkenswerten Entdeckungen über die Salatfauna große Unannehmlichkeiten bereitete. Trotz seiner Bemühungen und der Wolke, unter der Evans zu leiden schien , wurde das Essen jedoch als großer Erfolg gewertet; und als es vorbei war , saßen sie lachend und plaudernd da, bis die

Luft kühl wurde und die Ufer des Flusses in der zunehmenden Dunkelheit verloren gingen. Um zehn Uhr zogen sie sich für die Nacht zurück und ließen Evans und den Steuermann an Deck zurück.

„Das ist ein nettes Mädchen", sagte der Maat und sah den Kapitän an, der launisch am Steuerrad lehnte.

„Ja, ja", antwortete er. „Bill", fuhr er fort und drehte sich plötzlich zum Maat um. „Ich stecke völlig durcheinander. Du hast einen guten, quadratischen Kopf auf deinen Schultern. Was soll ich nun tun? Natürlich können Sie sehen, wie das Land liegt?"

„Natürlich", sagte der Steuermann, der seinen Ruf nicht durch irgendeine Zurschaustellung von Unwissenheit verlieren würde. „Jeder konnte es sehen", fügte er hinzu.

„Die Frage ist, was zu tun ist?" sagte der Kapitän.

„Das ist die Frage", sagte der Maat vorsichtig.

„Ich bin so besorgt", sagte Evans, „dass ich tatsächlich daran gedacht habe, in eine Kollision zu geraten oder das Schiff an Land zu bringen." Stellen Sie sich vor, dass sich die beiden Frauen in Llandalock treffen .

Ein so plötzliches Licht fiel auf den quadratischen Kopf des Steuermanns, dass er vor lauter Helligkeit fast pfiff.

„Aber mit dieser bist du nicht verlobt?" er weinte.

„Wir wollen im August heiraten", sagte der Kapitän verzweifelt. „Das ist mein Ring an ihrem Finger."

„Aber Sie werden Mary Jones im September heiraten", entgegnete der Kumpel. „Du kannst nicht beide heiraten . "

„Das sage ich", antwortete Evans; „Das ist es, was ich mir immer wieder sage, aber es scheint nicht viel Trost zu bringen. Ich bin zu weich, wenn es um Frauen geht, Bill, und das ist die Wahrheit. Verdammt, wenn ich neben einem netten Mädchen stehe, schlingt mein Arm sich um sie, bevor ich weiß, was es tut."

„Was zum Teufel hat dich dazu bewogen, das Mädchen auf das Schiff zu bringen?" fragte der Kumpel. „Der andere ist sicher wie immer am Kai, um Sie zu treffen."

„Ich konnte nicht anders", stöhnte der Kapitän; „sie würde kommen; Sie kann sehr zielstrebig sein, wenn sie möchte. Sie ist furchtbar auf mich los, Bill."

„Das gilt offenbar auch für den anderen", sagte der Maat.

„Ich kann mir nicht vorstellen, was die Mädels in mir sehen", sagte der andere traurig. "Kannst du?"

„Nein, ich werde beschuldigt, wenn ich kann", antwortete der Maat offen.

„Das ist mir kein Verdienst, Bill", sagte der Skipper, „kein bisschen. Mein Vater war vor mir so. Die Sorge bringt mich um."

„Nun, was wirst du haben?" fragte der Kumpel. „Was gefällt dir am besten?"

„Ich weiß es nicht, und das ist eine Tatsache", sagte der Kapitän. „Sie haben beide Geld, das zu ihnen kommt ; Wenn ich in Wales bin, mag ich Mary Jones am liebsten, und wenn ich in London bin, ist es Janey Cooper. Es ist schrecklich, so zu sein, Bill."

„Das ist es", sagte der Maat trocken. „Ich wäre nicht in deiner Lage, wenn sich diese beiden Mädels treffen würden, um ein Vermögen zu verdienen. Dann müssen Sie sich auch mit der alten Jones und ihren Brüdern befassen. Mir scheint, dass es etwas lebhafter wird."

„Ich habe daran gedacht, krank zu werden und in meiner Koje zu bleiben, Bill", schlug Evans besorgt vor.

„Und die beiden zu haben, die dich pflegen", erwiderte Bill. „Schöne ruhige Zeit für einen Invaliden."

Evans machte eine Geste der Verzweiflung.

„Wie wäre es," sagte der Steuermann nach einer langen Pause und sprach sehr langsam; „Wie wäre es, wenn ich dir das hier abnehmen würde?"

„Das konntest du nicht machen, Bill", sagte der Kapitän entschieden. „Nicht solange sie wusste, dass ich über der Erde war." „Nun, ich kann es versuchen", erwiderte der Kumpel kurz. „Das Mädchen hat mir ziemlich gut gefallen. Ist es ein Schnäppchen?"

„Das ist es", sagte der Kapitän und schüttelte ihm die Hand. "Wenn du Hol mich aus diesem Loch, Bill, ich werde mich den längsten Tag meines Lebens daran erinnern."

Mit diesen Worten ging er nach unten, und nachdem er WH Cooper vorsichtig gelöst hatte, der sich im Schlaf einen Knoten gebildet hatte, um den ein professioneller Schlangenmensch ihn beneidet hätte, stürzte er sich neben ihn und schlief ein.

Als er morgens beim Frühstück der strahlenden Jane begegnete, versagte ihm fast das Herz, aber er verbarg seine Gefühle mit großer Anstrengung; und nachdem das Essen beendet war und die Passagiere an Deck gegangen waren, ergriff er den Steuermann, der ihm folgte, und zog ihn in die Kajüte.

„Du hast dich heute Morgen nicht gewaschen", sagte er und musterte ihn aufmerksam. „Wie willst du wohl Eindruck machen, wenn du nicht schlau aussiehst?"

„Nun, ich sehe aufgeräumter aus als du", knurrte der Kumpel.

„ Natürlich tun Sie das", sagte der schlaue Evans. „Ich werde dir alle Chancen geben, die ich kann. Jetzt gehst du und rasierst dich, und hier — nimm es."

Er reichte dem überraschten Kumpel eine leuchtend rote Seidenkrawatte, die mit grünen Punkten verziert war.

„Nein, nein", sagte der Maat abfällig.

„Nimm es", wiederholte Evans; „Wenn es irgendetwas gibt, das sie fesselt, dann ist es diese Krawatte; und hier sind ein paar Halsbänder für Sie; Sie haben eine neue Form, die derzeit in Poplar ganz im Trend liegt."

„Es beraubt dich", sagte der Maat, „und es nützt auch nichts." Ich habe keinen anständigen Anzug an meinem Rücken."

Evans blickte auf und ihre Blicke trafen sich; dann wandte er sich mit stockendem Atem ab, ging nach einigem Zögern zu seinem Spind, holte einen neuen Anzug heraus, den er zur Erbauung von Miss Jones gekauft hatte, und reichte ihn schweigend dem Maat.

„Ich kann all diese Dinge nicht nehmen, ohne dir etwas dafür zu geben " , sagte der Maat. „Hier, warte ein bisschen."

Er sprang in seine Kabine und holte nach einer hastigen Suche einige Kleidungsstücke heraus, die er vor seinem Kommandanten auf den Tisch legte.

sie nicht tragen , nein, nicht um mich darin zu ertränken", erklärte Evans nach einem kurzen Blick; „Sie sind nicht einmal anständig."

„Umso besser", sagte der Steuermann. „Bei mir wird es eher ein Kontrast sein."

Nach einem leichten Streit gab der Kapitän nach, und der Steuermann ging nach einer ausführlichen Toilette an Deck und begann, sich gefällig zu machen, während sein Chef sich unten herumschlich und versuchte, den Mut aufzubringen, aufzutauchen.

„Wo ist der Kapitän?" fragte Miss Cooper, nachdem seine Abwesenheit so lange gedauert hatte, dass sie auffiel.

„Er ist unten und zieht sich an , Gott sei Dank ", antwortete der Maat schlicht.

Miss Cooper warf einen Blick auf seine Kleidung, lächelte sanft vor sich hin und bereitete sich auf etwas Überraschendes vor, und sie bekam es; Denn ein verlasseneres, mürrischeres Objekt als der Kapitän war bei seinem Erscheinen noch nie auf dem Deck der Falcon gesehen worden, und seine Londoner Verlobte blickte ihn voller Scham und Empörung an.

„Warum hast du diese Dinger angezogen?" Sie flüsterte.

„Arbeit, meine Liebe – Arbeit", antwortete der Kapitän.

„Nun, pass auf, dass du keines der Stücke verlierst", sagte die Liebe höflich; „Vielleicht passen Sie nicht zu diesem Stoff."

„Darum kümmere ich mich", sagte der Kapitän und errötete. „Sie müssen mir entschuldigen, dass ich jetzt mit Ihnen rede . Ich bin beschäftigt."

Miss Cooper sah ihn empört an, biss sich auf die Lippe, wandte sich ab und begann einen verzweifelten Flirt mit dem Kumpel, um ihn zu bestrafen. Evans beobachtete sie mit gemischten Gefühlen, während er sich mit verschiedenen kleinen Arbeiten an Deck beschäftigte. Sein Zorn steigerte sich durch das Verhalten des Kochs, der seine Gefühle schlecht verbergen konnte, mehrmals aus der Kombüse ihn anzusehen.

Aus diesem Vorfall entstand eine Kühle zwischen dem Kapitän und dem Mädchen, die stündlich zunahm. Manchmal wurde der Kapitän schwächer, aber der wachsame Maat war immer zur Stelle, um Unheil zu verhindern. Aufgrund seiner Fürsorge war Evans im Allgemeinen beschäftigt und immer schroff; und Miss Cooper, die an die eifrigsten Aufmerksamkeiten von ihm gewöhnt war, wusste nicht, ob sie am meisten verwirrt oder am empört sein sollte. Viermal an einem Tag bemerkte er in ihrer Anhörung, dass ein Seemannsschiff sein Schatz sei, während seine Behandlung seines kleinen künftigen Schwagers, als er mit ihm über den Zustand seiner Garderobe debattierte, den bis dahin verwöhnten Jugendlichen in Erstaunen versetzte . Endlich, in der vierten Nacht, als der kleine Schoner an der Küste von Cornwall vorbeifuhr, kam der Steuermann auf ihn zu und klopfte ihm kräftig auf den Rücken.

„Es ist alles in Ordnung, Kapitän ", sagte er. „Du hast das hübscheste kleine Mädchen Englands verloren."

"Was?" sagte der Kapitän ungläubig.

„Tatsache", antwortete der andere. „Hier ist dein Ring zurück. Ich würde sie es nicht länger tragen lassen."

„ Aber hast du es getan?" fragte Evans und nahm benommen den Ring entgegen.

„Oh, so einfach wie möglich", sagte der Maat. „Sie mochte mich am liebsten, das ist alles."

„Aber was hast du zu ihr gesagt?" beharrte Evans.

Der andere dachte nach.

„Ich kann mich nicht genau erinnern", sagte er schließlich. „ Aber Sie können sich darauf verlassen, ich habe alles gegen Sie gesagt, was ich konnte. Aber sie hat sich nie besonders um dich gekümmert. Sie hat es mir selbst gesagt."

„Ich wünsche Ihnen Freude an Ihrem Geschäft", sagte Evans feierlich nach einer langen Pause.

"Wie meinst du das?" forderte der Kumpel scharf.

„So ein Mädchen", sagte der Kapitän mit einem Kloß im Hals, „das mit zwei Männern gleichzeitig durchhalten kann, ist es nicht wert." Sie ist nicht mein Geld, das ist alles."

Der Maat sah ihn ehrlich verwirrt an.

„Markieren Sie meine Worte", fuhr der Kapitän hochmütig fort, „Sie werden es noch lange bereuen. So ein Mädchen hat keinen Ballast. Sie wird immer auf der Suche nach frischen Krawatten sein."

„Du hast es auf die Krawatte zurückgeführt, oder?" höhnte der Kumpel zornig.

„Das und die Kleidung natürlich ", antwortete der Kapitän.

„Nun, da liegen Sie falsch", sagte der Maat. „Du weißt viel über Mädchen. Es lag nicht an deinen alten Klamotten, und es lag auch nicht an deinem schlechten Benehmen ihr gegenüber, seit sie an Bord ist. Sie können es genauso gut zuerst wissen wie zuletzt. Sie wollte zunächst nichts mit mir zu tun haben, also erzählte ich ihr alles über Mary Jones."

„Du hast ihr DAS gesagt?" schrie der Kapitän heftig.

„Das habe ich", antwortete der andere. „Anfangs war sie ziemlich wild; Aber dann fiel ihr die komische Seite auf: Du trägst diese alten Klamotten und machst so herum. Sie hat dich immer beobachtet, bis sie es nicht mehr ausgehalten hat, und dann ist sie in die Kabine gegangen und hat gelacht. Dieses Mädchen hat eine wundervolle Stimmung . Stille! Hier ist sie!"

Während er sprach, kam das Mädchen an Deck und blieb in einiger Entfernung von ihnen stehen, als es die beiden Männer miteinander reden sah.

„Es ist alles in Ordnung, Jane", sagte der Maat; „Ich habe es ihm gesagt."

"Oh!" sagte Miss Cooper mit einem kleinen Keuchen.

„Ich kann keine Täuschung ertragen", sagte der Steuermann. „Und jetzt hat er es nicht mehr im Kopf, er ist so glücklich, dass er es nicht mehr ertragen kann."

Der letzte Teil dieser Behauptung schien durch Tatsachen mehr gerechtfertigt zu sein als der erste, aber Evans machte einen erstickten Laut, den er als Zeichen unerträglicher Freude verstehen wollte, überließ das Steuer dem Steuermann und ging vorwärts. Der klare Himmel war voller Sterne, und ein ruhiger Geist hätte sich vielleicht an der stillen Schönheit der Nacht erfreuen können, aber der Kapitän war zu sehr am Verhalten des jungen Paares am Steuer interessiert, um darüber nachzudenken. Sie vertieften sich ineinander, vergaßen ihn völlig und tauschten spielerische Ohrfeigen und Stöße aus, die ihn unbeschreiblich erzürnten. Mehrmals war er kurz davor, seine Position als Kommandant auszuüben und dem Steuermann den Befehl zu geben, nach unten zu gehen, aber unter den gegebenen Umständen war ein Eingreifen unmöglich, und mit einem leisen „Gute Nacht" ging er nach unten. Hier fiel sein Blick auf William Henry, der friedlich schlummerte, und mit einer verschwommenen Vorstellung von der Ewigkeit der Dinge hob er den Jungen in seine Arme und legte ihn trotz seiner schläfrigen Proteste in die Koje des Maaten. Dann zog er sich mit Kopfschmerzen und Herzschmerzen für die Nacht zurück.

Am nächsten Tag gab es eine kleine Peinlichkeit, die aber bald verging und die drei erwachsenen Insassen der Hütte ein recht lockeres Verhältnis zueinander hatten. Die am meisten besorgte Person achtern war der Junge, der nicht ins Vertrauen gezogen worden war und dessen Gesicht, als seine Schwester mit dem Arm des Steuermanns um ihre Taille dasaß, dem Kapitän ein perfektes Beispiel für Gefühle bot.

„Ich bin ziemlich neugierig, diese Miss Jones zu sehen", sagte Miss Cooper freundlich, als sie beim Abendessen saßen.

„Sie wird am Kai sein und ihm ihr Taschentuch zuwinken", sagte der Steuermann. „Wir werden morgen Nachmittag da sein, und dann wirst du sie sehen."

Zufällig war der Steuermann einige Stunden unterwegs, denn als der Bug des Falken in Richtung des kleinen Hafens gelegt wurde , war es schon ziemlich dunkel, und der kleine Schoner glitt hinein, geleitet von den beiden Lichtern, die die Einfahrt markierten. Der Kai sah im Licht einiger verstreuter Lampen ziemlich trist aus und schien bis auf zwei oder drei undeutliche Gestalten verlassen zu sein. Dahinter waren die zerbrochenen Lichter der Stadt deutlicher zu erkennen, als der Schoner langsam über das dunkle Wasser zu seinem Liegeplatz kroch.

„Gute Nacht, Kapitän ", sagte der Wächter, als der Schoner sanft am Kai entlangfuhr.

Der Kapitän grunzte zustimmend. Er blickte besorgt auf den Kai.

„Es ist zu spät", sagte der Maat. „ Um diese Zeit konnte man sie nicht erwarten . Es ist zehn Uhr."

„Ich werde morgen früh rübergehen", sagte Evans, der, nachdem die Dinge nun geklärt waren, insgeheim enttäuscht war, dass Miss Cooper das Treffen nicht beobachtet hatte. „Wenn du nicht an Land gehst, haben wir vielleicht ein paar Karten , sobald wir festgemacht haben."

Als der Maat zustimmte, gingen sie nach unten und waren bald tief in die Geheimnisse des Three-Hand-Cribbage vertieft. Evans, der ein guter Spieler war, übertraf sich selbst und hatte gerade das erste Spiel gewonnen, während die anderen nirgendwo waren, als ein Kopf in den Niedergang geworfen wurde und eine Stimme wie ein gespanntes Nebelhorn den Kapitän beim Namen rief.

"Ay Ay!" schrie Evans und legte seine Hand nieder.

„Ich komme runter, Kapitän ", sagte die Stimme, und der Maat hatte gerade Zeit, Miss Cooper „Old Jones" zuzuflüstern, als ein Mann von mächtiger Statur die Tür der kleinen Hütte füllte und ihr ein „Old Jones" entgegenstreckte Riesenpfote an Evans und den Kumpel. Dann blickte er die Dame an und wartete schwer atmend.

„Junge Dame vom Maat", sagte Evans atemlos, „Miss Cooper. Setz dich, Kapitän . Hol den Gin raus, Bill."

„Nichts für mich", sagte Captain Jones bestimmt, aber mit offensichtlicher Anstrengung.

Die Überraschung von Evans und dem Steuermann ließ sich nicht verbergen; Aber der Besucher bemerkte es nicht, denn er rutschte auf seinem Stuhl hin und her und schien mit einem mysteriösen Problem zu kämpfen zu haben. Nach einer langen Pause, in der ihn alle besorgt beobachteten, streckte er die Hand über den Tisch aus und schüttelte Evans erneut die Hand.

„Stellen Sie es da hin, Kapitän ", sagte Evans, sehr berührt von diesem Zeichen der Wertschätzung.

Der alte Mann stand auf und blickte ihn an, die Hand auf seiner Schulter; Dann schüttelte er ihm zum dritten Mal die Hand und klopfte ihm aufmunternd auf die Schulter.

„Ist irgendetwas los?" fragte der Kapitän der Falcon, als er aufstand, alarmiert über diese Gefühlsbekundungen. „Ist Mary – ist sie krank?"

„Schlimmer noch", sagte der andere – „ noch schlimmer , mein armer Junge; Sie hat einen Hummer geheiratet!"

Die Wirkung dieser Mitteilung auf Evans war enorm; aber es kann bezweifelt werden, ob er überraschter war als Miss Cooper, die, völlig unbewandert in militärischen Begriffen, vergeblich versuchte, die Möglichkeit einer solchen Mesallianz zu erkennen, während sie den Sprecher wild anstarrte und vor Erstaunen quiekte.

"Wann war es?" fragte Evans schließlich mit dumpfer Stimme.

„Donnerstag zwei Wochen, um halb elf", sagte der alte Mann. „Er ist ein Sergeant in der Linie. Ich hätte dir geschrieben, aber ich dachte, es wäre das Beste, zu dir zu kommen und es dir sanft mitzuteilen. Kopf hoch, mein Junge; Es gibt mehr als eine Mary Jones auf der Welt."

Mit dieser unbestreitbaren Tatsache winkte Captain Jones der Party zum Abschied zu, ging los und überließ es ihnen, seine Neuigkeiten zu verdauen. Eine Zeit lang saßen sie still da, während der Maat und Miss Cooper flüsternd tauschten, bis sie sich schließlich, als die Stille bedrückend wurde, zu ihren jeweiligen Kojen zurückzogen und den Kapitän am Tisch sitzen ließen, während er angestrengt auf einen Knoten im gegenüberliegenden Spind starrte.

Noch lange nach ihrer Abreise saß er so in tiefem Schweigen, das nur gelegentlich durch ein Kichern aus der Kabine oder ein idiotisches Kichern aus der Richtung der Koje des Maaten unterbrochen wurde, bis er, durch das Ausbrennen der Lampe zu alltäglichen Angelegenheiten zurückgerufen, zu ihm kam ging in angemessener Düsternis zu Bett.

DIE RIVALEN SCHÖNHEITEN

Wenn DU MICH NICHT GEFRAGT HÄTTEST ", sagte der Nachtwächter, „hätte ich es dir nie gesagt; Aber da Sie die Frage klar gestellt haben, werde ich Ihnen meine Erfahrungen damit erzählen. Sie sind die erste Person, der ich jemals zu diesem Thema die Lippen geöffnet habe, denn es war so außergewöhnlich , dass alle unsere Jungs fluchten, weil sie es für sich behalten würden , aus Angst, dass man ihnen nicht glauben und sich darüber lustig machen könnte.

„Es geschah 1984 an Bord des Dampfers George Washington auf dem Weg von Liverpool nach New York. Die ersten acht Tage vergingen, ohne dass etwas Ungewöhnliches passierte, aber am neunten stand ich mit dem Ersten Offizier am Heck und holte den Baumstamm ein, als wir von oben einen Schrei hörten und ein Kerl, den wir „stotternden Sam" nannten, herunterkam, als ob er war besessen und stürzte auf den Steuermann zu, wobei ihm fast die Augen aus dem Gesicht fielen.

„'Da ist der sssssss-sis-sis-sip!' ses er.

"'Das was?' ses der Kumpel.

„'Das sssssssssssssssssssssssip ! '

„„Schau mal, mein Junge', sagt der Steuermann, holt ein Taschentuch heraus und wischt sich das Gesicht ab, ‚du hast dich nur so lange hingehalten, bis du wieder zu Atem kommst. Es ist, als würde man eine Flasche Sodawasser öffnen, um mit einem zu reden. Was ist denn nun?'

„'Es ist der sssssssis -sea-sea-sea- sarpint !' ses Sam, mit einer Büste.

„ Nach eurem Bericht ist es ziemlich lang her ", sagt der Maat mit einem Grinsen.

"'Was ist los?' ses der Skipper, der gerade heraufgekommen ist.

„„Dieser Mann hat das Meer gesehen , Sir, das ist alles', sagt der Maat.

„„Yy-ja', sagte Sam mit einer Art Schluchzen .

„„Nun, im Moment gibt es nicht viel zu tun', sagt der Kapitän, ‚also holen Sie sich besser eine Scheibe Brot und füttern Sie es.'

„Der Maat ist mit einem Scherz ausgestiegen , und ich konnte an der Art und Weise, wie der Kapitän lächelte, sehen, dass er selbst ziemlich verärgert darüber war.

„Der Kapitän und der Steuermann lachten immer noch sehr laut, als wir eine schreckliche Eule von der Brücke hörten. Einer der Kerle verlässt plötzlich das Steuerrad, springt auf das Deck und stürzt nach unten, als wäre er verrückt. Der andere folgt mir am meisten d'reckly , und der zweite Steuermann packte das Steuerrad, als er es verließ, und rief dem Kapitän etwas zu, was wir nicht verstehen konnten.

„Was zum Teufel ist los?' schreit der Kapitän.

„Der Maat zeigte nach Steuerbord, aber da es so war und zitterte, so dass es in einem Moment zum Himmel und im nächsten auf den Meeresgrund zeigte, war es für uns kein guter Wegweiser. Selbst als er es stabilisierte , konnten wir nichts sehen, bis plötzlich, etwa zwei Meilen entfernt, für ein paar Sekunden etwas wie ein Telegrafenmast aus dem Wasser ragte, dann duckte er sich wieder und machte sich direkt auf den Weg Schiff.

„Sam war der Erste, der etwas sagte, und ohne Zeit mit Stottern oder Stottern zu verschwenden, sagte er, er würde hinuntergehen und nach dem Stück Brot sehen, und er ging, bevor der Kapitän oder der Maat ihn aufhalten konnte .

„In weniger als einer Minute waren nur noch die drei Offiziere und ich an Deck. Der zweite Steuermann hielt das Steuerrad, der Kapitän hielt den Atem an und der erste Steuermann hielt mich fest. Es war eine der aufregendsten Zeiten, die ich je hatte.

„„Feuer lieber mit der Waffe darauf', sagt der Kapitän mit zitternder Stimme und blickt auf die kleine Messingkanone, die wir als Signalgeber hatten .

„„Es ist besser, ihm keinen Anlass zur Beleidigung zu geben"', sagt der Maat kopfschüttelnd.

„„Ich frage mich, ob es Männer frisst', sagt der Kapitän. „Vielleicht gelingt es einigen von uns."

„„Es gibt nicht viele an Deck, aus denen man wählen kann', sagt der Maat und schaut auf mich ."

„„Das stimmt', sagt der Kapitän sehr nachdenklich; „Ich werde gehen und alle Mann an Deck schicken. " „Als Kapitän ist es meine Pflicht, das Schiff nicht bis zum LETZTEN zu verlassen, wenn ich es irgendwie verhindern kann."

„Wie er sie an Deck gebracht hat, war für mich immer ein Wunder, aber er hat es geschafft. Er war selbst in den besten Zeiten ein brutaler Mann, und er hat so viel getan, dass sie vermutlich dachten, selbst der Sarpint könnte nicht schlimmer sein. Wie dem auch sei, sie kamen herauf, und wir standen alle in einer Menschenmenge und beobachteten den Sarpint , der immer näher kam.

„Wir schätzten, dass es ungefähr hundert Meter lang war, und es war ungefähr das schrecklichste Geschöpf, das man sich vorstellen kann. Wenn man die hässlichsten Dinge der Welt nehmen und sie vermischen würde – Gorillas und dergleichen –, würde man im Vergleich zu dem, was das ist, nur einen Hangel ergeben. Es hing einfach an unserer Seite und hielt mit uns Schritt, und hin und wieder öffnete es sein Maul und ließ uns etwa vier Meter in seine Kehle blicken.

„,Es scheint friedlich zu sein', flüstert der erste Maat nach einer Weile.

„, Vielleicht hat er keinen Hunger', sagt der Kapitän. „Wir sollten lieber nicht zulassen, dass es hungrig wird .'' Probieren Sie es mit einem Laib Brot.'

„Der Koch ging nach unten und holte ein halbes Dutzend, einen von den Kerlen, nahm all seinen Mut zusammen, warf ihn über die Bordwand, und bevor man ,Jack Robinson' sagen konnte, hatte der Sarpint ihn aufgewirbelt und'' war auf der Suche nach mehr. Es streckte den Kopf nach oben und kam nah an die Seite, genau wie die Schwäne im Victoria Park, und es machte weiter, bis es zehn Brote und ein Stück Schweinefleisch hatte.

„,Ich fürchte, wir ermutigen es', sagt der Kapitän und betrachtet es, während es mit einem Auge so groß wie eine Untertasse auf dem Schiff entlang schwamm.

„, Vielleicht wird es bald verschwinden, wenn wir nicht mehr darauf achten', sagt der Maat. „Tu einfach so, als wäre es nicht hier.''

„Nun, wir haben so gut wir konnten vorgetäuscht; aber jeder hielt sich an der Backbordseite des Schiffes fest und war bereit, in kürzester Zeit hinunterzustürmen; Und schließlich, als das Biest seinen Hals über die Bordwand reckte, als suche es nach etwas, gaben wir ihm noch mehr Futter. Wir dachten, wenn wir es nicht gaben , würde er es nehmen, und zwar sozusagen aus dem falschen Regal. Aber wie der Maat sagte, es ermutigte es, und lange nachdem es dunkel war, konnten wir es hinter uns schnauben und planschen hören, bis es schließlich eine solche Wirkung auf uns hatte, dass der Maat einen der Kerle herunterschickte, um aufzuwachen der Kapitän.

„,Ich glaube nicht, dass es irgendetwas nützen wird', sagt der Kapitän, späht über die Bordwand und spricht, als wüsste er alles über Seesarpinten und ihre Lebensweise.

„, Angenommen , es legt seinen Kopf über Bord und nimmt einen der Männer mit'', sagt der Steuermann.

„,Lassen Sie es mich sofort wissen', sagt der Kapitän mit Nachdruck; und er ging wieder unter und verließ uns.

„Nun, ich war sehr froh, als acht Glocken läuteten und ich nach unten ging; und wenn ich jemals etwas gehofft habe, dann habe ich gehofft, dass dieses hässliche Tier verschwunden wäre, wenn ich hinaufgegangen wäre, aber stattdessen spielte es neben mir, als ich an Deck ging, fast wie ein Kätzchen, eins von ihnen Die Jungs haben es mir erzählt, als der Kapitän es schon einmal gefüttert hatte.

„Es ist ein wunderbares Tier', sagt der Kapitän, ,und' es gibt jetzt niemanden von euch, der das Meer noch nicht gesehen hat; aber ich verbiete jedem hier, ein Wort darüber zu sagen, wenn wir an Land kommen.'

„Warum nicht, Sir?' ses der zweite Maat.

„ Weil man Ihnen nicht glauben würde', sagte der Kapitän streng. „Sie könnten alle an Land gehen und das Buch küssen und eidesstattliche Erklärungen abgeben und Ihnen nicht glauben." Die Comic-Zeitungen würden sich darüber lustig machen, und die seriösen Zeitungen würden sagen, es seien Algen oder Möwen gewesen.

„Warum nehmen wir es nicht mit nach New York?" Plötzlich sieht er den ersten Kumpel.

"'Was?' ses der Skipper.

„'Füttern Sie es jeden Tag', sagt der Kumpel aufgeregt, 'und ködern Sie ein paar Haifischhaken und halten Sie sie bereit, zusammen mit etwas Drahtseil. Ich soll uns so weit folgen, wie er will, und ihn dann fangen. Wir könnten ihn lebend erwischen und ihn in voller Höhe zeigen. Wie dem auch sei, wir können seinen Kadaver aufnehmen, wenn wir es richtig machen."

"'Von Jove! „Wenn wir nur könnten", sagt der Kapitän und wird ebenfalls aufgeregt.

„„Wir können es versuchen', sagt der Kumpel. „Na ja, wir hätten es heute Morgen schaffen können, wenn wir gewollt hätten; und wenn es die Linien durchbricht, müssen wir ihm mit der Waffe den Kopf in Stücke sprengen.'

„Es kam mir äußerst ungewöhnlich vor, es auf diese Weise zu fangen; Aber das Biest war so zahm und hielt sich so nah an uns, dass es nicht ganz so lächerlich war, wie es auf den ersten Blick schien.

„Nach ein paar Tagen hat sich niemand mehr um das Tier gekümmert, denn es war das nervöseste Tier seiner Größe, das man je gesehen hat. Es hatte nicht die Seele einer Maus; Und als der Zweite Steuermann eines Tages aus Spaß die Leine des Nebelhorns in die Hand nahm und ein wenig damit herumfuchtelte, warf es auf eine Art erschrockene Weise die Spitze in die Höhe und drehte sich, nachdem es ein wenig zurückwich, um sauber rund und verschraubt.

„Ich dachte, der Kapitän wäre verrückt geworden. Er warf Brote, Stücke vom Rind- und Schweinefleisch und Dutzende Kekse hin und her, und nach und nach, als das Tier sein Herz fasste und wieder auf uns zukam, strahlte er vor Freude. Dann gab er den Befehl, dass niemand die Hupe berühren dürfe, aus welchem Grund auch immer, nicht einmal bei Nebel, Kollisionsgefahr oder ähnlichem; und er befahl auch, die Glocken nicht zu läuten, sondern die Bosen sollten lediglich die Glocken in den Vorraum schieben und stattdessen die Glocken rufen .

„Als drei Tage vergangen waren und das Ding uns immer noch folgte , sorgten alle dafür, es nach New York zu bringen, und ich glaube , wenn Joe Cooper nicht gewesen wäre, wäre die Frage nach der Seespinne nicht gestellt worden.“ längst geklärt. Er war ein ganz außergewöhnlich hässlicher Kerl, Joe. Er hatte ein perfides Cartoon-Gesicht und war dabei so feinsinnig und sensibel, dass es ihm nicht gefiel, wenn ein Kerl nur auf der Straße stehen blieb und pfiff, wenn er an ihm vorbeiging, oder ihn einem Freund zeigte Es. Er erzählte mir einmal, als ich mit ihm sympathisierte , dass das einzige Mal, dass eine Frau jemals höflich mit ihm gesprochen hätte, eines Nachts auf dem Poplar Way im Nebel gewesen sei, und er darüber so aufgeregt war , dass sie beide vor ihm in den Kanal gingen wusste, wo sie waren .

„Am vierten Morgen, als wir nur noch etwa drei Tage von Sandy Hook entfernt waren , stieg der Kapitän mit der falschen Seite aus dem Bett, und als er an Deck ging, war er bereit, jeden anzugreifen, und wie es der Zufall wollte, Als er ein Stück vorwärts geht, sieht er, wie Joe sein Phiz über die Seite streckt und auf den Sarpint blickt .

„„Was zum Teufel machst du?' schreit der Kapitän: „Was meinst du damit?“

„'Mit was gemeint, Sir?' fragt Joe.

„'Steck dein schwarzes, hässliches Gesicht über die Seite des Schiffes und erschrecke meinen Seemann ! ' brüllt der Kapitän: „Sie wissen, wie einfach es ist .“

„'Das Meer erschrecken – Sarpint ?' ses Joe, der am ganzen Körper zittert und ganz weiß wird.

„„Wenn ich dein Gesicht noch einmal über der Bordwand sehe , mein Junge', sagt der Kapitän sehr grimmig, ,dann gebe ich ihm ein blaues Auge. Jetzt schneiden!'

„Joe Cut, und der Kapitän, nachdem er etwas von seiner schlechten Laune abgelegt hatte, ging wieder nach achtern und begann, ganz angenehm mit dem Maat zu plaudern. Ich war damals unten und wusste stundenlang nichts davon , und dann hörte ich es von einem der Feuerwehrleute. Er kommt sehr geheimnisvoll auf mich zu und sagt: „ Bill " , sagt er , „du bist ein Kumpel von Joe;" Kommen Sie hierher und sehen Sie, was Sie aus „ ich " machen können.

„Da ich nicht wusste, was er meinte, folgte ich ihm in den Maschinenraum, und da saß Joe auf einem Eimer und starrte wild vor ihm hin , und zwei oder drei von ihnen standen herum und schauten ihn mit ihren Augen an « lautet auf einer Seite.

„„Er ist schon seit drei Stunden so', flüstert der zweite Ingenieur, ‚wie benommen.'

„Während er sprach, schauderte Joe leicht; „Erschrecken Sie die Meeresspinne !" Er sagt : „O Herr!"

„„Es hat sein Gehirn verändert', sagt einer der Feuerwehrleute, ‚er sagt immer nur das.'

„„Wenn wir nur ‚ich zum Weinen' bringen könnten", sagt der zweite Ingenieur, der einen Bruder hatte, der Medizinstudent war, „könnte das seinen Verstand retten." Aber wie man es macht, das ist die Frage."

„„Sprechen Sie freundlich zu mir , Sir', sagt der Feuerwehrmann. „Wenn es Ihnen nichts ausmacht, werde ich es versuchen." Zuerst räuspert er sich, dann geht er zu Joe, legt ihm die Hand auf die Schulter und sagt ganz leise und mitleiderregend :

„„Nimm es nicht auf, Joe, nimm es nicht auf, es gibt so manchen hässlichen Mistkerl , das ist eine gute ‚Kunst'."

„Bevor ihm noch etwas einfallen konnte , reckt Joe die Faust in die Höhe und versetzt mir einen Schlag in die Rippen, der sie fast gebrochen hätte . " Dann wendet er sich ab, zittert und zittert erneut, und der alte benommene Blick kehrt zurück.

„„Joe', sage ich und schüttle ihn, ‚Joe!'

„'Erschreckte das Meer – Sarpint !' flüstert Joe und starrt.

„„Joe', sage ich , ‚Joe. Du kennst mich, ich bin dein Kumpel, Bill.'"

„„Ay, ay ', sagt Joe und kommt ein wenig zu sich.

„„Komm weg', sage ich , ‚komm und geh ins Bett, das ist der beste Ort für dich.'

„„Ich habe ihn am Ärmel gepackt, und er steht still und gehorsam auf und folgt mir wie ein kleines Kind. Ich legte mich direkt in seine Koje, und dann fiel er in einen sanften Schlaf, und ich dachte, das Schlimmste sei vorbei, aber ich habe mich geirrt. Er stand innerhalb von drei Stunden auf und es schien ihm gut zu gehen, außer dass er herumlief, als würde er sehr angestrengt über etwas nachdenken, und bevor ich erkennen konnte, was es war, bekam er einen Anfall.

„Er war zehn Minuten in diesem Anfall, und kaum war er aus dieser heraus, war er schon in der nächsten. Innerhalb von vierundzwanzig Stunden hatte er sechs Anfälle voller Größe, und ich muss zugeben, dass ich ziemlich verwirrt war. Was für ein Vergnügen es ihm bereitete, hart und steif zu Boden zu fallen und nach jedem und allem zu treten, was ich nicht sehen konnte. In einer Minute stand er ruhig und friedlich da, und im nächsten Moment packte er das, was ihm am nächsten war, bekam einen schlimmen Anfall und legte sich auf den Rücken und trat uns, während wir versuchten, seine Hände gewaltsam zu öffnen um sie zu streicheln .

„Die anderen Kerle sagten, die Beleidigung des Kapitäns hätte ihm den Verstand verdreht, aber ich war nicht ganz so sanftmütig, und einmal, als er allein war, habe ich es ihm gesagt.

„,Joe, alter Mann', denke ich , ,du und ich waren sehr gute Freunde.'

„,Ay, ay ', sagt er misstrauisch.

„,Joe', flüstere ich , ,was ist dein Spielchen?'

„,' Wodyermean ?' ses er, sehr kurz.

„,Ich meine die Anfälle', sage ich und sehe mich sehr ruhig an , ,Es ist nicht gut, so hinterherzuschauen , weil ich mit eigenen Augen sehe, wie du Seife kaust.'

„,Soap', sagt Joe auf eine böse, höhnische Art, ,du würdest kein Stück rekernisieren, wenn du es sehen würdest.'

aus mir nichts herauszuholen war , hielt ich einfach die Augen offen und schaute zu. Der Kapitän machte sich keine Sorgen wegen seiner Anfälle, außer dass er sagte, er dürfe dem Sarpint sein Gesicht nicht sehen, wenn er in ihnen sei , aus Angst, ihn zu erschrecken; Und als der Maat ihn von der Wache fernhalten wollte, meinte er : „Nein, er könnte genauso gut bei der Arbeit Anfälle bekommen, genauso wie anderswo."

„Wir waren etwa vierundzwanzig Stunden vom Hafen entfernt, und die Sarpint folgte uns immer noch; und um sechs Uhr abends schmiedeten die Offiziere alle Vorbereitungen, um am nächsten Morgen um acht Uhr den Creetur zu holen . Um ganz sicher zu gehen, wurde die ganze Nacht über eine zusätzliche Wache an Deck gehalten, um ihm jede halbe Stunde Futter zuzuwerfen . und als ich an diesem Abend um zehn Uhr einkehrte, war es so nah , dass ich es mit einem Kleiderständer hätte erreichen können.

„Ich glaube, ich lag ungefähr eine Stunde im Bett, als ich von dem höllischsten Krach geweckt wurde, den ich je gehört habe. Das Nebelhorn ertönte ununterbrochen, und auf dem Deck wurde viel geschrien und gerannt. Es kam uns allen so vor, als ob der Seemann das Brot satt hatte und sich daneben benahm. Deshalb warfen wir einfach unsere Sachen aus dem Vorschiff und lauschten. Der ganze Tumult schien sich auf der Brücke zu befinden, und da wir dort den Sarpint nicht sahen , nahmen wir all unseren Mut zusammen und gingen an Deck.

„Dann haben wir gesehen, was passiert war. Joe hatte am Steuer einen weiteren Anfall erlitten, und da er nicht wusste, was er tat, hatte er sich an der Leine des Nebelhorns festgehalten, hielt es wie ein grimmiger Tod fest und trat nach rechts und links. Der Kapitän war im Bettzeug und tobte schlimmer als Joe; Und gerade als wir dort ankamen , drehte sich Joe ein wenig um, ließ die Leitung los und fragte mit leiser Stimme, wofür das Nebelhorn blies. Ich dachte, der Kapitän hätte ihn getötet; Aber der Zweite Steuermann hielt ihn zurück, und als sich die Lage etwas beruhigte und wir zur Seite gingen, stellten wir natürlich fest, dass die Meeresströmung verschwunden war.

„Wir blieben die ganze Nacht dort, aber es hatte keinen Zweck. Als der Tag anbrach, war nicht die geringste Spur davon zu sehen, und ich glaube, die Männer waren genauso traurig über den Verlust wie die Offiziere. Alles außer Joe, was zeigt, dass Menschen niemals unhöflich sein sollten, selbst gegenüber den Bescheidensten; Denn ich bin der Meinung , wenn der Kapitän seine Gefühle nicht so verletzt hätte, wie er es getan hat, würden wir jetzt genauso viel über die Seespinne wissen wie über unsere eigenen Brüder.“

FRAU. BUNKERS CHAPERON

Matilda STAND AN DER offenen Tür eines Hauses an einem Kai in diesem trostlosen Viertel, das den hochtönenden Namen „St. Katharines."

Die Arbeit war für heute beendet. Ein paar Transporter ohne Pferde wurden den Gang neben dem Haus hinaufgeschoben, und das große Tor wurde geschlossen. Das unordentliche Büro im Erdgeschoss war verlassen, bis auf ein graubärtiges „Hausmädchen" von sechzig Jahren, das es mit einem Besen durchfegte und sich über die erstickenden Eigenschaften des Staubs, den es aufwirbelte, ein paar Seemannsflüche hingab .

Das Geräusch vorrückender Schritte verstummte am Tor, eine kleine Klapptür, die hineingelassen wurde, flog auf, und Matilda Bunkers offenes Gesicht nahm eine rosa Farbe an, als wäre es ein kleiner Mann in Trikot und blauem Mantel, mit einem harten, runden Hut, der sehr weit in die Tür ragt Krone, trat ein.

„Guten Abend, Frau Bunker, Ma'am", sagte er und kam langsam auf sie zu.

„Guten Abend, Kapitän", sagte die Dame, die nur aufgrund ihres Alters und ihrer Anwesenheit eine Frau war.

„Frische Brise", sagte der Mann mit dem hohen runden Hut. „Wenn das so anhält, sind wir in kürzester Zeit in Ipswich."

Frau Bunker stimmte zu.

„Der Fluss ist derzeit wunderschön", fuhr der Kapitän fort. „Alles wächst prächtig."

"Im Fluss?" fragte die verwirrte Frau Bunker.

„Am Ufer", sagte der Kapitän; „Die Bäume, bei Sheppey und überall dort. Warum sagen Sie es nicht und kommen? Es gibt eine Hütte wie eine neue Anstecknadel, in der Sie sitzen können – aus Gründen der Sauberkeit meine ich – und jede Unterkunft, die Sie benötigen könnten. Du wirst schlafen wie ein Brummkreisel, wenn du kommst."

„Brummkreisel?" fragte Frau Bunker schelmisch.

„Alles Top", sagte der Kapitän. „Komm, entscheide dich. Wir segeln nicht vor neun Uhr.

„Es sieht nicht richtig aus", sagte die Dame, die große Versuchung hatte. „Aber die Frau sagt, ich kann gehen, wenn ich möchte, also gehe ich einfach hin und mache meine Kiste fertig. Ich werde um neun unten am Steg sein."

„Ja, ja", sagte der Kapitän lächelnd, „ich und Bill werden bis dahin einfach ein Nickerchen machen." So lange."

„Bis dann", sagte Matilda.

„So lange", wiederholte der verliebte Kapitän, drehte sich um, warf der Schönen an der Tür einen weiteren leidenschaftlichen Blick zu und prallte gegen den Wagen .

Die benachbarten Uhren schlugen gerade neun und ertönten in einer Art jaulendem Chor zum lauten Dröhnen des Big Ben, der den Fluss hinunterschwebte, während Mrs. Bunker und der Nachtwächter, taumelnd unter einer Ladung Gepäck, sich langsam auf den Weg machten der Steg. Der Lastkahn, denn es handelte sich um ein solches Fahrzeug, befand sich fast auf gleicher Höhe mit den Planken, während die Gestalten zweier Männer in der Hektik des Anfahrens hin und her huschten .

„Bill", sagte der Wächter und wandte sich an den Steuermann, „haben Sie eine Hand mit dieser Kiste und seien Sie vorsichtig, darin sind die Hochzeitskleider."

Der Wächter war über diesen kleinen Scherz so besonders erfreut, dass er, statt Bill die Kiste zu geben , sie abstellte, sich krampfhaft mit der Hand vor dem Mund zitternd darauf setzte, während die errötende Matilda und der verunsicherte Kapitän vergeblich versuchten, aufzutauchen unbekümmert.

Die Pakete waren ziemlich eng für die Kabine, aber es gelang ihnen, sie hineinzubekommen, und der Kapitän warf Mrs. Bunker mit einem drohenden Blick auf seinen Maat, der mit dem Wächter Blicke voller Humor wechselte, seine Hand half ihr an Bord.

„Willkommen auf der Sir Edmund Lyons, Mrs. Bunker", sagte er. „Bill, tritt den Kumpel zurück."

"Stoppen!" sagte Mrs. Bunker hastig, „das ist mein Chapperong ."

"Dein was?" sagte der Kapitän. „Es ist ein Kumpel, Mrs. Bunker, und ich werde keinen Kumpel an Bord meines Schiffes haben."

„Bill", sagte Mrs. Bunker, „hol meine Kiste wieder hoch."

„Zumindest", beeilte sich der Kapitän hinzuzufügen, „es sei denn, es handelt sich um eine Freundin von Ihnen, Mrs. Bunker."

„Es begleitet mich", sagte Matilda; „Es wäre für eine Dame nicht angemessen, mit zwei Männern auf ein Date zu gehen , ohne dass sich jemand um sie kümmert."

„Das stimmt, Sam", sagte der Wächter sentimental. „Das solltest du in deinem Alter wissen."

„Wir kümmern uns um sie", sagte der einfältige Kapitän. „Ich und Bill."

„Pass auf dich auf, Bill, lass dich nicht raus", sagte der Wächter mit heiserem Flüstern, das für alle deutlich hörbar war. „Er ist jünger als du, Sam, und die Frauen sind nur verrückte andere junge Männer. „Abgesehen davon ist er insgesamt ein besserer Mann. Und du hattest schon EINE Frau parat , Sam."

"Ablegen!" sagte der Kapitän ungeduldig. "Ablegen! Bleib da, Bill!"

"Ay Ay!" sagte Bill und ergriff einen Bootshaken, und die Leinen fielen klatschend ins Wasser, als der Lastkahn in die Flut hinausgeschoben wurde.

Mrs. Bunker erlebte die üblichen Probleme von Landleuten an Bord eines Schiffes und fühlte sich schrecklich im Weg, als der Kapitän seine Aufmerksamkeit zwischen der Pinne und der Hilfe für Bill beim Segeln aufteilte. Mittlerweile hatte der Lastkahn den größten Teil des Verkehrs gestört, indem er quer über dem Fluss lag, und als das Segel gehisst wurde, war er unter den Windschatten eines riesigen Lagerhauses geraten und hatte sich kaum bewegt.

„Wir werden die Brise direkt spüren", sagte Kapitän Codd. „Dann wirst du sehen, was sie kann."

Während er sprach, begann die Barke durch das Wasser zu gleiten, als eine leichte Brise ihr riesiges Segel erfasste und sie in den Bach trug, wo sie sich in eine Reihe mit anderen Booten stellte, die gerade erst losfuhren.

In angenehmem Tempo, bei Wind und Gezeiten, setzte die Sir Edmund Lyons ihren Weg fort. Ihr Kapitän richtete den Blick nach oben und entlang ihres Decks, um seinen Passagier auf verschiedene Schönheiten aufmerksam zu machen, die sie sonst vielleicht übersehen hätte. Auf dem Deck wurde ein gemütliches Abendessen serviert, und Mrs. Bunker begann mit Bedauern über die Freude nachzudenken, die ihr entgangen war, als sie so spät im Leben mit dem Kahnsegeln begonnen hatte.

Greenwich mit seinem Krankenhaus mit seiner weißen Fassade und den Bäumen im Hintergrund wurde passiert. Die Luft wurde merklich kühler, und Frau Bunker hatte den Eindruck, dass das Wasser nicht nur dunkler, sondern auch klumpig wurde, und sie fragte zwei- oder dreimal, ob Gefahr bestehe.

Der Kapitän lachte fröhlich, und als er in die Kajüte hinabstieg, holte er einen Schal hervor, den er sorgfältig um die Schultern seiner schönen

Begleiterin legte. Seine rechte Hand umfasste die Pinne, seine linke schlang sich sanft und vorsichtig um ihre Taille.

„Wie angenehm!" sagte Frau Bunker und bezog sich dabei auf den Abend.

„Freut mich, dass es Ihnen gefällt", sagte der Kapitän, was nicht der Fall war. „Oh, wie schön, so den Fluss des Lebens hinunterzusegeln, alles ruhig und friedlich, einfach dahintreibend " –

"Ahoi!" schrie der Maat plötzlich vom Bug. „Wer steuert? Starbud, du Teufel .

Der Kapitän zuckte schuldbewusst zusammen und legte das Ruder nach Steuerbord, als plötzlich ein anderer Lastkahn aus der entgegengesetzten Richtung auftauchte und sie fast streifte. Es waren zwei Männer an Bord, und der Kapitän errötete, weil sie fließend über den Befehl im Allgemeinen nachdachten.

Es dauerte einige Zeit, bis sie sich danach wieder beruhigen konnten, aber schließlich kehrten sie in ihre alte Position zurück, und der verliebte Codd war gerade dabei, wieder sentimental zu werden, als er etwas hinter sich spürte. Er drehte sich erschrocken um, als ein beleibter Retriever seinen Kopf unter seinen linken Arm steckte und sich langsam, aber energisch zwischen sie drängte; dann setzte er sich auf die Hüften und keuchte, während der verwirrte Codd sich bemühte, die Komik dieser Stellung zu begreifen .

„Ich denke, ich gehe jetzt zu Bett", sagte Frau Bunker, nachdem die Lage so lange gedauert hatte, dass sie unerträglich war. „Wenn etwas passiert, eine Kollision oder ähnliches, haben Sie keine Angst, es mir mitzuteilen."

Der Kapitän versprach es und wünschte seinem Passagier mit Händeschütteln eine gute Nacht. Sie stieg freilich etwas unbeholfen in die kleine Hütte hinab, und der Kapitän, der am Steuerstand saß, den er träge nach Bedarf manövrierte , rauchte sein kurzes Schiff und verfiel in die Träumerei eines Liebhabers.

So saß er da und rauchte, bis der Lastkahn, der sich mit Hilfe der Brise gegen die Flut bewegt hatte, merkte, dass dieser gute Freund fast gesunken war, und gleichzeitig an einen kleinen Anker dachte, der über dem Bug aufgehängt, bereit für Notfälle wie diesen.

„Wir müssen ansprechen, Bill", sagte der Kapitän.

"Ay Ay!" sagte Bill und erhob sich schläfrig aus der Luke. „Sie geht vorbei."

Ohne weitere Zeremonie warf er den Anker; Das Segel, an dem zwei starke Männer festzogen, krächzte und raschelte dicht an den Mast heran, und die Sir Edmund Lyons war bereit zum Schlafen.

„Ich kann ein Nickerchen gebrauchen", sagte Bill. „Ich bin hundemüde."

„Das bin ich auch", sagte der andere. „ Vorn wird es eng , aber wir könnten keine Dame bitten, dort zu schlafen."

Bill gab ein unverbindliches Grunzen von sich, und als der Kapitän sich nach Art seinesgleichen ein letztes Mal umsah, bevor er sich zurückzog, legte er seine Hände auf die Luke und ließ sich hinab. Im nächsten Moment stieß er einen wilden Schrei aus, krempelte auf dem Deck sitzend seine Hose hoch und streichelte sein Bein.

"Was ist los?" fragte der Kapitän.

„Der gesegnete Hund ist da unten, das ist alles", sagte der verletzte Bill. „Er hat es offensichtlich mit seinem Zwinger verwechselt, und das wundert mich nicht. Ich fand, er wäre wunderbar ruhig gewesen."

„Wir müssen ihn besprechen", sagte der Kapitän und ging zur Luke. "Armer Hund! Armer Kerl! Dann komm doch vorbei! Mitkommen!" Er tätschelte sein Bein und pfiff, und der Hund, der wieder schlafen wollte, knurrte wie ein kleines Gewitter.

„Komm schon, alter Kerl!" sagte der Kapitän verlockend. „Komm doch, komm schon!"

Endlich kam der Hund, und statt zu bleiben und ihn zu streicheln, jagte der Kapitän Bill die Seile hinauf, während das Tier mit abscheulichem Geschmack auf dem Deck auf und ab ging und sie herausforderte, herunterzukommen. Als er schließlich zu dem Schluss kam, dass sie für die Nacht zufrieden waren, kehrte er zum Vorschiff zurück und kehrte nach ein oder zwei warnenden Bellen wieder zurück. Nachdem beide Männer einige Minuten gewartet hatten, gelangten sie vorsichtig wieder an Deck.

„Du rufst ihn noch einmal an", sagte Bill, ergriff einen Bootshaken und hielt ihn an den Angriff.

„Sicherlich nicht", sagte der andere. „Ich werde nicht zulassen, dass an Bord meines Schiffes Blut vergossen wird."

„Wer wird Blut vergießen?" fragte den jesuitischen Gesetzentwurf; „aber wenn er sich gerne an den Bootshaken rennen lässt" –

„Legen Sie es ab", sagte der Kapitän streng, und Bill gehorchte mürrisch.

„Wir müssen an Deck dösen", sagte Codd.

„Und achten Sie darauf, dass wir nicht schnarchen", sagte der sarkastische Bill, „weil es dem Hund vielleicht nicht gefällt."

Ohne diese Bemerkung zu bemerken, streckte sich der Kapitän auf den Luken aus, und Bill folgte nach einigem weiteren Murren seinem Beispiel, und beide Männer schliefen bald ein.

Der Tag brach an, als sie aufwachten und ihre steifen Glieder streckten, denn die Luft war frisch und hatte den Verdacht, dass sie feucht war. Zwei oder drei kleine Boote lagen wie sie selbst vor Anker, ihre Decks waren nass und verlassen; andere machten sich auf den Weg, um das gerade gewendete Blatt auszunutzen.

„Anker hoch", sagte der Kapitän, ergriff einen Handspieß und steckte ihn in die Ankerwinde.

Als die rostige Kette hereinkam, ertönte von unten ein unheilvolles Knurren, und Bill schnappte sich seinen Handspieß und hob ihn hoch. Der Kapitän blickte nachdenklich auf das Ufer, und der Hund blickte, als er heraufsprang, nachdenklich auf die Handspitze. Dann gähnte es, ein leichtes, unbekümmertes Gähnen, und begann, auf dem Deck auf und ab zu gehen. Als es zu dem Schluss kam, dass die Männer nur mit notwendiger Arbeit beschäftigt waren, betrachtete es ihre Bemühungen mit nachsichtigem Blick und bellte ermutigend, während sie das Segel hissten.

Es war ein wunderschöner Morgen. Die Miniatur-Flusswellen brachen gegen den stumpfen Bug des Lastkahns und zogen musikalisch kräuselnd an dessen Bord vorbei. Über den flachen Sümpfen von Essex breitete sich langsam ein weißer Nebel aus, bevor die Sonnenstrahlen aufleuchteten, und die Bäume auf den Hügeln von Kent waren schwarz und von Feuchtigkeit durchnässt.

Wenig später stieg Rauch aus der winzigen Motorhaube über dem Vorschiff auf und rollte in einer kleinen, beißenden Wolke zur Küste von Kent. Dann stieg von unten ein köstlicher Geruch von gebratenem Steak auf und legte sich wie heilender Balsam auf die empfindliche Nase des Kapitäns, als er am Ruder stand.

„Steht Mrs. Bunker auf?" fragte der Maat, als er aus dem Vorschiff auftauchte und nach achtern ging.

„Das glaube ich", sagte der Kapitän. „Da unten gibt es Bewegungen."

„Weil das Steak fertig ist und wartet", sagte der Kumpel. „Ich habe es auf eine Schüssel vor dem Feuer gelegt."

"Ay Ay!" sagte der Kapitän.

Der Maat zündete seine Pfeife an, setzte sich auf die Luke und rauchte langsam. Ein paar Minuten später nahm er es ab und starrte fassungslos auf das ungewöhnliche Verhalten des Hundes, der auf den Kapitän zukam und ihm liebevoll die Hände leckte.

„Er hat mir sehr gefallen", sagte der erfreute Mann.

„Liebe mich, liebe meinen Hund", zitierte Bill scherzhaft, als er wieder vorwärts schlenderte.

Der Kapitän schlug gerade liebevoll auf den Hund ein, der jetzt auf dem Rücken lag und seine vier Beine in die Luft streckte, als er einen schrecklichen Schrei aus dem Vorschiff hörte und der Maat wild auf Deck gestürmt kam.

„Wo ist dieser ——————— Hund?" er weinte.

„Reden Sie an Bord meines Schiffes nicht so. Wo sind deine Manieren?" rief der Kapitän hitzig.

„—— die Manieren!" sagte der Maat mit Tränen in den Augen. „Wo sind die Manieren dieses Hundes? Er hat das ganze Steak gegessen."

Bevor der andere antworten konnte, wurde die Hütte über die Hütte gezogen, und das strahlende Gesicht von Frau Bunker erschien bei der Öffnung.

„Ich kann das Frühstück riechen", sagte sie schelmisch.

„Kein Wunder, bei diesem Hund so nah", sagte Bill grimmig. Mrs. Bunker sah den Kapitän erklärungsbedürftig an.

„Er hat es gegessen", sagte dieser Herr kurz. „ Ein Pfund und ein Arf vom besten Rumpsteak in Wapping ."

„Macht nichts", sagte Frau Bunker freundlich, „kochen Sie noch etwas. Ich kann warten."

„Kochen Sie noch etwas", sagte der Kapitän zum Maat, der noch blieb.

„Ich werde ein paar Blähungen kochen. Das ist alles, was wir jetzt haben", antwortete der Maat schmollend.

„Es ist ein wunderschöner Morgen", sagte Frau Bunker, als der Maat sich zurückzog, „die Luft ist so frisch. Ich nehme an, das ist es, was Rover so hungrig gemacht hat. Er ist kein gefräßiger Hund. Gar nicht."

„Sehr wahrscheinlich", sagte Codd, als der Hund aufstand, die Luft schnupperte, sanft mit dem Schwanz wedelte und vorwärts trottete. „Wo ist sie jetzt hin?"

„Er kann die Blähungen riechen, nehme ich an", sagte Frau Bunker lachend. „Es ist wunderbar, welche Intelligenz er hat. Komm her, Rover!"

"Rechnung!" rief der Kapitän warnend, während der Hund seinen Weg fortsetzte. "Achtung! Er kommt!"

„Rufen Sie ihn zurück!" schrie der Kumpel besorgt. „Rufen Sie ihn zurück!"

Mrs. Bunker rannte herbei, packte ihren Begleiter am Kragen und zerrte ihn weg.

„Es ist die Seeluft", sagte sie entschuldigend; „Und er musste in letzter Zeit Short-Commons machen, weil es ihm nicht gut ging. Bleib still, Rover!"

„Halt still, Rover!" sagte der Kapitän mit befehlender Miene.

Unter dieser gemeinsamen Kontrolle setzte sich der Hund hin, seine Zunge streckte sich heraus und seine Augen waren auf das Vorschiff gerichtet, bis das Frühstück verteilt war. Das Erscheinen des Steuermanns mit einer Schüssel dampfendem Fisch erregte ihn erneut, und als er von seiner Herrin getadelt wurde, setzte er sich mürrisch auf den Platz des Kapitäns, bis er von dessen empörtem Besitzer abgestoßen wurde.

„Weicher Rogen, Bill?" fragte der Kapitän höflich, nachdem er seinen Passagier bedient hatte.

„Das ist nicht mein Teller", sagte der Maat spitz, als der Kapitän ihm half.

"Oh! Ich habe es nicht gemerkt", sagte der andere und wurde rot.

„Aber das war ich", sagte der Maat grob. „Ich dachte, du würdest das tun. Ich habe darauf gewartet. Ich werde nicht nach Tieren fressen, wenn du das tust."

Der Kapitän hustete und fuhr, nachdem er den gewünschten Austausch vollzogen hatte, in düsterem Schweigen mit seinem Frühstück fort.

Der Kahn glitt in gemächlichem Tempo durch das Wasser, die Sonne strahlte, die Luft war kühl und alles angenehm und behaglich, bis der Begleiter, der immer wieder weggestoßen worden war, den verzauberten Kreis, der das Essen umgab, durchbrach und sich ergriff ein Fisch. In der daraus resultierenden Verwirrung geriet er in Konflikt mit dem Teekessel, ließ seine Beute fallen und biss verzweifelt den Kapitän, bis er von seiner Herrin vertrieben wurde.

„Frecher Junge!" sagte sie und gab ihm ein paar leichte Handschellen. „Hat er dir wehgetan? Ich muss einen Verband für dich besorgen."

„Ein wenig", sagte Codd und blickte auf seine Hand, die stark blutete. „Im Spind unten ist ein wenig Wäsche, wenn es Ihnen nichts ausmacht, sie für mich zu zerreißen."

Mrs. Bunker gab dem Hund eine letzte Ohrfeige und ging nach unten, und die beiden Männer sahen einander an und dann den Hund, der am Heck stand und einen vorbeifahrenden Dampfer beleidigend anbellte.

„Es ist an der Zeit, dass sie vorbeikommt", sagte der Maat und warf einen Blick auf das Segel, dann auf den Kapitän, dann auf den Hund.

„So ist es", sagte der Kapitän mit zusammengebissenen Zähnen.

Während er sprach, schob er die lange Pinne hastig von Backbord nach Steuerbord, und der Hund beendete sein Bellen im Wasser; Das riesige Segel schwankte einen Moment lang, dann schwang es heftig auf die andere Seite, und der Lastkahn war auf neuem Kurs, der Hund zwanzig Meter achteraus. Er war in seiner Generation weise und machte sich nach einem Blick auf den Lastkahn auf den Weg zum fernen Ufer.

„Mörder!" schrie eine Stimme; „Mörder! Du hast meinen Hund getötet."

"Es war ein Unfall; „Ich habe ihn nicht gesehen", stammelte der Kapitän.

„Erzähl es mir nicht ", stürmte die Dame; „Ich habe alles durch das Oberlicht gesehen."

„Wir mussten das Ruder verlegen, um einem Schoner aus dem Weg zu gehen", sagte Codd.

„Wo ist der Schoner?" forderte Frau Bunker; "wo ist es?"

Der Kapitän sah den Maat an. „Wo ist der Schoner?" sagte er.

„Ich hoffe , wir müssen sie überfahren haben ", sagte der Steuermann und verlor bei dieser Frage völlig den Kopf . Ich sehe sie nirgendwo."

Mrs. Bunker stampfte mit dem Fuß auf und stieg mit einem schrecklichen Blick auf die Männer in die Hütte hinab. Von diesem Aussichtspunkt aus weigerte sie sich hartnäckig, sich zu rühren, und saß in wütender Abgeschiedenheit, bis das Schiff am späten Abend Ipswich erreichte. Dann erschien sie in Gehkleidung an Deck, ging an Land, ohne auf den traurigen Codd zu achten, holte sich ein Taxi für ihre Kisten und fuhr schweigend davon.

Eine Stunde später ging der Maat zu seinem Haus und ließ den Kapitän auf dem einsamen Deck zurück, der sich mit der bitteren Tatsache abmühte , dass er, soweit es das Ende, das er vor Augen hatte, betraf, Mrs. Bunker und den Kleinen das letzte Mal gesehen hatte aber glückliches Zuhause, in dem er gehofft hatte, sie unterzubringen.

EIN HAFEN DER ZUFLUCHT

das BOOT EINES WASSERMANNS im Fluss. Der Wassermann ruhte auf seinen Rudern, während sein Fahrgast, ein kleiner, verstört dreinblickender Mann in Seemannskleidung, erwartungsvoll den Fluss hinaufblickte.

"Da ist sie!" „, schrie er plötzlich, als hinter einem großen Dampfer ein kleiner Schoner in Sicht kam. „Nimm mich mit.“

„Sie ist auch ein nettes kleines Ding“, sagte der Wassermann und beobachtete den anderen aus dem Augenwinkel, während er sich zu seinen Rudern beugte. „Reitt auf dem Wasser wie eine Ente. Ich wette, ihr Kapitän weiß ein oder zwei Dinge.

„Er kennt die Fahrpreise der Schiffer“, antwortete der Passagier kalt.

„Pass auf da draußen auf!“ rief eine Stimme vom Schoner, und der Maat warf eine Leine, die der Passagier geschickt auffing.

Der Wassermann hörte auf zu rudern, und als sein Boot neben dem Schoner ankam, reichte er seinem Passagier, der bereits begonnen hatte, an der Seite hinaufzuklettern, die Hand und verlangte seinen Fahrpreis. Es wurde ihm überliefert.

„Dann ist alles in Ordnung“, sagte der Fahrgast, während er auf dem Deck stand und die Augen vor der schmerzhaften Sprache schloss, in der der Wassermann ihn ansprach. „Niemand hat sich nach mir erkundigt?“

„Keine Menschenseele“, sagte der Maat. „Worum geht es in dem Streit?“

„Nun, sehen Sie, es ist hier entlang“, sagte der Meister des Frolic und senkte die Stimme. „Ich habe ein wenig zu viel Aufmerksamkeit auf ein kleines Schiff unten in Battersea geworfen – ein nettes kleines Ding, und sie dachte, ich wäre ein alleinstehender Mann, verstehst du?“

Der Kumpel lutschte an den Zähnen.

„Sie stellte mich ihrem Bruder als alleinstehenden Mann vor“, fuhr der Skipper fort. „Er fragte mich, wann die Aufgebote angebracht werden sollten, und ich wollte ihm nicht sagen, dass ich ein verheirateter Mann mit Familie sei. “

"Warum nicht?" fragte der Kumpel.

„Er ist ein Preiskämpfer“, sagte der andere in ehrfurchtgebietendem Ton; „'der Battersea Bruiser.' Als er mir daher auf die Schulter klopfte und mich fragte, wann das Aufgebot sein solle, lächelte ich nur.“

"Was hat er getan?" erkundigte sich der Kumpel, der Interesse zeigte.

„Stellt sie auf", stöhnte der Kapitän, „und wir gingen alle in die Kirche, um sie zu hören . " Apropos Leute, die über dein Grab gehen, George, es ist nichts im Vergleich zu dem, was ich gefühlt habe – nichts. Ich kam mir fast wie ein Heuchler vor. Irgendwie hat er von mir erfahren, und ich habe mich versteckt, seit ich dir diese Nachricht geschickt habe. Er sagte einem Kumpel, er würde mich lecken und mit uns nach Fairhaven kommen und Unheil zwischen mir und den Missis stiften."

„Das wäre schlimmer als das Lecken", sagte der Maat weise.

"Ah! und sie würde ihm glauben, bevor sie es mir auch glauben würde, und wir sind schon siebzehn Jahre verheiratet", sagte der Kapitän traurig.

„Vielleicht ist das so" – begann der Kumpel und brach plötzlich ab.

„Vielleicht was?" fragte der andere, nachdem er eine angemessene Zeit gewartet hatte, bis er fertig war.

„Hm, ich habe vergessen, was ich sagen wollte", sagte der Maat. „Komisch, es ist jetzt weg. Nun, dir geht es jetzt gut. Sie hatten geplant, dass dies für einige Zeit die letzte Reise nach London sein würde."

„Ja, das hat mich ein bisschen liebevoller gemacht, als ich hätte sein sollen", sinnierte der Kapitän. „Aber Ende gut, alles gut. Wie bist du mit dem Koch klargekommen? Hast du eins verschickt?"

„Ja, ich habe einen, aber er ist nur bis Fairhaven unterschrieben", antwortete der Maat. „Er ist ein toller, kräftiger Kerl. Er ist zu gut für einen Koch. Ich habe noch nie in meinem Leben einen besser gebauten Mann gesehen. Es wird deinen Augen gut tun, ihn anzusehen. Hier, Koch!"

Auf den Ruf hin wurde ein riesiger, kurzgeschorener Kopf aus der Kombüse geworfen, und ein Mann mit wunderschöner Muskelentwicklung trat vor den Augen des gelähmten Kapitäns hervor und begann, seinen Mantel auszuziehen.

„ Ist er nicht ein netter Kerl?" sagte der Maat bewundernd. „Zeig ihm deinen Bizeps, Koch."

Der Koch warf dem Kapitän einen lüsternen Blick zu. Dann ballte er seine Fäuste, senkte wissenschaftlich den Kopf und tanzte um den verblüfften Meister des Frolic herum.

„Hängt eure Dächer hoch", rief er warnend. „Ich werde dich umhauen!"

„Was zum Teufel hast du vor, Koch?" forderte der Maat, der seinen Vorgängen in sprachlosem Erstaunen zugesehen hatte.

"Kochen!" sagte der Angesprochene mit majestätischer Verachtung. „Ich bin kein Koch; Ich bin Bill Simmons, der „Battersea Bruiser", und ich habe diese kleine Wanne nur Ihrem lieben Kapitän zuliebe verschickt . Ich werde mich stellen Ich habe gesagt, dass er, wenn er sich die Nase putzen will, einen Spiegel holen muss, um zu sehen, wohin er gehen muss. Ich werde mich jeden Tag ablecken, und wenn wir in Fairhaven ankommen , werde ich ihm nach Hause folgen und seiner Frau erzählen, dass ich mit meiner Schwester ausgehe. "

„Sie hat mich rausgebracht", sagte der Kapitän mit trockenen Lippen.

„Steckt sie hoch", schrie der „Bruiser".

„Fass mich nicht an, mein Junge", sagte der Kapitän und setzte sich ans Steuer. „Gehen Sie und sehen Sie sich Ihre Arbeit an – gehen Sie und schälen Sie die Tatern."

„Wow!" brüllte der „Bruiser".

„Sie waren als Koch an Bord meines Bootes", sagte der Kapitän eindrucksvoll. „Wenn du einen Finger auf mich legst , ist das Meuterei und du bekommst zwölf Monate."

„Das stimmt", sagte der Maat, während der Faustkämpfer (der einst vierzehn Tage wegen der Prellung gesessen hatte und es immer noch in guter Erinnerung hatte) unentschlossen innehielt. „Es ist Meuterei, und es wird auch meine schmerzliche Pflicht sein, die Schrotflinte zu heben und dir die Spitze deines hässlichen Kerls wegzublasen."

„Wäre es Meuterei, wenn ich DIR einen Tipp geben würde?" fragte der „Bruiser" mit heiserer Stimme, als er sich an den Steuermann heranschlich.

„Das wäre es", sagte der andere hastig.

„Nun, Sie sind ein netter Haufen", sagte der „Bruiser" angewidert, „Sie und Ihre Meutereien. Will jemand von euch es mit mir versuchen?"

Von der Mannschaft, die sich versammelt hatte und dem Geschehen mit großer Freude zusah, kam keine Reaktion.

„Oder euch alle ? " fragte der „Bruiser" und hob die Augenbrauen.

„Ich habe keinen Streit mit dir, mein Junge", bemerkte der Junge würdevoll, als er den Blick des neuen Kochs auf sich zog.

„Gehen Sie und kochen Sie das Abendessen", sagte der Kapitän; „Und schauen Sie genau hin. Ich möchte nicht an einem jungen Anfänger wie Ihnen etwas auszusetzen haben; aber ich habe keine Drückeberger an Bord – verstehen Sie das."

Für einen Moment schrecklicher Spannung hing das Leben des Kapitäns auf dem Spiel, dann zog sich der „Bruiser", der seine natürlichen Instinkte mit gewaltiger Anstrengung zügelte, knurrend in die Kombüse zurück.

Der Atem des Kapitäns war freier.

„ Ich nehme an , er kennt Ihre Adresse nicht ", sagte der Maat.

„Nein, aber er wird es bald herausfinden, wenn wir an Land kommen", antwortete der andere traurig. „Wenn ich daran denke, dass ich diesen Kerl mit nach Hause nehmen muss, um Unheil zu stiften, verspüre ich fast die Versuchung, ihn über Bord zu werfen."

„Es ist eine Versuchung", stimmte der Maat loyal zu und verschloss die Augen vor den körperlichen Mängeln seines Häuptlings. „Ich werde der Besatzung die Anweisung geben, ihm Ihre Adresse jedenfalls nicht mitzuteilen."

Der Morgen verging ruhig, und der Kapitän bemühte sich, unbekümmert zu wirken, während der neue Koch grimmig das Abendessen in die Kabine brachte und es ihm vorsetzte. Nachdem er eine Weile damit herumgespielt hatte, aß der Meister des Frolic Butterkekse.

Es bereitete der Mannschaft großes Unbehagen, dass der neue Koch seine Pflichten sehr ernst nahm und stolz auf seine Kochkünste war. Darüber hinaus neigte er dazu, in der Art und Weise, wie seine Bemühungen gewürdigt wurden, eine unangenehme Pünktlichkeit an den Tag zu legen. Am ersten Tag aß die Mannschaft schweigend, doch am zweiten Tag brach zur Abendessenszeit der Sturm aus.

„Warum guckst du so auf deine Kleinigkeiten?" fragte der „Bruiser" von Sam Dowse, als dieser kräftige Seemann mit seinem Teller auf dem Schoß saß und ihn mit großer Abneigung beäugte . „So kann man sein Essen nicht sehen, nachdem ich den ganzen Morgen beim Kochen geschwitzt habe."

„Ja, du hast statt des Fleisches selbst gekocht", sagte Sam herzlich. „Es ist eine Schande, gutes Essen so zu verderben; es ist ziemlich roh."

"Du isst es!" sagte der „Bruiser" heftig; „Das ist es, was du tun musst . ISS es!"

Als einzige Antwort warf der empörte Sam eine Waffe nach ihm, und der Rest der Mannschaft schnappte sich ihr Abendessen, kletterte hastig in ihre Kojen und beobachtete das Getümmel aus sicherer Entfernung.

„Hast du genug Werbung?" fragte der „Bruiser" und wandte sich an Sams Kopf, der unter seinem linken Arm hervorragte.

„Das stimmt " , sagte Sam mürrisch.

mehr die Nase rümpfen ?" fragte der „Bruiser" ernst.

„Ich werde es auf keinen Fall lauter machen", sagte Sam ernst, während er das betreffende Mitglied zärtlich betastete.

„Du bist der Einzige, der sich beschwert hat", sagte der „Bruiser". „Du bist zierlich, das ist es, was du bist. Schauen Sie sich die anderen an – schauen Sie, wie sie ihres essen!"

Auf diesen Hinweis hin kamen die anderen aus ihren Kojen und fielen darauf, und der „Bruiser" wurde umgänglich.

„Es ist wunderbar, wohin ich mich wenden kann", bemerkte er freundlich. „Für mich sind Dinge selbstverständlich, die andere Männer lernen müssen. Du solltest lieber ein Stück rohes Rindfleisch auf dein Auge legen, Sam."

Der gedankenlose Sam klatschte auf ein Stück von seinem Teller, und nur durch die tatkräftige Fürsprache der restlichen Crew konnte der sensible Koch daran gehindert werden, noch mehr Strafe zu verhängen.

Von diesem Zeitpunkt an herrschte der „Bruiser" über das Quartier, und da sein Temperament durch seine Prüfungen getrübt war, regierte er es mit einer eisernen Rute. Die Mannschaft, mit Ausnahme von Dowse, bestand aus kleinen, in die Jahre gekommenen Männern, die mit ihm völlig überfordert waren. Seine Haltung gegenüber dem Kapitän war gefährlich respektvoll, und dieser war zutiefst ratlos, als er über einen Ausweg aus dem Schlamassel nachdachte, in dem er sich befand.

„Er meint es ernst, George", sagte er eines Tages zum Maat, als er sah, wie der „Bruiser" ihn aufmerksam von der Kombüse aus beobachtete.

„Er sieht dich immer schlimmer an", war die aufmunternde Antwort des Maat. „Das Kochen verdirbt das bisschen Temperament, das ihm noch übrig ist, so schnell wie möglich."

„Das ist der Skandal, an den ich denke", stöhnte der Kapitän; „Alles , weil ich es mag, ein bisschen freundlich zu den Menschen zu sein."

„Sie dürfen nicht auf die schwarze Seite der Dinge schauen", sagte der Maat; „Vielleicht willst du dir darüber keine Sorgen mehr machen, nachdem er dich geschlagen hat. Ich würde lieber selbst von einem Pferd getreten werden. Er hat ihnen neulich Abend erzählt , dass er einmal einen Kerl getötet hat.

Der Kapitän wurde grün. „Er hätte dafür gehängt werden sollen", sagte er vehement. „Ich frage mich, wofür die Geschworenen in diesem Land denken, dass sie da sind. Wenn ich in der Jury gewesen wäre, hätte ich meinen Willen durchgesetzt, wenn sie mich einen Monat lang verhungern ließen!"

"Schau hier!" sagte der Maat plötzlich; "Ich habe eine Idee. Du gehst nach unten und ich rufe ihn an und fange an, ihn zu bewerten. Wenn ich mittendrin bin, kommst du und stehst für ihn ein."

„George", sagte der Kapitän mit glitzernden Augen, „du bist ein Wunder. Tragen Sie es dick auf, und wenn er Sie schlägt , werde ich es irgendwie wieder gutmachen."

Er ging nach unten, und der Maat beugte sich, nachdem er einige Zeit gewartet hatte, über das Steuerrad und rief nach dem Koch.

"Was willst du?" knurrte der „Bruiser", als sein Gesicht von der Arbeit aus der Kombüse ganz rot und streifig wurde.

„Warum zum Teufel spülst du die Töpfe nicht ab?" fragte der Maat und zeigte auf eine Reihe, die auf dem Deck stand. „Glaubst du, wir haben dich rausgeschickt, weil wir einen zehntklassigen Preisboxer mit gebrochener Nase zum Anschauen haben wollten?"

„Zehntklassig!" brüllte der „Bruiser" und kam auf das Deck.

„Brüllen Sie Ihren Offizier nicht an", sagte der Maat streng. „Deine Manieren sind schlimmer als deine Kochkünste. Bleiben Sie besser ein paar Mal bei uns, um sie zu verbessern ."

Der „Bruiser" wurde lila und zitterte vor ohnmächtigem Zorn.

„Wir holen hier ein Paket voll Pot-House-Müßiggänger an Bord", fuhr der Maat fort und wandte sich unbekümmert an die Atmosphäre, „und, lass meine Augen aus! wenn sie nicht glauben, dass sie hier sind, um bedient zu werden. Du willst, dass ich als Nächstes dein Gesicht wasche und all deine anderen Drecksarbeiten erledige, du –"

"George!" sagte eine traurige, tadelnde Stimme.

Der Maat begann dramatisch, als der Kapitän beim Begleiter erschien, und stoppte abrupt.

„Aus Scham, George!" sagte der Kapitän. „Ich hätte nie erwartet, dass Sie so mit jemandem reden würden, besonders nicht mit meinem Freund Mr. Simmons."

„Dein WOT? forderte der Freund hitzig.

„Mein Freund", wiederholte der andere sanft; „Und was die zehntklassigen Preiskämpfer betrifft, George, könnte der ‚Battersea Bruiser' englischer Meister werden, wenn er sich nur die Mühe machen würde, zu trainieren."

„Oh, du stehst immer für ihn ein", sagte der kunstvolle Kumpel.

„Er hat es verdient", sagte der Kapitän herzlich. „Als Bill Simmons ist er immer geradeaus gelaufen, und wenn ich höre, dass so über mich geredet wird, geht mir alles durch den Kopf."

„Machen Sie sich nicht die Mühe, meinetwegen alles zu vermasseln " , sagte der „Bruiser" höflich.

„Ich kann meine Gefühle nicht unterdrücken, Bill", sagte der Kapitän leise.

„Und nenn mich nicht Bill", brüllte der „Bruiser" mit plötzlicher Heftigkeit. „ Glaubst du, es stört mich, was du und deine kleine Tinpot-Crew sagen? Warte, bis wir an Land sind, mein Freund, und der Maat auch. Ihr beide wartet!"

Er drehte ihnen den Rücken zu und ging in die Kombüse, aus der er, in der Absicht, ihnen eine unterhaltsame Anschauungsstunde zu erteilen, bald mit einem kleinen Sack Kartoffeln hervorkam, den er vom Ausleger hängte und als benutzte ein Punchingball, der Schläge austeilte, die den Meister des Frolic vor Angst krank machen ließen.

„Das nützt nichts", sagte er zum Steuermann. „An diesem Mann wird Freundlichkeit verschwendet."

„Nun, wenn er eins trifft, muss er das Ganze treffen", sagte der Maat. „Wir stehen euch alle zur Seite."

„Ich kann nicht immer zulassen, dass die Crew mir folgt", sagte der Kapitän niedergeschlagen . „Nein, er wird auf seine Gelegenheit warten, und nachdem er mir den Kopf gebrochen hat, wird er nach Hause gehen und die Kunst meiner Frau zerstören."

„Sie wird ihre Kunst nicht zerstören", sagte der Maat selbstbewusst. „Sie und du werden es schwer haben; Vielleicht wäre es besser für dich, wenn sie es ein bisschen kaputt machen würde, aber so eine Frau ist sie nicht. Nun, diejenigen von uns, die am längsten leben, werden am meisten sehen."

Für den Rest des Tages bewahrte der Koch eine unnatürliche Ruhe. Die „Frolic" hob und senkte sich auf dem Meer wie ein Korken, und die „Bruiser" machte kurze, unvorhergesehene kleine Runden über das Deck, was ihn außerordentlich ärgerte. Zwischen den Läufen verschränkte er die Arme seitlich und verfluchte träge das Meer und alles, was dazu gehörte; und schließlich, nachdem er selbst jegliches Verlangen nach Essen verloren hatte, ging er nach unten und ging hinein.

Er blieb den ganzen nächsten Tag und die ganze Nacht in seiner Koje und erwachte am nächsten Morgen früh mit der erfreulichen Tatsache, dass die Bewegung aufgehört hatte und dass sich die Seiten und der Boden des Vorschiffs an den Stellen befanden, an denen sich normale Leute befanden Gewohnheiten würden erwarten, sie zu finden. Die anderen Kojen waren leer, und nach einem Toilettengang, der von der Sehnsucht nach Nahrung beschleunigt wurde, rannte er an Deck.

Der Tag war gerade angebrochen und er stellte zu seiner Überraschung fest, dass die Reise zu Ende war und der Schoner in einem kleinen Hafen an einem steinernen Kai lag. Ein paar unbeladene Lastwagen standen auf einer Eisenbahnlinie, die vom Hafen in die dahinter liegende Stadt führte, aber es gab kein Zeichen von Arbeit oder Leben; Die guten Leute des Ortes lagen offenbar bequem in ihren Betten und hatten es nicht eilig, sie zu verlassen.

Mit einem glücklichen Lächeln im Gesicht betrachtete der „Bruiser“ die Szene und schnupperte voller Freude den Geruch des Landes, der frisch und süß von den Hügeln im hinteren Teil der Stadt herüberströmte. Nur eines wollte sein Glück vervollständigen: der Kapitän.

„Wo ist der Kapitän ?“ verlangte er von Dowse, der methodisch eine Leine aufrollte.

„Bin gerade weg“ , antwortete Dowse knapp.

In großer Eile sprang der „Bruiser“ zur Seite und ging an Land, wobei er scharf in alle Richtungen nach seiner Beute Ausschau hielt. Davon war nichts zu sehen, und er rannte ein Stück die Straße hinauf, bis er die Gestalt eines Mannes näherkommen sah, von dem er Informationen zu erhalten hoffte. Dann blickte er zufällig zurück und sah die Masten des Schoners am Kai vorbeigleiten, und als er ein wenig zurückging, bemerkte er zu seiner großen Überraschung die Gestalt des Kapitäns, der am Steuerrad stand.

„Ta, ta, Keks!“ rief der Kapitän fröhlich.

Wütend und verwirrt rannte der „Bruiser“ zum Kai zurück und betrachtete eulenhaft den Schoner und die grinsenden Gesichter seiner Besatzung, während diese die Segel hisste und langsam herumschwang, wobei der Bug auf das Meer zeigte.

„Nun, sie werden nicht lange bleiben, alter Mann“, sagte eine Stimme neben ihm, als der Mann, auf den er gewartet hatte, herbeikam. „Na ja, sie sind erst vor zehn Minuten reingekommen. Warum sind sie reingekommen, wissen Sie?“

„Sie gehören hierher“, sagte der „Bruiser“; „Aber ich und der Kapitän hatten ein paar Worte, und ich warte auf ihn .“

„Dieses Schiff gehört nicht hierher", sagte der Fremde, während er den sich entfernenden Frolic beobachtete.

„Ja, das tut es", sagte der „Bruiser."

„Ich sage dir, das ist nicht der Fall ", sagte der andere. „Ich sollte es wissen."

„Sehen Sie, mein Freund", sagte der „Bruiser" grimmig, „widersprechen Sie mir nicht. Das ist der Spaß von Fairhaven."

„Sehr wahrscheinlich", sagte der Mann. „Ich weiß nicht, wo sie herkommt, aber sie ist nicht von hier."

„Warum", sagte der „Bruiser" und seine Stimme zitterte, „ ist das nicht Fairhaven?"

„Herr, ich liebe dich, nein!" sagte der Fremde; „Nicht um ein paar hundert Meilen, das ist es nicht ." Wo hast du denn diese Idee in deinen dummen, fetten Kopf gesetzt?"

Hafen verließ , über dem Heck und stieß drei herzliche Jubelrufe aus. Der Fremde war freundlich und aufgeregt, und da sein böser Stern an diesem Morgen im Aufwind war, nahm er seinen Hut ab und jubelte wild zurück. Unmittelbar darauf erhielt er unaufgefordert den Posten des Prügelknaben beim Kapitän der Frolic und trat sofort seine neuen Aufgaben an.

www.ingramcontent.com/pod-product-compliance
Lightning Source LLC
LaVergne TN
LVHW040016200726
843493LV00005B/1280